W0033447

Inhaltsverzeichnis

Euler I Lohrbächer I Neuberger

Erfolg im
Mathe-Abi
2024

Prüfungsaufgaben
Teil 2: wissenschaftlicher Taschenrechner (WTR)
Leistungskurs Hessen

mit Tipps und Lösungen

Sabine Euler, geb. 1984, studierte Mathematik und Physik in Darmstadt. Unterrichtet seit 2009 neben der Dissertation, jetzt Lehrerin in der Oberstufe.

Jochen Lorbächer, geb. 1974, Lehramts-Studium der Mathematik, Physik und Informatik an der TU Darmstadt. Seit 2003 Lehrer in der Oberstufe.

©2023 Freiburger Verlag GmbH, Freiburg im Breisgau
18. Auflage. Alle Rechte vorbehalten
Printed in EU
www.freiburger-verlag.de

Erfolg von Anfang an

...ist das Geheimnis eines guten Abiturs.

Dieses Übungsbuch ist speziell auf die Anforderungen des zentralen Mathematik-Abiturs ab 2024 im Leistungskurs in Hessen abgestimmt. Es enthält Original-Prüfungsaufgaben früherer Jahre für den Prüfungsteil, in dem die Hilfsmittel Taschenrechner und Formelsammlung erlaubt sind. Zu allen diesen Aufgaben finden sich viele hilfreiche Tipps und ausführliche, verständliche Lösungen im Buch.

Es umfasst die drei großen Themenbereiche Analysis, Lineare Algebra / Analytische Geometrie und Stochastik. Thematisch geht es meistens um anwendungsbezogene Aufgaben, um das Modellieren realitätsnaher Problemstellungen, um das Herstellen von Zusammenhängen und um das Entwickeln von Lösungsstrategien.

Der blaue Tippteil

Hat man keine Idee, wie man eine Aufgabe angehen soll, hilft der blaue Tippteil in der Mitte des Buches weiter: Zu jeder Aufgabe gibt es dort Tipps, die helfen, einen Ansatz zu finden, ohne die Lösung vorwegzunehmen.

Taschenrechner

Je nachdem, welcher Operator in einer Aufgabe angegeben ist, kann man den Taschenrechner verwenden. Bei «berechnen Sie» ist ein ausführlicher Lösungsweg «von Hand» ohne Taschenrechner verlangt, bei «bestimmen Sie» oder «ermitteln Sie» können die Funktionen des Taschenrechners genutzt werden.

Die im Abitur verwendeten Taschenrechner können sehr viel mehr als nur die Grundrechenarten: Sie können z. B. lineare Gleichungssysteme und quadratische oder kubische Gleichungen lösen, Integrale berechnen, Vektor- und Skalarprodukt von Vektoren bestimmen, sowie kumulierte Binomialverteilungswerte bestimmen, etc.

Daher befindet sich im Buch an den Stellen, an denen es sinnvoll ist, die entsprechende Funktion des Taschenrechners zu nutzen, ein QR-Code und ein Direktlink auf das entsprechende Video, in dem diese Funktion des Taschenrechners kurz erklärt wird.[*] Der QR-Code kann mit einer entsprechenden App gescannt werden. Alternativ lässt sich auch der Link unter dem Code benutzen.

Der Code neben diesem Text verweist beispielsweise auf ein Video zur Bestimmung der kumulierten Binomialverteilung.

frv.tv/ck

---

[*] Beim Rechnen mit Vektoren ist es oft aufwändiger, mit dem Taschenrechner z. B. den Winkel zwischen zwei Vektoren zu berechnen, als «mit der Hand». In diesen Fällen sind keine QR-Codes angegeben.

Wie arbeitet man mit diesem Buch?

Am Anfang befinden sich die Abitur-Aufgaben aus den drei Themenbereichen Analysis, Lineare Algebra / Analytische Geometrie und Stochastik.

In der Mitte des Buches befindet sich der blaue Tippteil mit Denk- und Lösungshilfen. Die Lösungen mit ausführlichem Lösungsweg bilden den dritten Teil des Übungsbuchs. Hier findet man die notwendigen Formeln, Rechenverfahren und Denkschritte sowie sinnvolle alternative Lösungswege.

Findet sich zu Beginn einer Lösung ein QR-Code am Aufgabenrand, führt der zugehörige Link zu einem Video, in dem ein Schüler oder eine Schülerin die entsprechende Aufgabe oder Teile davon bearbeitet.

frv.tv/ra

Der Code neben diesem Text verweist beispielsweise auf eine Bearbeitung der Aufgabe A2 aus dem Landesabitur 2015. Coronabedingt gibt es leider weiterhin keine neuen Schülervideos.

In den Lösungen finden sich neben den QR-Codes und Direktlinks zu den Videos noch solche, die auf allgemeine Infokästen zu verschiedenen Themen verweisen.

frv.tv/rq

Der Code neben diesem Text verweist beispielsweise auf ein Dokument, in dem der Begriff der Ortskurve näher beleuchtet wird. Wie an dem vorigen Satz zu erkennen, werden die Themen der verlinkten Infokästen im Text unterstrichen.

MeinMatheAbi.de

Als Ergänzung zum Buch finden Sie im Internet unter www.MeinMatheAbi.de nicht nur weitere Abituraufgaben, sondern auch Lernkarten, eine Lernkarten-App, Taschenrechneranleitungen, Videotutorials und ein Forum, das die Vorbereitung auf die Prüfung erleichtert.

Allen Schülerinnen und Schülern, die sich auf das Abitur vorbereiten, wünsche ich viel Erfolg!

Jochen Lohrbächer

Der Ablauf der Abiturprüfung

Die Abiturprüfung besteht aus zwei Teilen:

Prüfungsteil 1, Hilfsmittelfreier Prüfungsteil (Erlaubte Hilfsmittel: Ein Wörterbuch der deutschen Rechtschreibung und eine Liste der fachspezifischen Operatoren)

Prüfungsteil 2, Aufgaben differenziert nach Rechnertechnologie (Erlaubte Hilfsmittel: Ein Wörterbuch der deutschen Rechtschreibung, ein wissenschaftlich-technischer Taschenrechner oder ein CAS, eine gedruckte Formelsammlung eines Schulbuchverlags sowie eine Liste der fachspezifischen Operatoren)

Prüfungsteil 1 (höchstens 1 Stunde, 40 Minuten)

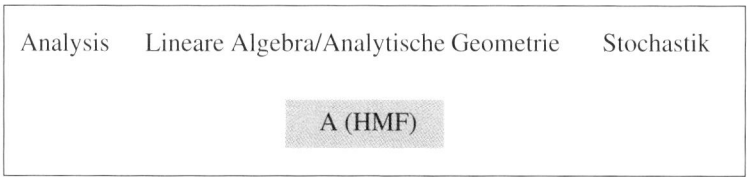

Im HMF werden der Schülerin / dem Schüler zehn Teilaufgaben vorgelegt: vier Pflichtaufgaben zum Niveau 1 (zwei zum Sachgebiet Analysis und je eine zu den anderen zwei Sachgebieten) und sechs Wahlaufgaben zum Niveau 2 (je zwei Teilaufgaben zu jedem der drei Sachgebiete). Die Schülerin / der Schüler wählt aus den sechs Wahlaufgaben zu Niveau 2 zwei Teilaufgaben aus. Insgesamt sind sechs Teilaufgaben zu bearbeiten, vier zu Niveau 1 und zwei zu Niveau 2.

Prüfungsteil 2 (mindestens 3 Stunden, 20 Minuten)

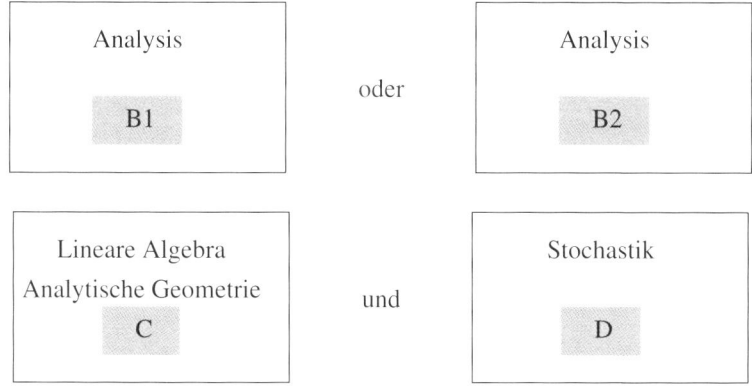

Die Abiturprüfung besteht also aus vier Teilaufgaben: Dem hilfsmittelfreien Teil (A), einer Analysisaufgabe B1 oder B2, einer Aufgabe der Analytischen Geometrie C und einer Stochastikaufgabe D. Die gesamte Prüfungszeit beträgt 300 Minuten, d. h. 5 Stunden. Der hilfsmittelfreie Teil muss nach spätestens 100 Minuten abgegeben werden. Die Schülerin / der Schüler erhält dann die Hilfsmittel für den Prüfungsteil 2.

1   Abitur 2020

Tipps ab Seite 82, Lösungen ab Seite 116

Landesabitur 2020 Mathematik (WTR) Leistungskurs
Analysis Vorschlag B1

Rückhaltebecken für Regen dienen dazu, bei starkem Regen Überschwemmungen zu vermeiden, indem das Regenwasser zunächst darin gesammelt und später langsam wieder abgelassen wird. Die Zuflussrate des Regenwassers kann bei einigen Regenfällen modelliert werden durch die Funktionenschar f_k mit $f_k(t) = 100\left(k^2 \cdot t + k\right) \cdot e^{-\frac{k}{5}t}$, $t \geq 0$, $k \in \mathbb{R}^+$. Dabei gibt t die Zeit in Stunden nach Beobachtungsbeginn und $f_k(t)$ die Zuflussrate in $\frac{m^3}{h}$ an. Der Parameter k ist ein Maß für die Stärke des Regens. In Material 1 sind die Graphen der Funktionen f_k für $k = 1, 2, 3, 4$ dargestellt.

1.1 Berechnen Sie die Zuflussrate zum Zeitpunkt $t = 0$ in Abhängigkeit vom Parameter k.

(2 BE)

1.2 Berechnen Sie die maximale Zuflussrate und den zugehörigen Zeitpunkt jeweils in Abhängigkeit vom Parameter k.

Die zweite Ableitung $f_k''(t) = 4k^3(k \cdot t - 9) \cdot e^{-\frac{k}{5}t}$ kann ohne Nachweis verwendet werden.

$\left[\text{Zur Kontrolle:} t_{max} = \dfrac{4}{k}\right]$

(7 BE)

1.3 Beschriften Sie die Graphen im Material 1 mit den zugehörigen Parameterwerten $k = 1, 2, 3, 4$ und beschreiben Sie den Einfluss des Parameters k auf Zeitpunkt und Größe der maximalen Zuflussrate. Skizzieren Sie in das Koordinatensystem in Material 1 die Ortskurve der Hochpunkte und bestimmen Sie die Funktionsgleichung der Ortskurve.

(7 BE)

1.4 Berechnen Sie die Wendepunkte der Graphen der Funktionenschar f_k in Abhängigkeit von k.

Hinweis: Die Untersuchung der notwendigen Bedingung ist ausreichend.

(4 BE)

Die Wendetangenten der Graphen der Scharfunktionen f_k werden durch Graphen der Funktionenschar w_k mit $w_k(t) = 100k \cdot (19 - k \cdot t) \cdot e^{-\frac{9}{5}}$ beschrieben.

1.5 Das nötige Fassungsvermögen des Rückhaltebeckens, das für die Aufnahme der gesamten Regenmenge bei einer Modellierung der Zuflussrate durch die Funktionenschar f_k ausreicht, kann mittels zweier Verfahren bestimmt werden:

(1) Bestimmung des Grenzwertes $\lim\limits_{u \to \infty} [F_k(u) - F_k(0)]$ wobei F_k eine Stammfunktionenschar der Funktionenschar f_k darstellt.

(2) Bestimmung des Inhalts der Fläche, die zwischen den Koordinatenachsen und der Wendetangente w_k eingeschlossen ist.

1.5.1 Mit einem der beiden Verfahren wird der genaue Wert für das nötige Fassungsvermögen ermittelt und mit dem anderen lediglich eine Näherungslösung. Entscheiden Sie, mit welchem der beiden Verfahren bei der vorgegebenen Modellierung der genaue Wert für das nötige Fassungsvermögen bestimmt wird, und erläutern Sie Ihre Entscheidung.

(3 BE)

1.5.2 Berechnen Sie mithilfe des Formansatzes $F_k(t) = 100(a \cdot t + b) \cdot e^{-\frac{k}{5}t}$ eine Stammfunktionenschar F_k von f_k.

[zu Kontrolle: F_k mit $F_k(t) = 100 \cdot (-5 \cdot k \cdot t - 30) \cdot e^{-\frac{k}{5}t}$ ist eine mögliche Stammfunktionenschar.]

(7 BE)

1.5.3 Berechnen Sie jeweils die Werte für das nötige Fassungsvermögen nach den beiden genannten Verfahren und vergleichen Sie die beiden Werte, indem Sie die prozentuale Abweichung der Näherungslösung berechnen.

(6 BE)

2 Die obere Randkurve des um $90°$ gekippten rotationssymmetrischen Rückhaltebeckens in Material 2 kann durch den Graphen der Funktion g mit $g(x) = \sqrt{60x}$, $x \geq 0$, beschrieben werden. Die Tiefe des Rückhaltebeckens wird mit H und der Durchmesser mit d bezeichnet. Alle Längenangaben erfolgen dabei in Meter.

2.1 Zeigen Sie, dass für das Volumen des Rückhaltebeckens $V = \pi \cdot 30H^2$ gilt. Berechnen Sie die Tiefe H und den Durchmesser d des Rückhaltebeckens, wenn dieses ein Fassungsvermögen von $3000\,\text{m}^3$ besitzt.

(5 BE)

2.2 Das vollgelaufene Rückhaltebecken wird bei konstanter Abflussrate in 100 Stunden wieder völlig entleert.

2.2.1 Entscheiden Sie ohne eine Rechnung, ob nach 50 Stunden die Höhe des Wasserstandes im Rückhaltebecken auf der halben Höhe über dem Beckenboden oder darüber bzw. darunter liegt.

(2 BE)

2.2.2 Begründen Sie, dass für die Regenwassermenge (in m³), die sich zum Zeitpunkt t nach Beginn der Entleerung noch im Rückhaltebecken befindet, gilt: $V(t) = -30t + 3000$

(3 BE)

2.2.3 Leiten Sie mithilfe der Formeln aus Aufgabe 2.1 und Aufgabe 2.2.2 für die Höhe des Wasserstands über dem Beckenboden bei der Entleerung die Formel $h(t) = \sqrt{\dfrac{1}{\pi}(100 - t)}$ her.

(4 BE)

Material 1

Graphen der Funktionenschar f_k für $k = 1, 2, 3, 4$

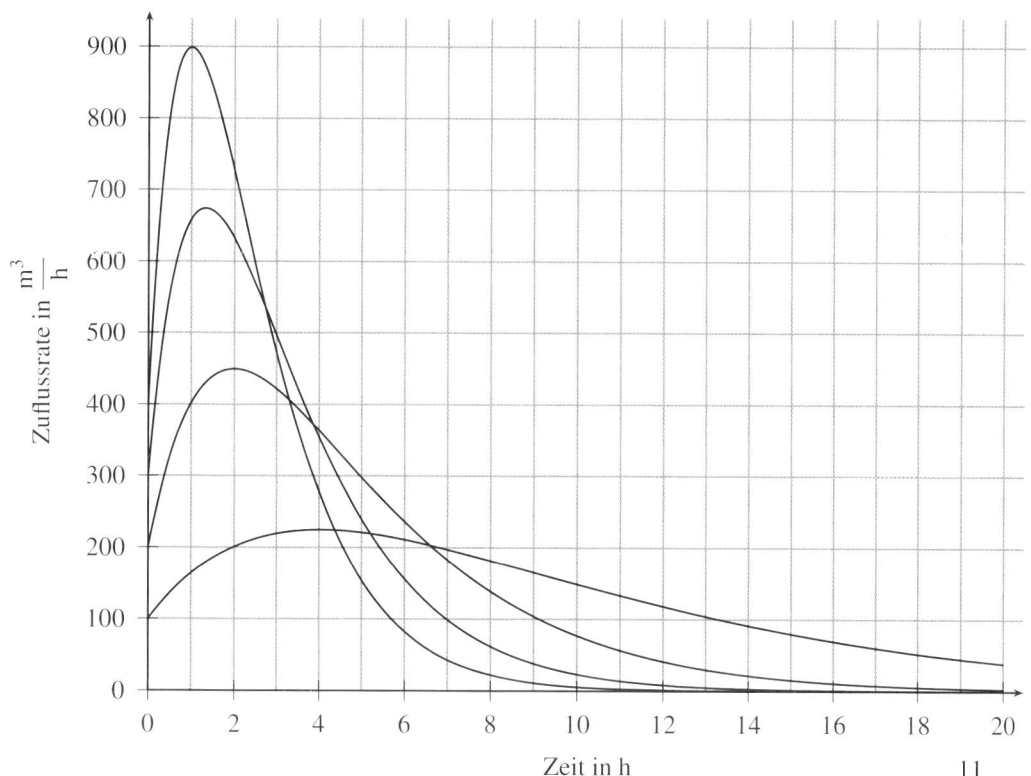

Material 2

Skizze des (um 90° gekippten) Rückhaltebeckens

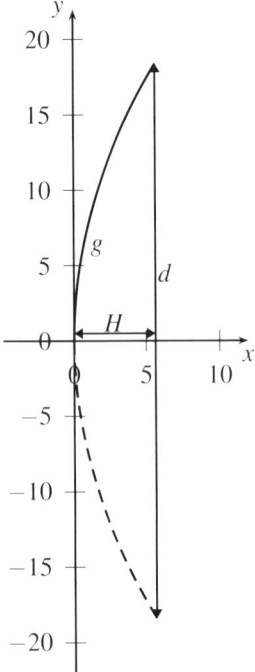

Tipps ab Seite 83, Lösungen ab Seite 124

Landesabitur 2020 Mathematik (WTR) Leistungskurs
Analysis Vorschlag B2

Mediziner und Biologen untersuchen die Auswirkungen von Antibiotika auf das Wachstum von Bakterienbeständen. Bakterien vermehren sich exponentiell. Fügt man diesen Bakterien ein Antibiotikum hinzu, wird das Wachstum des Bakterienbestands gehemmt. Das Antibiotikum bewirkt, dass die Bakterien absterben und der Bakterienbestand sich schlussendlich wieder dem Wert null annähert; man spricht in diesem Zusammenhang auch von vergiftetem Wachstum.

Mit den Funktionen der Schar f_a mit $f_a(t) = e^{a \cdot t - 0.3 \cdot t^2}, t > 0, a > 0$, kann der Bakterienbestand in einem Organismus dargestellt werden, wobei t die Zeit in Tagen nach Beobachtungsbeginn und $f_a(t)$ die Anzahl der Bakterien in Tausend angibt.

1.1 Begründen Sie, dass die Funktionen der Schar f_a keine Nullstellen besitzen.

(2 BE)

1.2 Geben Sie die erste Ableitungsfunktion der Funktion f_a an und zeigen Sie, dass für die zweite Ableitungsfunktion gilt:

$$f a(t) = e^{a \cdot t - 0.3 \cdot t^2} \cdot \left(a^2 - 1,2a \cdot t + 0,36t^2 - 0,6\right)$$

Geben Sie jeweils die verwendeten Ableitungsregeln an.

(7 BE)

1.3 Bestätigen Sie, dass jeder Graph der der Schar f_a einen Hochpunkt im Punkt $HP\left(\frac{5}{3}a \,\middle|\, e^{\frac{5}{6}a^2}\right)$ hat und berechnen Sie die Funktionsgleichung der Ortskurve der Hochpunkte.

(8 BE)

1.4 Erklären Sie für $h > 0$ die Aussagen der Zeilen (1) bis (3) und deuten Sie das Ergebnis in Zeile (3) geometrisch.

$$
\begin{array}{rl}
(1) & f_a\left(\dfrac{5}{3}a + h\right) = e^{\frac{5}{6}a^2 - 0,3h^2} \\[2mm]
(2) & f_a\left(\dfrac{5}{3}a - h\right) = e^{\frac{5}{6}a^2 - 0,3h^2} \\[2mm]
(3) & \Rightarrow f_a\left(\dfrac{5}{3}a + h\right) = f_a\left(\dfrac{5}{3}a - h\right)
\end{array}
$$

(5 BE)

2 Die Mediziner und Biologen analysieren unter Laborbedingungen einen Bakterienbestand, der durch die Funktion f_a mit $a = 2{,}7$ beschrieben werden kann.

2.1 Bestimmen Sie, wann in diesem Fall der höchste Bakterienbestand vorliegt und wie hoch dieser ist. Zeichnen Sie die Skalierung des Koordinatensystems in Material 1 ein.

(3 BE)

2.2 Formulieren Sie unter Bezug auf den Sachzusammenhang einen geeigneten Ansatz zur Berechnung des Zeitpunkts, ab dem man (bei Modellierung mit der Funktion $f_{2,7}$) davon ausgehen kann, dass keine Bakterien mehr vorhanden sind.
Berechnen Sie diesen Zeitpunkt und erläutern Sie das Ergebnis

(4 BE)

2.3 In Material 2 ist der Graph einer möglichen Stammfunktion $F_{2,7}$ von $f_{2,7}$ dargestellt. Beschreiben und begründen Sie das Monotonieverhalten des Graphen von $F_{2,7}$ und erläutern Sie die Bedeutung des Hochpunkts des Graphen von $f_{2,7}$ für den Graphen von $F_{2,7}$.

(4 BE)

Der Mittelwert m der Funktionswerte $g(x)$ einer Funktion g im Intervall $[a;b]$ kann durch die Formel $m = \frac{1}{b-a} \cdot \int_a^b g(x)\,\mathrm{d}x$ berechnet werden. Für die Integration von $f_{2,7}$ muss auf Näherungsverfahren zurückgegriffen werden.

2.4 Eine Näherung für den Mittelwert der Anzahl der Bakterien während des zweiten Tages benutzt die Berechnung einer einzigen Trapezfläche, wie für den Graphen einer anderen Funktion als Beispiel in Material 3 dargestellt.
Zeichnen Sie die entsprechende Trapezfläche in Material 1 ein und berechnen Sie mithilfe der Trapezfläche einen Näherungswert für die mittlere Anzahl an Bakterien während des zweiten Tages nach Beobachtungsbeginn.

(3 BE)

2.5 Bestimmen Sie (numerisch mithilfe des Taschenrechners) die mittlere Anzahl an Bakterien während des zweiten Tages nach Beobachtungsbeginn.

(2 BE)

2.6 Begründen Sie für die Funktion $f_{2,7}$, dass es genau zwei Intervalle $[a;b]$ der Länge $b - a = 1$ gibt, in denen der Näherungswert durch die Trapezfläche gleich dem exakten Wert für den Mittelwert m für das jeweilige Intervall ist.
Hinweis: Die Intervalle enthalten jeweils eine Wendestelle.

(4 BE)

3 Ein Arzneimittel wird als Tablette produziert und enthält neben dem Antibiotikum weitere Inhaltsstoffe. Die Tablette ist ein rotationssymmetrischer Körper. Die obere Randkurve der Querschnittsfläche der Tablette kann durch den Graphen der Funktion h mit $h(x) = 0,5 \cdot \sqrt{1 - x^2}$ beschrieben werden. Eine Einheit im Koordinatensystem entspricht einem Zentimeter.

3.1 Zeigen Sie, dass der Definitionsbereich der Funktion h das Intervall $[-1; 1]$ ist.

(2 BE)

3.2 In $0,01\,\text{cm}^3$ einer Tablette befinden sich $2\,\text{mg}$ des Antibiotikums. Berechnen Sie, wie viel mg des Antibiotikums eine Tablette enthält

(6 BE)

Material 1

Graph von $f_{2,7}$

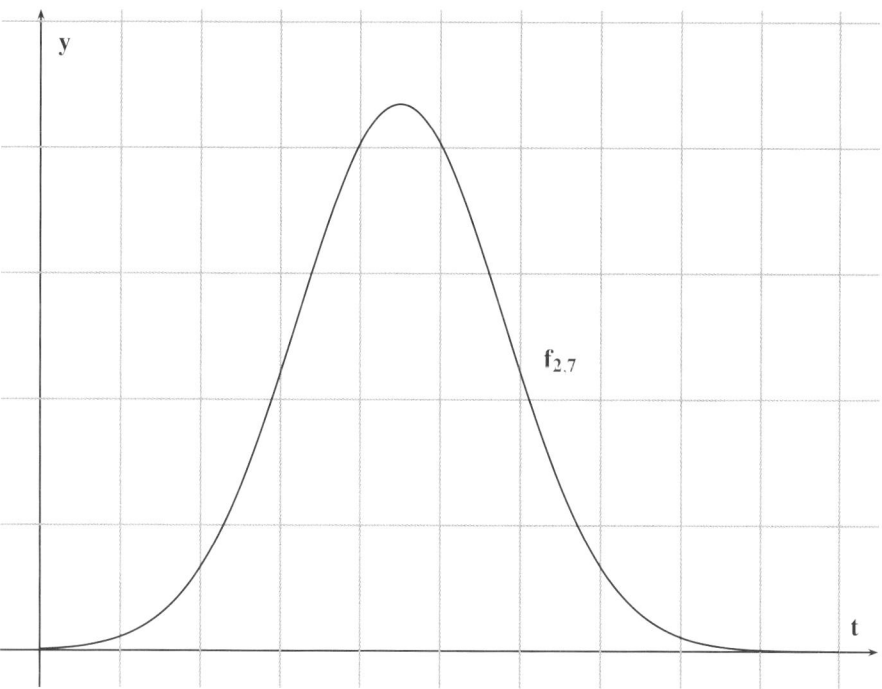

Material 2

Graph einer Stammfunktion $F_{2.7}$ von $f_{2.7}$

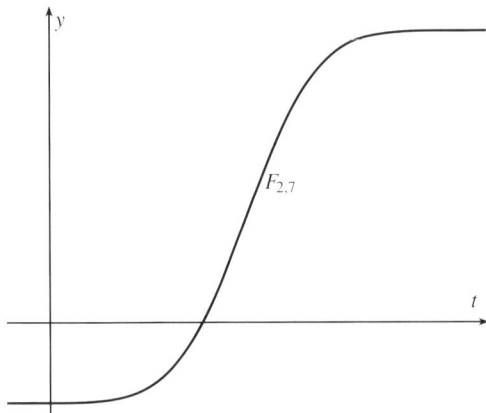

Material 3

Trapezfläche

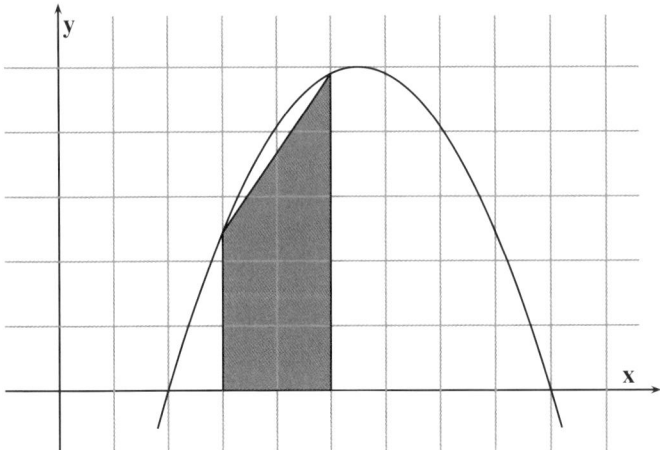

Tipps ab Seite 85, Lösungen ab Seite 130

Landesabitur 2020 Mathematik (WTR/CAS) Leistungskurs
Lineare Algebra/Analytische Geometrie Vorschlag C1

Der quaderförmige Innenraum einer Diskothek ist 6 m hoch. An der Decke ist ein dreieckiger Spiegel befestigt. Seine Eckpunkte sind durch P(13|11|6), Q(11|13|6) und R(10|10|5) gegeben. Der Boden des Raumes liegt in der x-y-Ebene. O(0|0|0) ist ein Eckpunkt des Bodens. Eine Längeneinheit im Koordinatensystem entspricht einem Meter in der Realität.

1.1 Das Dreieck POR liegt in der Ebene E.

Geben Sie eine Gleichung der Ebene E in Parameterform an und ermitteln Sie eine Gleichung von E in Koordinatenform. Begründen Sie, dass der Koordinatenursprung in der Ebene E liegt.

[zur Kontrolle: E:$-x - y + 4z = 0$]

(7 BE)

1.2 Bestimmen Sie die Größe des Winkels, um den die Spiegelfläche gegenüber der horizontalen Deckenfläche geneigt ist.

(3 BE)

2 Der Punkt M(17|17|4) ist der Mittelpunkt einer Diskokugel, die an der Decke befestigt ist. Die Kugel hat einen Durchmesser von 0,5 m. Im Folgenden soll die kürzeste Entfernung der Kugel zum Spiegel untersucht werden.

2.1 Bestimmen Sie den zur Kugel nächstgelegenen Punkt der Ebene E aus Aufgabe 1.1 und prüfen Sie, ob dieser Punkt innerhalb der Spiegelfläche liegt.

(5 BE)

2.2 Die kürzeste Entfernung der Kugel zum Spiegel entspricht dem geringsten Abstand der Kugeloberfläche zur Kante $\overline{PQ}$ des Spiegels. Berechnen Sie diesen Abstand.

(6 BE)

3 Gegeben ist die Matrix S mit $S = \dfrac{1}{9} \cdot \begin{pmatrix} 8 & -1 & 4 \\ -1 & 8 & 4 \\ 4 & 4 & -7 \end{pmatrix}$

3.1 Ermitteln Sie die Fixpunktmenge der durch die Matrix S beschriebenen Abbildung.

(3 BE)

3.2 Es gilt: $S^2 = \begin{pmatrix} 1 & 0 & 0 \\ 0 & 1 & 0 \\ 0 & 0 & 1 \end{pmatrix}$

Begründen Sie anhand des Ergebnisses aus Aufgabe 3.1 und der vorgegebenen Gleichung geometrisch, dass die Matrix S eine Spiegelung an der Ebene E aus Aufgabe 1.1 beschreibt.

(3 BE)

4 An einer Wand ist ein rechteckiges Bild befestigt. Die Eckpunkte des Bildes befinden sich in A(8|0|1), B(14|0|1), C(14|0|3) und D(8|0|3).

Ein Laserstrahl fällt in Richtung des Vektors $\vec{v} = \begin{pmatrix} 3 \\ -2 \\ -4 \end{pmatrix}$.

4.1 Ermitteln Sie die Abbildungsmatrix W, die eine Projektion in Richtung des Laserstrahls auf die Wandfläche, an welcher das Bild befestigt ist, beschreibt.

(5 BE)

4.2 Der Laserstrahl verlässt im Punkt L(4|2|6) einen Laserpointer. Untersuchen Sie, ob der Laserstrahl auf das Bild fällt.

(4 BE)

4.3 Erläutern Sie (ohne Verwendung einer Rechnung) die geometrische Bedeutung des linearen Gleichungssystems $W \cdot \vec{x} = \vec{0}$ sowie die geometrische Bedeutung seiner Lösungsmenge.

(3 BE)

5 An der Bar gibt es alkoholfreie Cocktails. Bisher werden dort drei Cocktails (gleicher Füllmenge) verkauft, aus denen ein neuer Cocktail (gleicher Füllmenge) gemixt werden soll, der genau 25% Ananassaft enthält. Die Anteile an Ananassaft sowie die jeweiligen Kosten zur Herstellung der bisherigen Cocktails sind in folgender Tabelle dargestellt:

	Ananassaft	Kosten
Cocktail 1	10%	3 €
Cocktail 2	30%	3 €
Cocktail 3	40%	4 €

5.1 Geben Sie ein lineares Gleichungssystem an, mit dem ermittelt werden kann, welche Anteile der bisherigen drei Cocktails zur Mischung des neuen Cocktails verwendet werden können.

Erläutern Sie die Bedeutung der von Ihnen verwendeten Variablen.

(3 BE)

5.2 Eine Darstellung aller Lösungen des linearen Gleichungssystems aus Aufgabe 5.1 lautet:

$$\vec{x} = \begin{pmatrix} 0{,}25 \\ 0{,}75 \\ 0 \end{pmatrix} + s \cdot \begin{pmatrix} 0{,}5 \\ -1{,}5 \\ 1 \end{pmatrix}$$

Um eine mögliche Mischung herzustellen, müssen alle Variablen nichtnegative Werte annehmen. Ermitteln Sie das Intervall, aus dem s unter dieser Bedingung gewählt werden darf.

(3 BE)

5.3 Der neue Cocktail soll mit derjenigen Mischung hergestellt werden, welche die geringsten Kosten verursacht. Dabei müssen nicht zwingend alle drei bisherigen Cocktails enthalten sein.

Ermitteln Sie diese Mischung und deren Kosten.

(5 BE)

Tipps ab Seite 86, Lösungen ab Seite 138

Landesabitur 2020 Mathematik (WTR/CAS) Leistungskurs
Stochastik Vorschlag C2

1 Linkshänder nutzen für Tätigkeiten wie Schreiben oder Werfen bevorzugt ihre linke Hand. 15% der Bevölkerung sind Linkshänder. In einem Einkaufszentrum werden Personen zufällig ausgewählt und nacheinander danach befragt, ob sie Linkshänder sind.

1.1 Begründen Sie, warum diese Befragung als Bernoulli-Kette aufgefasst werden kann.

(2 BE)

1.2 Berechnen Sie die Wahrscheinlichkeit, spätestens bei der dritten befragten Person zum ersten Mal auf einen Linkshänder zu treffen.

(3 BE)

1.3 Geben Sie für die Ereignisse A und B jeweils eine geeignete Zufallsvariable an und bestimmen Sie die Wahrscheinlichkeiten der folgenden Ereignisse:
A: Unter 70 befragten Personen befinden sich genau 10 Linkshänder.
B: Unter 100 befragten Personen befinden sich mindestens so viele Rechtshänder, wie zu erwarten ist.
C: Unter 50 befragten Personen befinden sich genau zwei Linkshänder. Sie werden direkt hintereinander befragt.

(9 BE)

1.4 Berechnen Sie die Anzahl an Personen, die man mindestens, befragen muss, um mit einer Wahrscheinlichkeit von mindestens 95% auf mindestens einen Linkshänder zu treffen.

(4 BE)

2 Ob jemand Rechts- oder Linkshänder wird, lässt sich bereits in der frühen Schwangerschaft absehen. Neun von zehn Ungeborenen bevorzugen im Mutterleib den rechten Daumen zum Lutschen (Rechtslutscher). Forscher fanden heraus, dass alle Kinder, die rechts gelutscht hatten, im. Alter von 10 bis 12 Jahren Rechtshänder waren. Zwei Drittel der Kinder, die im Mutterleib am linken Daumen lutschten (Linkslutscher), waren im Alter von 10 bis 12 Jahren Linkshänder.

2.1 Stellen Sie den Sachverhalt in einem vollständig ausgefüllten Baumdiagramm oder einer vollständig ausgefüllten Vierfeldertafel dar.

(4 BE)

2.2 Bestimmen Sie die Wahrscheinlichkeit dafür, dass ein Kind, das im Alter von 10 bis 12 Jahren Rechtshänder ist, im Mutterleib am linken Daumen gelutscht hat.

(3 BE)

3 Forscher vermuten seit Längerem, dass der Anteil an Linkshändern in der Bevölkerung größer als 15% ist. Zur Überprüfung ihrer Vermutung werden 300 Personen zufällig ausgewählt und danach befragt, ob sie Linkshänder sind.

3.1 Entwickeln Sie einen Hypothesentest auf einem Signifikanzniveau von 2,5%. Formulieren Sie eine geeignete Entscheidungsregel im Sachzusammenhang.

(6 BE)

3.2 Der tatsächliche Anteil von Linkshändern in der Bevölkerung betrage 18%. Beschreiben Sie den Fehler 2. Art im Sachzusammenhang und bestimmen Sie seine Wahrscheinlichkeit.

(5 BE)

4 Bei einem Reaktionstest, an dem sehr viele Linkshänder teilnahmen, musste beim Auftreten eines Signals mit der rechten Hand möglichst schnell eine Taste betätigt werden. Die Tabelle im Material zeigt die nach der Auswertung aller Daten zusammengefassten Ergebnisse.

4.1 Stellen Sie die Verteilung der gemessenen Reaktionszeiten graphisch dar.
Vereinfachend wird davon ausgegangen, dass die im Material angegebenen prozentualen Anteile den Wahrscheinlichkeiten der Werte in den Intervallmitten der gemessenen Reaktionszeiten entsprechen.
Berechnen Sie unter Verwendung der Intervallmitten den Erwartungswert und die Standardabweichung der gemessenen Reaktionszeiten.
[zur Kontrolle: $\mu = 0{,}52; \sigma \approx 0{,}20$]

(6 BE)

4.2 Begründen Sie durch Angabe von zwei unterschiedlichen Argumenten, dass die Zufallsvariable Z: „gemessene Reaktionszeit der Versuchspersonen in Sekunden" näherungsweise als normalverteilt angenommen werden kann.

(3 BE)

4.3 Gehen Sie davon aus, dass die gemessene Reaktionszeit in Sekunden normalverteilt ist mit den in Aufgabe 4.1 berechneten Werten.

Bestimmen Sie die Wahrscheinlichkeiten der folgenden Ereignisse.

D: Die Reaktionszeit einer zufällig herausgegriffenen Person beträgt höchstens 0,45 Sekunden.

E: Die Reaktionszeit einer zufällig herausgegriffenen Person weicht höchstens um die halbe Standardabweichung vom Erwartungswert ab.

(5 BE)

Material

Reaktionszeit in Sekunden	bis 0,2	über 0,2 bis 0,4	über 0,4 bis 0,6	über 0,6 bis 0,8	über 0,8 bis 1,0
Anteil in %	7	14	51	18	10

2 Abitur 2021

Tipps ab Seite 89, Lösungen ab Seite 145

Landesabitur 2021 Mathematik (WTR) Leistungskurs
Analysis Vorschlag B1

Den Funktionen v_1, v_2 und v_3 sind folgende Funktionsgleichungen zugeordnet:

$$v_1(t) = 5 \cdot \left(1 - e^{-0,4 \cdot t}\right)$$
$$v_2(t) = 4,5 + e^{-0,5 \cdot t} \cdot \left(t - 0,25 t^2\right)$$
$$v_3(t) = 3t \cdot e^{-0,2 \cdot t}$$

1.1 Im Material sind drei Graphen A, B und C abgebildet, die zu den Funktionen v_1, v_2 und v_3 gehören. Ordnen Sie den Funktionen die zugehörigen Graphen begründet zu.

(4 BE)

1.2 Berechnen Sie den Inhalt der Fläche zwischen dem Graphen von v_1 und der t-Achse über dem Intervall $[0, 10]$.

(4 BE)

1.3 Zeigen Sie, dass die Funktion v_2 maximal zwei Extremstellen haben kann.

(4 BE)

2 Die Funktion v_3 gehört zu der Funktionenschar f_k mit
$f_k(t) = 3 \cdot t \cdot e^{-k \cdot t}, k > 0$.

2.1 Berechnen Sie mithilfe des Formansatzes $F_k(t) = (a + b \cdot t) \cdot e^{-k \cdot t}$ mit $a, b \in \mathbb{R}$ eine Stammfunktionenschar F_k von f_k
$\left[\text{zur Kontrolle: } F_k(t) = \left(-\dfrac{3}{k^2} - \dfrac{3}{k} \cdot t\right) \cdot e^{-k \cdot t}\right]$

(5 BE)

2.2 Ermitteln Sie $\displaystyle\lim_{x \to \infty} \int_0^x f_k(t)\, dt$

(3 BE)

2.3 Berechnen Sie in Abhängigkeit von k die Nullstellen und die Hochpunkte der Scharkurven. Die zweite Ableitung $f_k{}''(t) = \left(-6k + 3k^2 \cdot t\right) \cdot e^{-k \cdot t}$ kann ohne Nachweis verwendet werden.
$\left[\text{zur Kontrolle: } H\left(\dfrac{1}{k}\ \middle|\ \dfrac{3}{e \cdot k}\right)\right]$

(7 BE)

2.4 Bestimmen Sie die Ortskurve der Hochpunkte.

(2 BE)

3 Die drei Graphen A, B und C im Material beschreiben die Geschwindigkeiten dreier Radfahrer R_A, R_B und R_C in Meter pro Sekunde $\left(\dfrac{m}{s}\right)$ in Abhängigkeit von der Zeit $t \geq 0$ in Sekunden (s). Die Radfahrer befinden sich zur Zeit $t = 0$ alle am gleichen Ort und fahren auf der gleichen Straße in die gleiche Richtung.

3.1 Beschreiben Sie im Vergleich den Geschwindigkeitsverlauf der drei Radfahrer in den ersten 16 Sekunden nach dem Start.

(4 BE)

3.2 Beurteilen Sie anhand des Materials ohne Verwendung einer Rechnung, welcher der drei Radfahrer 6 Sekunden nach dem Start in Führung liegt.

(3 BE)

3.3 Die Beschleunigung ist die Änderungsrate der Geschwindigkeit.
Bestimmen Sie für den Radfahrer mit der Geschwindigkeit, die durch die Funktion v_1 beschrieben wird, die Beschleunigung fünf Sekunden nach dem Start.
Eine Angabe der Einheit ist nicht notwendig.

(2 BE)

3.4 Ermitteln Sie für den Radfahrer, dessen Geschwindigkeit durch die Funktion v_3 beschrieben wird, die in den ersten 16 Sekunden zurückgelegte Strecke sowie die zugehörige Durchschnittsgeschwindigkeit.

(3 BE)

3.5 Ermitteln Sie mithilfe des WTR den Inhalt der zwischen den Graphen von v_1 und v_3 eingeschlossenen Fläche. Deuten Sie den ermittelten Wert im Sachzusammenhang.

(5 BE)

3.6 Deuten Sie im Sachzusammenhang den Wert des Integrals $\int\limits_{0}^{t_0}(v_1(t) - v_3(t))\,\mathrm{d}t$ für $t_0 > 0$, wenn dieser kleiner null, größer null bzw. gleich null ist.

(4 BE)

Material

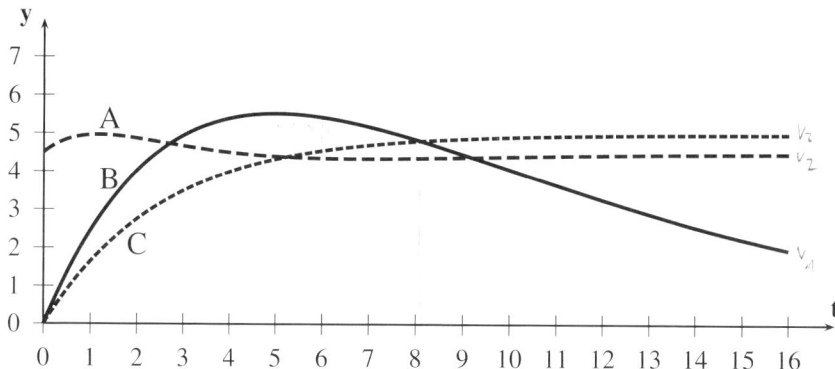

Tipps ab Seite 90, Lösungen ab Seite 150

Landesabitur 2021 Mathematik (WTR) Leistungskurs
Analysis Vorschlag B2

1 Gegeben ist die Funkionenschar $f_{a;k}$ mit $f_{a;k}(x) = a \cdot x^2 \cdot e^{-k \cdot x}$, $a > 0$, $k > 0$

1.1 Zeigen Sie, dass sich der Term der ersten Ableitung der Funktionenschar $f_{a;k}$ in der Form $f_{a;k}'(x) = a \cdot x \cdot (2 - k \cdot x) \cdot e^{-k \cdot x}$ darstellen lässt, und geben Sie die verwendeten Ableitungsregeln an.

(5 BE)

1.2 Bestätigen Sie, dass jeder Graph der Schar $f_{a;k}$ einen Tiefpunkt in T(0|0) und einen Hochpunkt in $H\left(\dfrac{2}{k} \middle| \dfrac{4a}{k^2 \cdot e^2}\right)$ hat, wobei die zweite Ableitung $f_{a;k}''(x) = a \cdot (k^2 \cdot x^2 - 4 \cdot k \cdot x + 2) \cdot e^{-k \cdot x}$ ohne Nachweis verwendet werden darf. Begründen Sie, dass für einen festen Wert von k alle Hochpunkte auf einer Parallelen zur y-Achse liegen.

(7 BE)

1.3 Für einen festen Wert von a liegen alle Hochpunkte auf einer Parabel mit der Gleichung $p_a(x) = \dfrac{a}{e^2} \cdot x^2$. Leiten Sie diese Gleichung her und skizzieren Sie die Parabel für $a = 1$ in der Abbildung in Material 1.

(5 BE)

1.4 Berechnen Sie die Werte der Parameter a und k für diejenige Funktion der Schar $f_{a;k}$, die bei $x = 10$ ihren Hochpunkt hat und an der Stelle $x = 2$ den Funktionswert 828 annimmt.

(3 BE)

2 Ein Sportartikelhersteller bringt ein neues Modell eines Laufschuhs auf den Markt. Die Wochen nach Verkaufsstart werden durchnummeriert und es wird für jede Woche die Anzahl der verkauften Paare des neuen Modells ermittelt. Seit Verkaufsstart sind 14 Wochen vergangen. Die Kreuze in Material 2 zeigen die Verkaufszahlen für den genannten Zeitraum.
Eine gute Modellierung des Verlaufs der Verkaufzahlen liefert die Scharfunktion $f_{309;0,2}$ mit $f_{309;0,2}(x) = 309 \cdot x^2 \cdot e^{-0,2 \cdot x}$, deren Graph in Material 3 eingezeichnet ist.

Nach den ersten 14 Wochen liegen insgesamt noch etwa 36000 Schuhpaare des neuen Modells auf Lager und der Hersteller möchte wissen, ob diese reichen werden, oder ob weitere Schuhe produziert werden müssen. Um diese Frage zu beantworten, soll eine auf der Integralrechnung basierende Methode entwickelt werden, die es ermöglicht, die Verkaufszahlen näherungsweise zu berechnen und Prognosen für die Zukunft zu erstellen.

2.1 In der 1. Woche wurden 288, in der 2. Woche 828, in der 3. Woche 1612 und in der 4. Woche 2164 Schuhpaare des neuen Modells verkauft, also 4892 Schuhpaare insgesamt.

Hierfür liefert die Summe $f_{309;0,2}(1) + f_{309;0,2}(2) + f_{309;0,2}(3) + f_{309;0,2}(4)$ einen guten Näherungswert. Bestimmen Sie diese Summe und zeigen Sie, dass die prozentuale Abweichung dieses Näherungswertes von der tatsächlichen Verkaufszahl weniger als 1,5% beträgt.

(3 BE)

2.2 Die Summe der vier Funktionswerte aus Aufgabe 2.1 lässt sich als Gesamtflächeninhalt von vier Rechtecken darstellen. Diese vier Rechtecke sind in den Abbildungen A und B in Material 4 jeweils zusammen mit dem Graphen der Funktion $f_{309;0,2}$ dargestellt. Der Flächeninhalt der vier Rechtecke – und somit auch die Anzahl der in den ersten vier Wochen verkauften Schuhpaare – lässt sich durch den Inhalt einer Fläche unter dem Graphen von $f_{309;0,2}$ sehr gut approximieren.

2.2.1 Bestimmen Sie die Werte der beiden Integrale $\int_{0,5}^{4,5} f_{309;0,2}(x)\,dx$ und $\int_{0}^{4} f_{309;0,2}(x)\,dx$.

(2 BE)

2.2.2 Begrunden Sie anschaulich mithilfe von Material 4, warum das Integral $\int_{0,5}^{4,5} f_{309;0,2}(x)\,dx$ eine sehr gute, das Integral $\int_{0}^{4} f_{309;0,2}(x)\,dx$ hingegen eine weniger gute Approximation für die Summe der Flächeninhalte der Rechtecke darstellt.

(3 BE)

2.3 Berechnen Sie mithilfe des Formansatzes $F_{309;0,2}(x) = \left(c_2 \cdot x^2 + c_1 \cdot x + c_0\right) \cdot e^{-0,2 \cdot x}$ eine Stammfunkion von $f_{309;0,2}$.

$\left[\text{mögliches Ergebnis: } F_{309;0,2}(x) = \left(-1545x^2 - 15450x - 77250\right) \cdot e^{-0,2 \cdot x}\right]$

(7 BE)

2.4 Bestätigen Sie, dass gilt $\lim\limits_{u \to \infty} \int\limits_{14,5}^{u} f_{309;0,2}(x)\,dx \approx 34451$, und deuten Sie das Ergebnis im Sachzusammenhang unter Berücksichtigung der vom Sportartikelhersteller aufgeworfenen Frage.

(5 BE)

3 Ein Sommerschuh wird seit vielen Jahren erfolgreich verkauft, wobei die Verkaufszahlen saisonalen Schwankungen unterliegen. Die Wochen nach dem Verkaufsstart des Schuhs werden analog zu Aufgabe 2 durchnummeriert. Am Ende jeder Woche wird die Gesamtzahl der bis dahin verkauften Schuhpaare ermittelt.

Die Gesamtverkaufszahlen für den Sommerschuh werden in sehr guter Näherung durch die Funktion V mit $V(x) = 300x - 2000 \cdot \sin(0{,}1205 \cdot x)$ modelliert, deren Graph in Material 5 dargestellt ist.

3.1 Berechnen Sie die Funktionsgleichung der Ableitungsfunktion V'.

Begründen Sie, dass $59 \leq V'(x) \leq 541$ gilt, und erläutern Sie die Bedeutung der Grenzen 59 und 541 des Wertebereiches von V' im Sachzusammenhang.

(6 BE)

3.2 Bestimmen Sie den Grenzwert $\lim\limits_{x \to \infty} \left(\dfrac{1}{x} \cdot V(x) \right)$ und deuten Sie das Ergebnis im Sachzusammenhang.

(4 BE)

Material 1

Graphen der Schar $f_{1;k}$

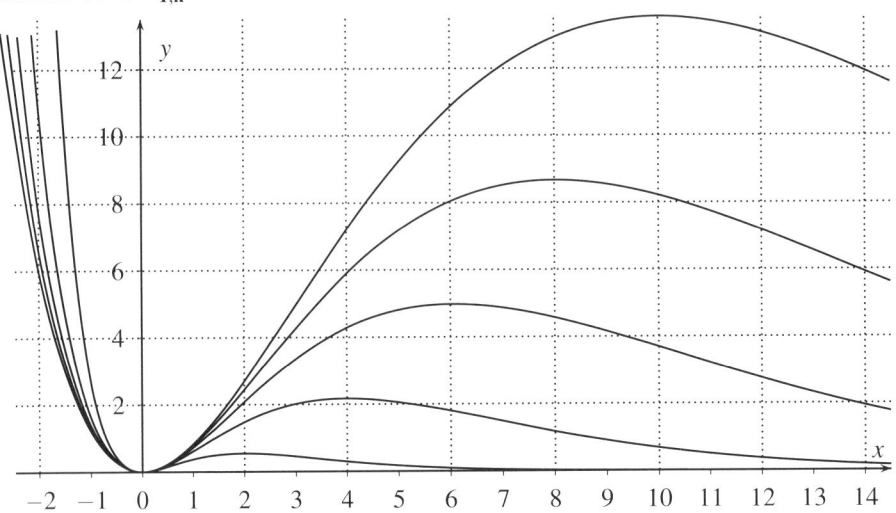

Material 2

Verkaufszahlen in den ersten 14 Wochen

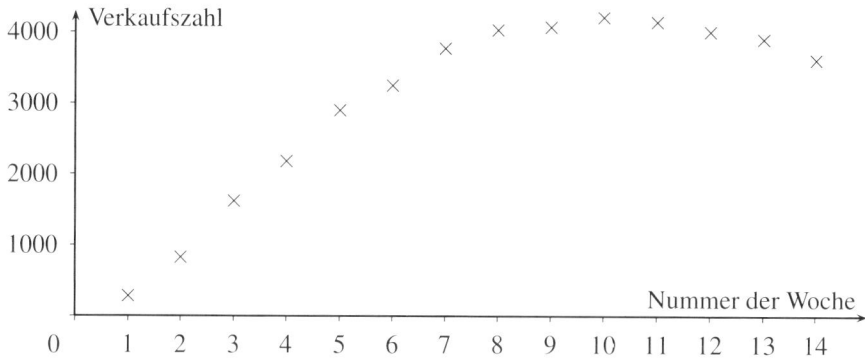

Material 3

Modellierung der Verkaufszahlen mit der Funktion $f_{309;0.2}$

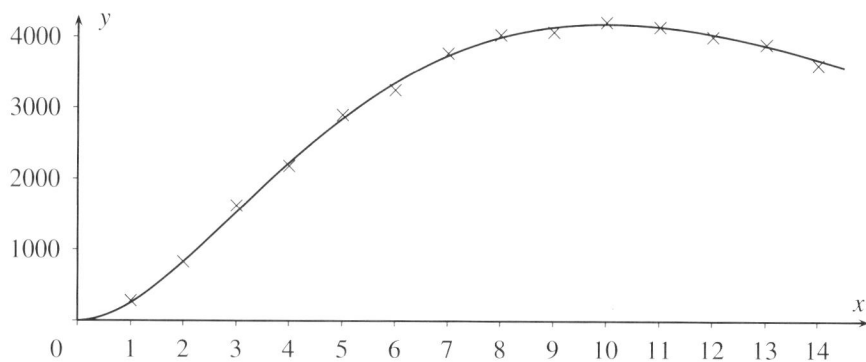

Material 4

Darstellungen der Funktionswerte von $f_{309;0.2}$ als Rechteckflächen

Abbildung A   **Abbildung B**

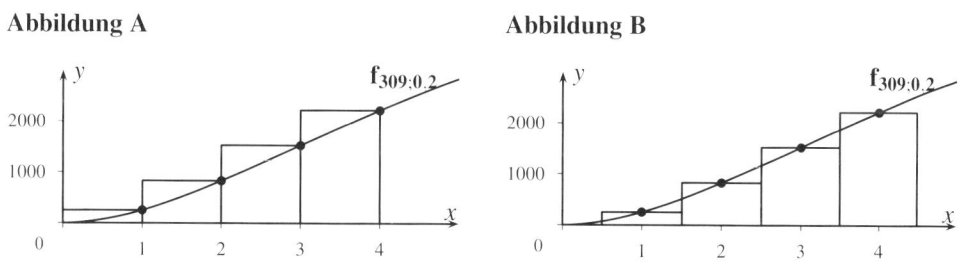

Material 5

Gesamtverkaufszahlen des Sommerschuhs seit Verkaufsstart

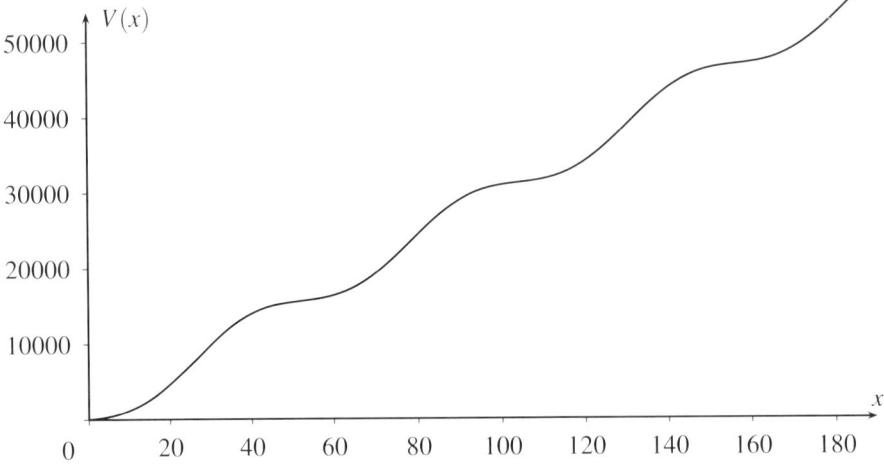

Tipps ab Seite 92, Lösungen ab Seite 156

Landesabitur 2021 Mathematik (WTR/CAS) Leistungskurs
Lineare Algebra/Analytische Geometrie Vorschlag C1

Die „Puerta de Europa" in Madrid besteht aus zwei einander zugeneigten Türmen (Material 1), die jeweils die Form eines Spats aufweisen. Ein Spat ist ein Körper, dessen Oberfläche aus sechs Parallelogrammen besteht, wobei jeweils gegenüberliegende Flächen kongruent und parallel zueinander sind.

Im Modell liegen die Bodenflächen beider Türme in der x-y-Ebene, die den Erdboden beschreibt. Die Dachflächen liegen in einer Ebene, die parallel zur x-y-Ebene verläuft, die Nord- und Südwände liegen jeweils in einer Ebene, die parallel zur y-z-Ebene verläuft. Die (positive) x-Achse zeigt in Richtung Süden, die (positive) y-Achse in Richtung Osten.

Die Türme haben jeweils eine Höhe von 114 m. Der Ostturm hat unter anderem die Eckpunkte A(1,75|6|0), B(1,75|9,5|0), D($-$1,75|6|0) und E(1,75|2,9|11,4).
Eine Längeneinheit entspricht dabei 10 m.

1.1 Die Eckpunkte A, B und D begrenzen gemeinsam mit Punkt C die quadratische Bodenfläche des Ostturms. Geben Sie den Eckpunkt C an und bestimmen Sie den Flächeninhalt der Bodenfläche des Ostturms.

(4 BE)

1.2 Im Koordinatensystem in Material 2 ist die Dachfläche des Ostturms eingezeichnet. Geben Sie die Koordinaten der fehlenden Eckpunkte F, G und H des Ostturms an. Zeichnen Sie den gesamten Ostturm in das Koordinatensystem ein.

(7 BE)

1.3 Zeigen Sie, dass der Neigungswinkel des Ostturms (in westlicher Richtung) gegenüber der Vertikalen etwas 15° beträgt.

(3 BE)

2 Im Modell entspricht der Westturm einer Spiegelung des Ostturms an der x-z-Ebene.

2.1 Geben Sie eine Spiegelmatrix S an, mit deren Hilfe man für einen beliebigen Punkt P des Ostturms mit Hilfe der Gleichung $\overrightarrow{OP'} = S \cdot \overrightarrow{OP}$ den entsprechenden (gespiegelten) Punkt des Westturms ermitteln kann.

(3 BE)

2.2 Bestimmen Sie die Koordinaten des Punktes A' des Westturms und geben Sie an, wie weit die beiden Türme am Boden voneinander entfernt sind.

(4 BE)

3 Beide Türme haben jeweils 26 Etagen, die alle die gleiche Höhe besitzen. Um die Etagen eines Turms mit einem Aufzug zu erreichen, wäre ein vertikaler Aufzugschacht notwendig.

Zeigen Sie, dass es möglich ist, alle Etagen eines Turms mit nur einem am Boden beginnenden durchgängigen Aufzugschacht zu erreichen, der in Nord-Süd-Richtung und in Ost-West-Richtung jeweils 3 m misst. Die Deckenstärken der Etagen und die Wandstärken der Außenwände sollen hierbei vernachlässigt werden.

(6 BE)

4 Vor einigen Jahren plante man, auf dem südlichen Vorplatz der beiden Türme einen Obelisken zu errichten. Ein Obelisk ist ein nach oben schmaler werdender Pfeiler. Der Mittelpunkt P seiner Grundfläche sollte so auf dem Erdboden platziert werden, dass er mit den Mittelpunkten der Bodenflächen der Türme ein gleichseitiges Dreieck bildet. Bestimmen Sie die Koordinaten des zur Umsetzung dieser Planung benötigten Punktes P in der x-y-Ebene.

(8 BE)

5 An einem Tag im März 2021 scheint die Sonne um 13.30 Uhr näherungsweise aus südlicher Richtung auf die Puerta de Europa und den inzwischen im Mittelpunkt P der Grundfläche aus Aufgabe 4 errichteten, 93 m hohen Obelisken. Die Spitze des Obelisken liegt in vertikaler Richtung genau oberhalb des Punktes P. Der Vektor

$$\vec{v} = \begin{pmatrix} -1+0{,}2t \\ 0{,}5t \\ -1{,}2+0{,}2t \end{pmatrix}$$ beschreibt für einen sehr eng begrenzten Zeitraum in guter Näherung die Richtung der Sonnenstrahlen. Der Parameter t steht dabei für die Zeit nach 13.30 Uhr in Stunden. Es gilt $0 \leq t \leq 2$.

5.1 Berechnen Sie den Winkel, in dem die Sonnenstrahlen um 13.30 Uhr auf den Erdboden treffen und den Schattenpunkt der Spitze des Obelisken auf dem Erdboden zu dieser Uhrzeit.

[Hinweis: Sollten Sie die Koordinaten des Punktes P in Aufgabe 4 nicht bestimmt haben, verwenden Sie stattdessen den Ersatzpunkt P*(13,5|0|0).]

(8 BE)

5.2 Berechnen Sie die Matrix, die den Schattenwurf eines beliebigen Punktes Q$(x|y|z)$ mit $z \geq 0$ auf die x-y-Ebene für den durch den Definitionsbereich für t gegebenen Zeitraum beschreibt.

(7 BE)

Material 1

Bilder der Puerta de Europa

https://commons.wikimedia.org/w/index.php?curid=65428881 (abgerufen am 31.07.2021)

Autor: Ricardo Ricote Rodríguez

http://www.elmundo.es/madrid/2014/08/30/5400e794e2704ecf7d8b4596.html (abgerufen am 05.06.2020)

Material 2

Koordinatensystem

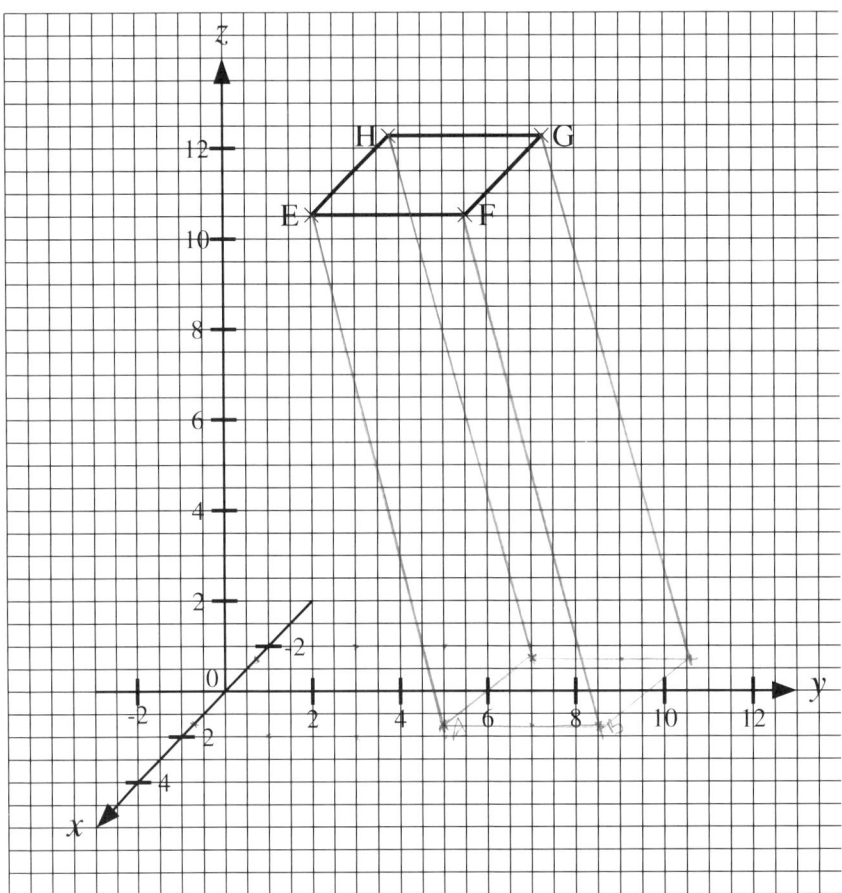

Tipps ab Seite 93, Lösungen ab Seite 161

Landesabitur 2021 Mathematik (WTR/CAS) Leistungskurs
Stochastik Vorschlag C2.1

1 Bei der Aussaat von Raps können Landwirte aus verschiedenen Sorten mit jeweils spezifischen Eigenschaften wählen.

Zunächst wird der Fall betrachtet, dass ein Landwirt Saatgut einer Sorte A ausgebracht hat, die unter den vorliegenden Bedingungen mit einer Wahrscheinlichkeit von 95% keimt.

1.1 Es werden dem Boden zufällig einige Körner entnommen und untersucht, ob diese gekeimt haben. Erläutern Sie die untenstehende Gleichung sowie die einzelnen Faktoren des Terms auf der rechten Seite der Gleichung in diesem Sachzusammenhang. Geben Sie den zugehörigen Zahlenwert an.

$$P(X = 55) = \binom{60}{55} \cdot 0.95^{55} \cdot 0.05^{5}$$

Begründen Sie, warum das zugrunde gelegte mathematische Modell hier angewendet werden kann.

(5 BE)

1.2 Bestimmen Sie die Wahrscheinlichkeit folgender Ereignisse:

E_1: Unter 80 dem Boden zufällig entnommenen Körnern haben höchstens 4 nicht gekeimt.

E_2: Unter 80 dem Boden zufällig entnommenen Körnern weicht die Anzahl der gekeimten Körner höchstens um 2 vom zu erwartenden Wert ab.

(5 BE)

1.3 Der Landwirt vermutet, dass der Anteil der Samenkörner der Sorte A, die unter den vorliegenden Bedingungen keimen, niedriger ist als 95%.

1.3.1 Entwickeln Sie einen Hypothesentest auf einem Signifikanzniveau von 5%, mit dem bei 250 zufällig dem Boden entnommenen Körnern die Vermutung überprüft werden könnte. Formulieren Sie im Sachzusammenhang eine Entscheidungsregel.

Beschreiben Sie den Fehler 2. Art im Sachzusammenhang.

(8 BE)

1.3.2 Bestimmen Sie mithilfe Ihrer Entscheidungsregel aus Aufgabe 1.3.1 die Wahrscheinlichkeit für einen Fehler 2. Art für den Fall, dass der Anteil der Körner, die nicht gekeimt haben, tatsächlich nur 90% beträgt.

Beschreiben Sie, wie die Fehlerwahrscheinlichkeit für einen Fehler 2. Art reduziert werden könnte, obwohl das Signifikanzniveau weiterhin eingehalten werden soll.

(4 BE)

2 Betrachtet wird nun der Fall, dass der Landwirt sich für unterschiedliche Sorten entscheidet. Er sät auf 85% seiner für Raps vorgesehenen Fläche Samenkörner der Sorte A aus Aufgabe 1. Auf der restlichen für Raps vorgesehenen Fläche sät er Samenkörner der Sorte B, die unter den vorliegenden Bedingungen mit einer Wahrscheinlichkeit von 90% keimen.

Die verwendeten Mengen an Saatgut sind hierbei proportional zur Größe der genutzten Flächen.

2.1 Berechnen Sie die Wahrscheinlichkeit, dass ein nach der Aussaat dem Boden zufällig entnommenes Korn, welches gekeimt hat, ein Korn der Sorte B ist.

(4 BE)

2.2 Zeigen Sie, dass die Wahrscheinlichkeit, dass ein nach der Aussaat dem Boden zufällig entnommenes Korn nicht gekeimt hat, 5,75% beträgt.

(2 BE)

2.3 Eine junge Pflanze, die aus einem Samenkorn durch Keimung entsteht, wird als Sämling bezeichnet. In manchen Jahren werden diese von Schnecken angefressen. Der Landwirt stellt fest, dass insgesamt 20% aller Rapssämlinge angefressen wurden und insbesondere, dass 30% der Rapssämlinge der Sorte B angefressen wurden.

Erläutern Sie im Sachzusammenhang, was im Folgenden berechnet wird:

$$\frac{0{,}15 \cdot 0{,}9 \cdot 0{,}3}{0{,}9425 \cdot 0{,}2}$$

(4 BE)

3 Bei der Aussaat von Raps gibt es die Varianten Drillsaat und Einzelkornsaat. Bei letzterer erhofft man sich neben einer Reduzierung der benötigten Menge an Saatgut durch eine gleichmäßige Verteilung des Saatguts auf das Feld besonders gute Erträge. Die Körner werden einzeln durch eine Maschine in Reihen auf dem Feld abgelegt. Im Untersuchungsbericht eines Modellversuchs wird festgestellt, dass die Zufallsgröße Y: „Abstand zwischen zwei benachbarten Körnern innerhalb einer Reihe" normalverteilt sei. Ferner habe man ermittelt, dass der Mittelwert 5 cm und die Standardabweichung 1,5 cm beträgt.

Bestimmen Sie jeweils, mit welcher Wahrscheinlichkeit für einen zufällig ausgewählten und gemessenen Abstand zweier benachbarter Körner gemäß dieses Untersuchungsberichts Folgendes gilt:

A: Der Abstand weicht um maximal 1 cm vom Mittelwert ab.

B: Der Abstand weicht um mindestens 2 cm vom Mittelwert ab.

(5 BE)

4 Bei einer genaueren Untersuchung der Resultate einer Drillsaatmaschine, welche die Körner ungenauer und im Mittel näher beieinander ablegt, hat man die im Material dargestellten Beobachtungen zu den Abständen benachbarter Körner gemacht. Es wird die Zufallsvariable

Z: „Abstand zwischen zwei benachbarten Körnern innerhalb einer Reihe" betrachtet.

4.1 Stellen Sie die Daten aus dem Material unter Verwendung der zugehörigen relativen Häufigkeiten in Form eines Säulendiagramms dar.

(4 BE)

4.2 Erläutern Sie anhand der Daten, warum zur Beschreibung der Verteilung des Kornabstands Z eine Exponentialfunktion der Form $f(z) = a \cdot e^{-b \cdot z}$, $a, b > 0$, für $z > 0$ als Dichtefunktion geeignet ist.

(2 BE)

4.3 Es gilt $P(0 \leq Z \leq u) = \int_0^u f(z)\, dz = \frac{a}{b} \cdot \left(1 - e^{-b \cdot u}\right)$ und somit $\lim_{u \to \infty} (P(0 \leq Z \leq u)) = \frac{a}{b}$. Begründen Sie, dass hieraus $a = b$ folgt, und bestätigen Sie mithilfe der relativen Häufigkeit für das Intervall $[0; 1)$, dass $a = b \approx 0{,}36$ gilt.

(4 BE)

4.4 Die Verteilung des Kornabstands Z wird nun für $z \geq 0$ durch die Dichtefunktion f mit $f(z) = 0{,}365 \cdot e^{-0{,}365 \cdot z}$ modelliert.

Es gilt beispielsweise $P(0 \leq Z \leq 3) = \int_{0}^{3} f(z)\,dz \approx 66{,}55\%$.

Erläutern Sie die Bedeutung dieses Ergebnisses im Sachzusammenhang und prüfen Sie, ob dieser Wert in guter Näherung mit der Häufigkeitsverteilung im Material übereinstimmt.

(3 BE)

Material

Häufigkeitsverteilung von Kornabständen bei Drillsaat (n = 200)

Abstand (in cm) im Intervall	Absolute Häufigkeit
$[0;1)$	60
$[1;2)$	43
$[2;3)$	30
$[3;4)$	21
$[4;5)$	15
$[5;6)$	11
$[6;7)$	8
$[7;8)$	5
$[8;9)$	4
$[9;10)$	3
$[10;\infty)$	0

Tipps ab Seite 95, Lösungen ab Seite 166

Landesabitur 2021 Mathematik (WTR/CAS) Leistungskurs
Stochastik Vorschlag C2.2

1 Die Grafiken in Material 1 zeigen für das Jahr 2017 eine Übersicht des Statistischen Bundesamtes über die neu abgeschlossenen Ausbildungsverträge nach schulischer Vorbildung, aufgeteilt nach Geschlecht.

1.1 Geben Sie mithilfe der Daten aus Material 1 die sinnvoll gerundeten absoluten Häufigkeiten in der folgenden Tabelle an. Die Bezeichnungen der Merkmale lauten:

H: Hochschul-/Fachhochschulreife, $\overline{H}$: keine Hochschul-/Fachhochschulreife

W: weiblich $\overline{W}$: nicht weiblich

	H	$\overline{H}$	Σ
W			
$\overline{W}$			
Σ			

(4 BE)

Im Folgenden sollen mithilfe der in der Tabelle angegebenen absoluten Häufigkeiten Wahrscheinlichkeiten berechnet werden. Es werden ausschließlich Personen betrachtet, die 2017 einen Ausbildungsvertrag neu abgeschlossen haben.

1.2 Eine Personalleiterin lädt 2017 eine zufällig ausgewählte Person mit Hochschul-/Fachhochschulreife zu einem Vorstellungsgespräch ein.
Ermitteln Sie die Wahrscheinlichkeit, dass diese Person nicht weiblich ist.

(3 BE)

1.3 Bestimmen Sie die Wahrscheinlichkeit dafür, dass eine zufällig ausgewählte Person weiblich ist oder eine Hochschul-/Fachhochschulreife besitzt.

(3 BE)

1.4 Untersuchen Sie, ob die Wahrscheinlichkeiten $P_{\overline{H}}(W)$ und $P(W)$ übereinstimmen. Deuten Sie Ihr Ergebnis im Sachzusammenhang.

(3 BE)

Eine Personalleiterin hat 50 Personen mit Hochschul-/Fachhochschulreife zu einem Auswahlverfahren eingeladen. Von den 50 Personen sind 30 weiblich.

1.5 Für eine Gruppendiskussion werden 5 von den 50 Personen zufällig ausgewählt. Bestimmen Sie die Wahrscheinlichkeit, dass sich darunter 4 weibliche Personen befinden.

(3 BE)

1.6 Im Rahmen des Auswahlverfahrens wird ein Multiple-Choice Test durchgeführt. Bei diesem Test werden genau acht Fragen gestellt. Zu jeder der Fragen gibt es vier Antwortmöglichkeiten, von denen jeweils genau eine richtig ist. Bestimmen Sie die Wahrscheinlichkeit, dass man durch bloßes Raten genau 7 Fragen richtig beantwortet.

(2 BE)

1.7 In einem weiteren Teil des Auswahlverfahrens stehen verschiedene Aufgaben in einem Pool zur Verfügung. Der Bewerber oder die Bewerberin zieht zwei Aufgaben aus diesem Pool, die dann zu bearbeiten sind. Dafür gibt es 435 Kombinationsmöglichkeiten. Berechnen Sie die Anzahl der Aufgaben, die sich im Pool befinden.

(5 BE)

Im Folgenden sollen die in den Grafiken im Material angegebenen relativen Häufigkeiten als Wahrscheinlichkeiten betrachtet werden.

2 Es werden nur die im Jahr 2017 neu abgeschlossenen Ausbildungsverträge von männlichen Personen betrachtet.

2.1 Bestimmen Sie die Wahrscheinlichkeiten der folgenden Ereignisse A, B und C unter Angabe der jeweils verwendeten Zufallsgröße. Gehen Sie davon aus, dass die Zufallsgrößen binomialverteilt sind.

A: 4 von 15 zufällig ausgewählten neu abgeschlossenen Ausbildungsverträgen werden von Männern mit Hauptschulabschluss abgeschlossen.

B: Weniger als 50 von 100 zufällig ausgewählten neu abgeschlossenen Ausbildungsverträgen werden von Männern mit einem mittleren Schulabschluss abgeschlossen.

C: Mindestens 142 aber höchstens 153 von 200 zufällig ausgewählten neu abgeschlossenen Ausbildungsverträgen werden von Männern abgeschlossen, die weder eine Hochschul-/Fachhochschulreife besitzen noch einen Abschluss im Ausland erworben haben.

(8 BE)

2.2 Beschreiben Sie im Sachzusammenhang ein Zufallsexperiment, bei dem die Wahrscheinlichkeit eines Ereignisses mit dem Term $1 - \left(0{,}249^{10} + 0{,}751^{10}\right)$ berechnet werden kann.

Geben Sie dieses Ereignis an.

(3 BE)

2.3 In einer Umfrage werden Männer, die 2017 einen Ausbildungsvertrag neu abgeschlossen haben, zufällig ausgewählt und nach ihrer schulischen Vorbildung befragt. Berechnen Sie, wie viele Männer man mindestens befragen muss, um mit einer Wahrscheinlichkeit von mindestens 80% auf mindestens einen Mann mit Hauptschulabschluss zu treffen.

(4 BE)

3 Von den Auszubildenden, die 2017 einen Ausbildungsvertrag neu abgeschlossen haben und die Hochschul-/Fachhochschulreife erworben hatten, haben 34,9% einen Ausbildungsvertrag im Bereich Industrie und Handel abgeschlossen.

Da der Anteil der Ausbildungsverträge im Bereich Industrie und Handel seit Jahren steigt, wird vermutet, dass im Jahr 2020 der Anteil der Auszubildenden, welche die Hochschul-/Fachhochschulreife erworben und einen Ausbildungsvertrag im Bereich Industrie und Handel abgeschlossen haben, bereits größer als 40% ist.

Um diese Vermutung zu bestätigen, werden 150 zufällig ausgewählte Auszubildende mit der schulischen Vorbildung Hochschul-/Fachhochschulreife befragt, die 2020 einen neuen Ausbildungsvertrag abgeschlossen haben.

3.1 Entwickeln Sie einen Hypothesentest auf einem Signifikanzniveau von 10% und formulieren Sie eine Entscheidungsregel im Sachzusammenhang.

(7 BE)

3.2 Beschreiben Sie für den Hypothesentest aus Aufgabe 3.1 die Bedeutung des Fehlers 2. Art im Sachzusammmenhang.

Bei diesem Hypothesentest soll die Wahrscheinlichkeit für einen Fehler 2. Art höchstens dreimal so groß sein wie das Signifikanzniveau α. Ermitteln Sie auf drei Nachkommastellen genau, wie hoch der zur Alternativhypothese H_1 gehörige tatsächliche Anteil p_1 unter dieser Bedingung mindestens sein müsste.

(5 BE)

Material

Im Jahr 2017 neu abgeschlossene Ausbildungsverträge nach schulischer Vorbildung (insgesamt 515 679) – aufgeteilt nach Geschlecht (männlich/weiblich)

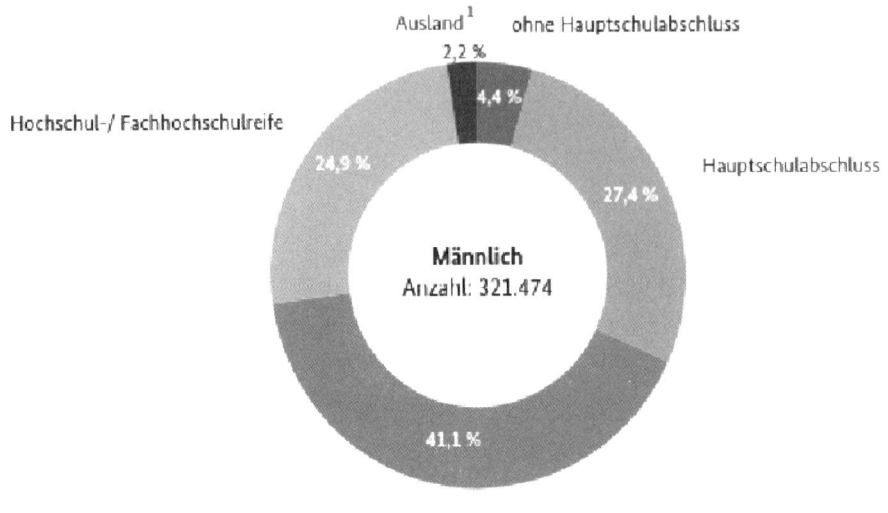

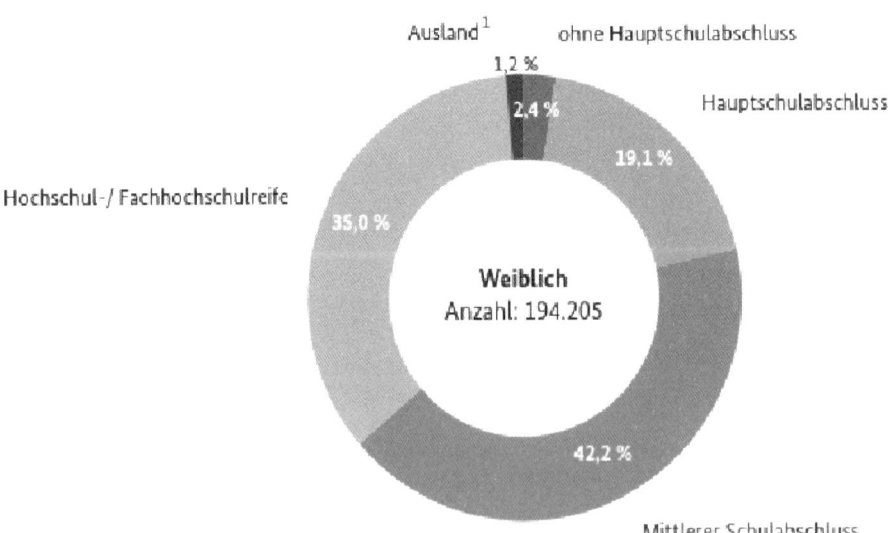

[1] im Ausland erworbener Schulabschluss, der nicht zugeordnet werden kann

basierend auf: Statistisches Bundesamt, Fachserie 11 Reihe 3; Deutsches Zentrum für Hochschul- und Wissenschaftsforschung, Berechnungen, Interaktive Grafik 2.4.34, URL: https://www.datenportal.bmbf.de/portal/de/grafik-2.4.34.html (abgerufen am 04.01.2021)

3 Abitur 2022

Tipps ab Seite 98, Lösungen ab Seite 172

Landesabitur 2022 Mathematik (WTR) Leistungskurs
Analysis Vorschlag B1

Gegeben ist die Funktionenschar f_a mit $f_a(t) = a \cdot t \cdot e^{-0.25 \cdot t}, a \neq 0$.

1.1 Untersuchen Sie das Verhalten der Graphen der Schar für $t \to \infty$.

(2 BE)

1.2 Ermitteln Sie die erste Ableitung der Funktionenschar f_a und zeigen Sie, dass für die zweite Ableitung gilt:
$$f_a{}''(t) = a \cdot \left(\frac{1}{16} t - \frac{1}{2} \right) \cdot e^{-0.25 \cdot t}$$

(6 BE)

1.3 Berechnen Sie die Koordinaten des Extrempunktes der Graphen der Funktionenschar f_a. Untersuchen Sie in Abhängigkeit vom Parameter a, welche Art von Extrempunkt vorliegt.
[zur Kontrolle: Die Extremstelle liegt bei $t = 4$.]

(6 BE)

1.4 Material 1 zeigt einen Graphen der Schar. Bestimmen Sie den zugehörigen Wert von a. Zeigen Sie, dass die zugehörige Funktionsgleichung auch in der Form $g(t) = t \cdot e^{1-0.25 \cdot t}$ dargestellt werden kann.

(3 BE)

1.5 Beurteilen Sie mithilfe von Material 1 die folgende Aussage:
Für $2 \leq t \leq 6$ ändert sich beim Graphen jeder Stammfunktion G von g genau einmal das Krümmungsverhalten.

(2 BE)

1.6 Ermitteln Sie mithilfe eines geeigneten Formansatzes eine Stammfunktion G von g.
$\big[$ zur Kontrolle: $G(t) = -4 \cdot (t+4) \cdot e^{1-0.25 \cdot t}$ ist die Funktionsgleichung einer möglichen Stammfunktion von g. $\big]$

(5 BE)

1.7 Zeigen Sie, dass der Inhalt der Fläche, die der Graph von g im Intervall $t \geq 0$ mit der t-Achse einschließt, endlich ist. Ermitteln Sie den Inhalt dieser Fläche.

(5 BE)

1.8 Der Inhalt der Fläche, die der Graph der Funktion g mit der t-Achse im Intervall $[2;8]$ einschließt, kann durch zwei unterschiedliche Verfahren näherungsweise bestimmt werden.

I.   Sehnentrapezverfahren mit der Streifenbreite 2 (Material 2)

II.   Kepler'sche Fassregel (Material 3)

Skizzieren Sie den Näherungsansatz zum Sehnentrapezverfahren (I) in Material 1.

Ermitteln Sie jeweils den Näherungswert (auf drei Nachkommastellen gerundet) und beurteilen Sie die Güte der Näherungen durch Vergleich mit dem tatsächlichen Flächeninhalt.

(9 BE)

2 Ein Patient erhält nach einer Operation ein Medikament per Infusion. Diese ist so eingestellt, dass die Konzentration des Wirkstoffs im Blut in mg/l über die Zeit t in Stunden konstant ist. Der Verlauf der Konzentration kann mit der Funktion h mit $h(t) = 1$ beschrieben werden.

Um die Wirkung des Medikaments zu erhöhen, erhält der Patient das Medikament zusätzlich noch einmal durch eine intravenöse Injektion. Der Verlauf der durch diese Injektion verursachten Konzentration des Wirkstoffs im Blut kann mit der Funktion g mit $g(t) = t \cdot e^{1-0,25 \cdot t}$ (aus Aufgabe 1.4) beschrieben werden.

Die Funktion k mit $k(t) = 1 + t \cdot e^{1-0,25 \cdot t}$ gibt somit für die ersten 24 Stunden (t in Stunden) den Verlauf der (Gesamt-)Konzentration des Wirkstoffs im Blut in mg/l an. Dabei ist $t = 0$ der Zeitpunkt, zu dem die intravenöse Injektion des Medikaments erfolgt.

2.1 Zu einem bestimmten Zeitpunkt weist die Änderungsrate der (Gesamt-)Konzentration des Wirkstoffs im Blut ein Extremum auf.

Bestimmen Sie diesen Zeitpunkt.

Hinweis: Eine Randwertbetrachtung ist nicht erforderlich.

(3 BE)

2.2 Berechnen Sie die durchschnittliche Konzentration, die in den ersten 8 h nach Zuführung der zweiten Dosis des Medikaments vorliegt.

(4 BE)

2.3 Die Wirkstoffmenge, die mindestens im Blut vorhanden sein muss, damit das Medikament wirkt, bezeichnet man als therapeutische Konzentration.

Bei dem hier betrachteten Verlauf der Krankheit liegt die therapeutische Konzentration bei 2 mg/l. Diese muss für einen Zeitraum von mindestens 14 h erreicht werden.

Entscheiden Sie begründet, ob die vorliegende Medikamentengabe den Bedingungen genügt.

(5 BE)

Material 1

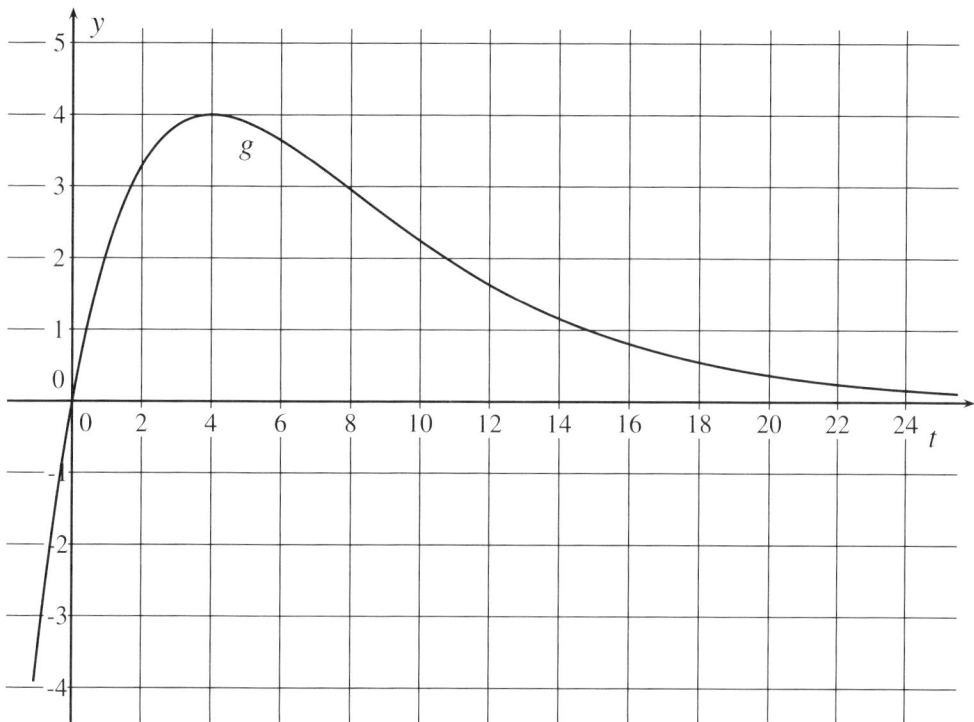

Material 2

Beim Sehnentrapezverfahren wird der Inhalt einer Fläche, die in einem Intervall vom Graphen der Funktion g und der t-Achse eingeschlossen wird, durch den Flächeninhalt mehrerer trapezförmiger Streifen gleicher Streifenbreite angenähert. Für einen Streifen im Intervall $[a;b]$ gilt: Der Graph von g wird durch eine Sehne zwischen den Punkten $P(a|g(a))$ und $Q(b|g(b))$ ersetzt. Die Flächeninhalte der jeweils entstehenden Trapeze werden berechnet und addiert.

Material 3

Die Keplersche Fassregel (nach Johannes Kepler) ist eine Methode zur näherungsweisen Berechnung von Integralen. Zur Berechnung wird folgende Gleichung verwendet:

$$\int_a^b g(t)\,dt \approx \frac{b-a}{6}\left(g(a) + 4 \cdot g\left(\frac{a+b}{2}\right) + g(b)\right)$$

Tipps ab Seite 100, Lösungen ab Seite 180

Landesabitur 2022 Mathematik (WTR) Leistungskurs
Analysis Vorschlag B2

1 Gegeben sei die Funktionenschar f_b mit $f_b(t) = \dfrac{1}{100} \cdot \left(0{,}5t^2 + 2t\right) \cdot b \cdot e^{-0{,}02t}$, $b \in \mathbb{R}, b > 0$.

1.1 Berechnen Sie die Nullstellen der Funktionen der Schar.

(3 BE)

1.2 Beschreiben Sie die Bedeutung des Parameters b für die Graphen der Schar.
Berechnen Sie alle Extrempunkte der Graphen der Schar.
Die Funktionsgleichung der zweiten Ableitung
$f_b''(t) = \left(\dfrac{1}{100}\right)^3 \cdot \left(2t^2 - 392t + 9200\right) \cdot b \cdot e^{-0{,}02t}$ darf ohne Nachweis verwendet werden.
[zur Kontrolle: Die Hochpunkte der Schar haben die gerundeten Koordinaten H(98,04|7,04b).]

(8 BE)

1.3 Untersuchen Sie das Grenzverhalten der Funktionen der Schar für $t \to +\infty$ und $t \to -\infty$.
(4 BE)

2 Ein hessischer Radiosender startet anlässlich einer Naturkatastrophe eine Spendenaktion. Die Zuschauer haben bei dieser Spendenaktion die Möglichkeit, über eine Spendenhotline telefonisch einen Betrag von 50 € zu spenden. Die Spendenhotline ist für einen Zeitraum von acht Stunden erreichbar.

2.1 Die Eingangsrate (in Anrufen pro Minute) lässt sich in guter Näherung durch eine Funktion der Funktionenschar f_b aus Aufgabe 1 modellieren. Dabei beschreibt t die Zeit in Minuten seit Beginn der Spendenaktion.

2.1.1 Nach einer Stunde beträgt die Eingangsrate 17 Anrufe pro Minute.
Bestimmen Sie, gerundet auf zwei Nachkommastellen, den zugehörigen Wert des Parameters b.

(2 BE)

Im Folgenden soll die Eingangsrate (in Anrufen pro Minute) in Abhängigkeit von der Zeit t (in Minuten seit Beginn der Spendenaktion) durch die Funktion f mit
$f(t) = 0{,}03 \cdot \left(0{,}5t^2 + 2t\right) \cdot e^{-0{,}02t} = f_3(t)$
der Funkionenschar aus Aufgabe 1 modelliert werden. Der Graph der Funktion f ist für $t \geq 0$ im Material 1 dargestellt.

2.1.2 Vergleichen Sie die Eingangsraten nach zwei Stunden und nach acht Stunden im Sachzusammenhang.

(2 BE)

2.1.3 Ermitteln Sie ohne Verwendung des Graphen die maximale Eingangsrate gemäß der vorgenommenen Modellierung.

(2 BE)

2.1.4 Bestimmen Sie, gerundet auf zwei Nachkommastellen, den Wert von t, für welchen die Krümmung des Graphen der Funktion f von einer Rechts- in eine Linkskrümmung wechselt.
Erläutern Sie die Bedeutung dieses Werts im Sachzusammenhang.

(5 BE)

2.1.5 Bestimmen Sie die minimale Eingangsrate im Zeitraum $[40; 240]$.

(4 BE)

2.2.1 Berechnen Sie mithilfe eines geeigneten Formansatzes eine Stammfunktion F von f.
$\left[\text{zur Kontrolle: } F(t) = \left(-0{,}75t^2 - 78t - 3900\right) \cdot e^{-0{,}02t} \text{ ist die Gleichung einer möglichen Stammfunktion } F.\right]$

(6 BE)

2.2.2 Berechnen Sie den Wert des Terms $50 \cdot \int_0^{480} f(t)\,dt$.
Erläutern Sie die Bedeutungen des Terms und des berechneten Werts im Sachzusammenhang.

(5 BE)

3 Bei der Spendenaktion aus Aufgabe 2 können in der Hotline ohne entstehende Wartezeiten maximal 15 Anrufe pro Minute bearbeitet werden. Wird diese Maximalzahl überschritten, werden die eingehenden Telefonnummern registriert. Sobald wieder freie Apparate zur Verfügung stehen, werden die Anrufer mittels einer automatischen Rückruffunktion kontaktiert. Im Modell wird davon ausgegangen, dass alle mittels Rückruffunktion kontaktierten Anrufer direkt erreichbar sind.

3.1 Erläutern Sie die Bedeutung der im Material 2 eingezeichneten Fläche im Sachzusammenhang. Bestimmen Sie den Inhalt dieser Fläche.

(6 BE)

3.2 Ab dem Zeitpunkt $t = 50$ (bis zu einem späteren Zeitpunkt) müssen eingehende Telefonnummern registriert werden.

Erläutern Sie den Ansatz in Zeile (1) im Sachzusammenhang und deuten Sie das Ergebnis in Zeile (2) im Sachzusammenhang.

$$(1) \quad 15 \cdot (k - 50) = \int_{50}^{k} f(t)\,dt \quad \text{mit } k > 50$$

$$(2) \quad \Rightarrow k \approx 260$$

(3 BE)

Material 1

Graph der Näherungsfunktion f

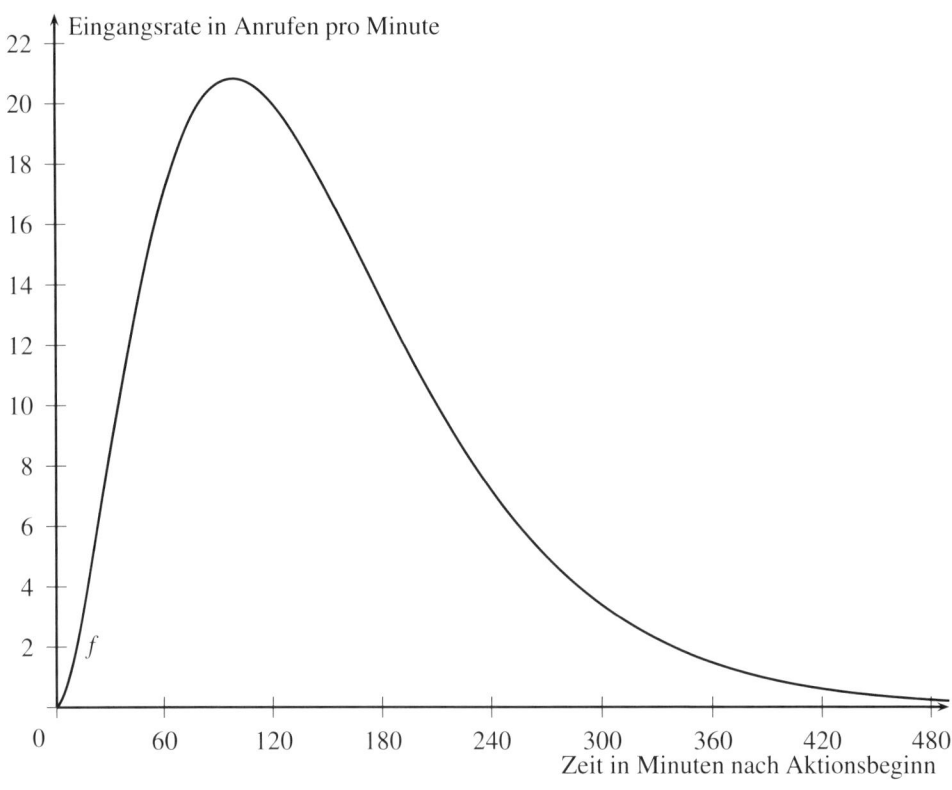

Material 2

Ausschnitt aus dem Graphen der Näherungsfunktion

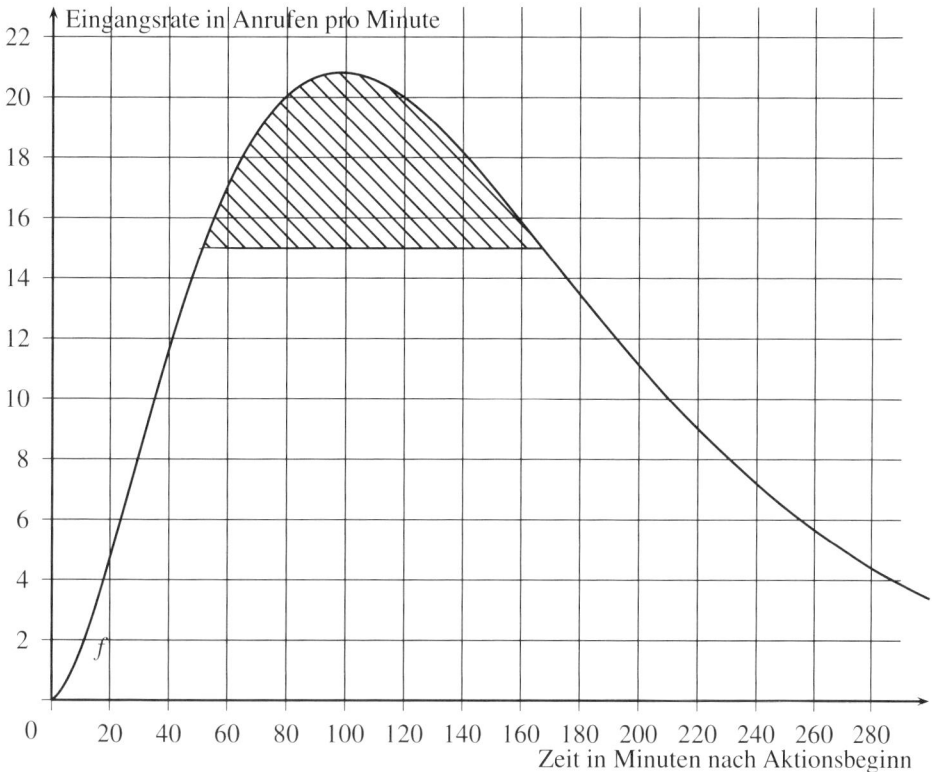

Tipps ab Seite 101, Lösungen ab Seite 188

Landesabitur 2022 Mathematik (WTR) Leistungskurs
Lineare Algebra/Analytische Geometrie Vorschlag C1.1

Die Abbildung in Material 1 zeigt das sogenannte Saarpolygon, ein im Inneren begehbares Denkmal zur Erinnerung an den stillgelegten Kohlebergbau im Saarland. Das Saarpolygon kann in einem Koordinatensystem modellhaft durch den Streckenzug dargestellt werden, der aus den drei Strecken $\overline{AB}$, $\overline{BC}$ und $\overline{CD}$ mit $A(11|11|0)$, $B(-11|11|28)$, $C(11|-11|28)$ und $D(-11|-11|0)$ besteht (Material 2). A, B, C und D sind Eckpunkte eines Quaders. Eine Längeneinheit im Koordinatensystem entspricht einem Meter in der Wirklichkeit.

1.1 Begründen Sie, dass die Punkte B und C symmetrisch bezüglich der x_3-Achse liegen.

(2 BE)

1.2 Berechnen Sie die Länge des Streckenzugs in der Wirklichkeit.

(3 BE)

2 Die Ebene E enthält die Punkte A, B und C, die Ebene F die Punkte B, C und D.

2.1 Geben Sie eine Gleichung der Ebene E in Parameterform an.
Berechnen Sie eine Gleichung von E in Koordinatenform.
[zur Kontrolle: $14x_1 + 14x_2 + 11x_3 = 308$ ist eine mögliche Koordinatengleichung der Ebene E.]

(4 BE)

2.2 Berechnen Sie die Größe φ des Winkels, unter dem E die x_1-x_2-Ebene schneidet.
Geben Sie einen Term an, mit dem aus φ die Größe des Winkels zwischen den Ebenen E und F berechnet werden kann.

(5 BE)

2.3 Die Ebene E teilt den Quader in zwei Teilkörper. Bestimmen Sie den Anteil des Volumens des pyramidenförmigen Teilkörpers am Volumen des Quaders, ohne die Volumina zu berechnen.

(3 BE)

3.1 Das Saarpolygon wird aus verschiedenen Blickrichtungen betrachtet. Die Abbildungen 1 und 2 in Material 3 stellen das Saarpolygon für zwei Blickrichtungen schematisch dar. Geben Sie zu jeder der beiden Abbildungen 1 und 2 einen möglichen Vektor an, der die zugehörige Blickrichtung beschreibt.
Stellen Sie das Saarpolygon schematisch für eine Betrachtung von oben dar.

(4 BE)

3.2 Der Punkt $P(0|0|h)$ liegt innerhalb des Quaders und hat von den drei Strecken $\overline{AB}$, $\overline{BC}$ und $\overline{CD}$ den gleichen Abstand.

Das folgende Gleichungssystem liefert den Wert von h:

$$\text{I } \overrightarrow{OQ} = \begin{pmatrix} 11 \\ 11 \\ 0 \end{pmatrix} + r \cdot \begin{pmatrix} -22 \\ 0 \\ 28 \end{pmatrix}, r \in [0;1] \qquad \text{II } \overrightarrow{PQ} \circ \overrightarrow{AB} = 0 \qquad \text{III } \left| \overrightarrow{PQ} \right| = 28 - h$$

Erläutern Sie die Überlegungen, die diesem Vorgehen zur Bestimmung des Werts von h zugrunde liegen.

(4 BE)

4 Eine Drohne (unbemanntes Luftfahrzeug mit Kamera) fliegt geradlinig. Im Modell liegt ihre Flugbahn auf der Geraden g: $\vec{x} = \begin{pmatrix} 8 \\ -10 \\ 0 \end{pmatrix} + t \cdot \begin{pmatrix} -3 \\ 1 \\ 4 \end{pmatrix}$.

Der Parameter t beschreibt die Zeit in Sekunden nach dem Start bei $t = 0$. Der Erdboden liegt im Modell in der x_1-x_2-Ebene.

4.1 Erläutern Sie, warum die Drohne vom Erdboden startet und sich im Steigflug befindet. Bestimmen Sie den Steigungswinkel der Flugbahn.

(5 BE)

4.2 Untersuchen Sie rechnerisch, ob die Drohne mit der Seitenkante $\overline{AB}$ des Saarpolygons kollidiert.

(5 BE)

4.3 Zeigen Sie rechnerisch, dass die Drohne in einer Sekunde eine Strecke von ungefähr $5,1$ Metern zurücklegt, und berechnen Sie die Geschwindigkeit der Drohne in der Einheit Kilometer pro Stunde.

(4 BE)

4.4 Die Sonne scheint zu einer bestimmten Uhrzeit in Richtung des Vektors $\vec{v} = \begin{pmatrix} 1 \\ 0 \\ -2 \end{pmatrix}$.

4.4.1 Ermitteln Sie die Gleichung der Schattengeraden g', auf welcher sich der Schatten der Drohne in der x_1-x_2-Ebene bewegt.

(4 BE)

4.4.2 Begründen Sie, dass der Schatten der Strecke $\overline{BC}$ des Saarpolygons auf dem Erdboden genau so lang ist wie die Strecke $\overline{BC}$ selbst.

(3 BE)

4.4.3 In der Abbildung in Material 4 sind in der x_1-x_2-Ebene die Eckpunkte eines Trapezes GHIJ sowie der Schatten des Saarpolygons dargestellt.

Geben Sie für jeden der Punkte A, B, C, D des Saarpolygons an, welcher der Eckpunkte des Trapezes den zugehörigen Schattenpunkt darstellt.

(4 BE)

Material 1

Von Markscheider - Eigenes Werk, CC BY-SA 4.0,
https://commons.wikimedia.org/w/index.php?curid=51773461

Material 2

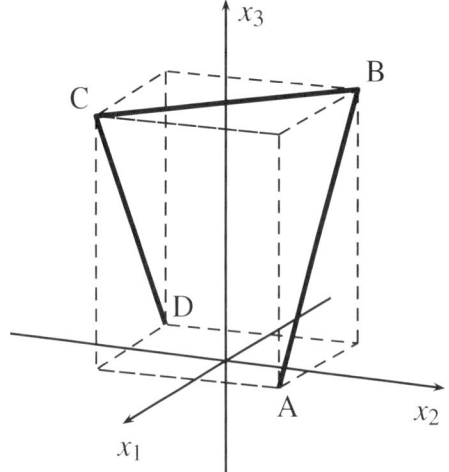

Material 3

Abb. 1

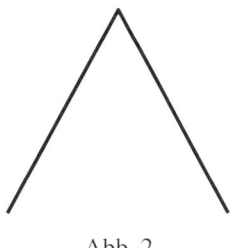
Abb. 2

Material 4

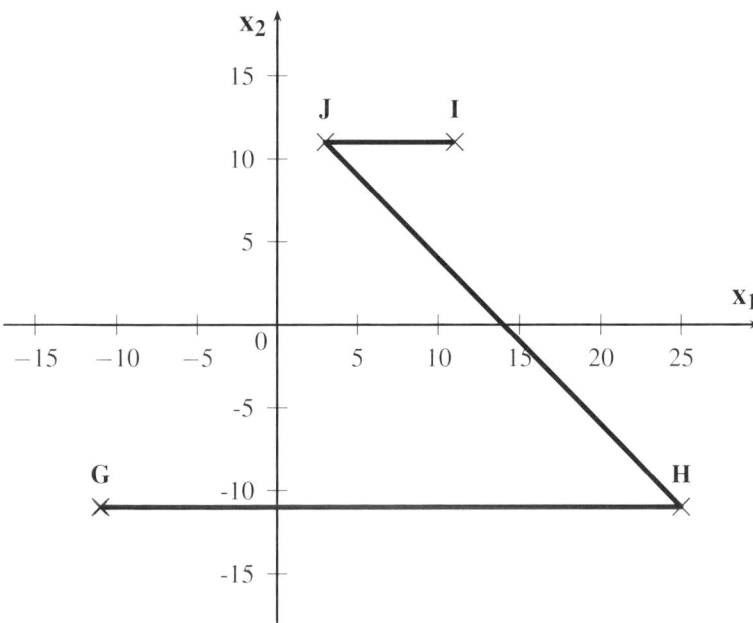

Tipps ab Seite 103, Lösungen ab Seite 195

Landesabitur 2022 Mathematik (WTR/CAS) Leistungskurs
Lineare Algebra/Analytische Geometrie Vorschlag C1.2

In einem kartesischen Koordinatensystem sind die Punkte A(0|0|0), B(2|0|0), C(2|3|0), D(0|3|0), E(0|0|3), F(2|0|2) und H(0|3|1) die Eckpunkte eines Körpers K mit rechteckiger Grundfläche (Material). Alle diesen Körper K begrenzenden Flächen sind eben.

1.1 Zeigen Sie, dass das Viereck EFCH ein Parallelogramm, aber kein Rechteck ist.

(4 BE)

1.2 Geben Sie eine Parametergleichung der Ebene J an, in der die Fläche EFCH liegt. Bestimmen Sie eine zugehörige Koordinatengleichung.
[zur Kontrolle: Eine mögliche Koordinatengleichung lautet $J: 3x + 4y + 6z = 18$.]

(5 BE)

1.3 Berechnen Sie den Neigungswinkel der Ebene J gegenüber der x-y-Ebene.

(3 BE)

1.4 Ein Schnittpunkt der Ebene J mit den Koordinatenachsen ist der Punkt E. Die anderen beiden Schnittpunkte haben die Koordinaten $S_x(6|0|0)$ und $S_y(0|4,5|0)$.
Beschreiben Sie, wie man die Koordinaten des Punktes S_y berechnen kann.
Zeichnen Sie die Punkte S_x und S_y sowie die Kanten der Pyramide AS_xS_yE in das Material ein.

(4 BE)

1.5 Der Körper K ist ein Teilkörper der Pyramide AS_xS_yE. Berechnen Sie den prozentualen Anteil des Volumens des Körpers K am Volumen der Pyramide AS_xS_yE.

(5 BE)

Gegeben ist die Geradenschar $g_a : \vec{x} = \begin{pmatrix} 0 \\ 0 \\ 3 \end{pmatrix} + t \cdot \left(\begin{pmatrix} 2 \\ 0 \\ -1 \end{pmatrix} + a \cdot \begin{pmatrix} -2 \\ 3 \\ -1 \end{pmatrix} \right)$ mit $a \in \mathbb{R}$.

1.6 Zeigen Sie rechnerisch, dass alle Geraden der Schar in der Ebene J liegen.

(3 BE)

1.7 Berechnen Sie den Wert des Parameters a, für den die zugehörige Gerade der Schar durch den Punkt C verläuft.

Begründen Sie, dass für den berechneten Wert des Parameters a die zugehörige Gerade der Schar die gesamte Strecke $\overline{EC}$ enthält.

[zur Kontrolle: $a = 0{,}5$]

(4 BE)

1.8 Bestimmen Sie alle Werte des Parameters a, für welche die zugehörigen Geraden der Schar mehr als einen Punkt mit dem Parallelogramm EFCH gemeinsam haben.

(4 BE)

1.9 Erläutern Sie die Ansätze und deren geometrische Bedeutungen in den Zeilen (I) und (II) und geben Sie die geometrische Bedeutung des Ergebnisses in Zeile (III) an.

$$\text{(I)} \quad \begin{pmatrix} 2 - 2a \cdot a \\ 3 \cdot a \\ -1 - a \end{pmatrix} \cdot \begin{pmatrix} -6 \\ 4{,}5 \\ 0 \end{pmatrix} = 0 \iff a = \frac{8}{17}$$

$$\text{(II)} \quad \begin{pmatrix} 0 \\ 0 \\ 3 \end{pmatrix} + t \cdot \left(\begin{pmatrix} 2 \\ 0 \\ -1 \end{pmatrix} + \frac{8}{17} \cdot \begin{pmatrix} -2 \\ 3 \\ -1 \end{pmatrix} \right) = \begin{pmatrix} 6 \\ 0 \\ 0 \end{pmatrix} + r \cdot \begin{pmatrix} -6 \\ 4{,}5 \\ 0 \end{pmatrix} \implies t = \frac{51}{25}$$

$$\text{(III)} \quad d = \left| \frac{51}{25} \cdot \left(\begin{pmatrix} 2 \\ 0 \\ -1 \end{pmatrix} + \frac{8}{17} \cdot \begin{pmatrix} -2 \\ 3 \\ -1 \end{pmatrix} \right) \right| = \left| \begin{pmatrix} 2{,}16 \\ 2{,}88 \\ -3 \end{pmatrix} \right| = \sqrt{21{,}96} \approx 4{,}69$$

(6 BE)

2 Ein Künstler will eine auf ebenem Boden stehende Betoninstallation herstellen, die als Sonnenuhr fungiert. Der Betonkörper entspricht dabei dem oben beschriebenen Körper K.

Die Sonnenuhr besteht neben dem Betonkörper aus einer massiven Stange, die einen Schatten auf den Betonkörper bzw. den Boden wirft. Die Stange wird im Folgenden als Strecke modelliert.

Der ebene Boden wird durch die x-y-Ebene dargestellt; eine Einheit entspricht einem Meter.

2.1 Die Stange ist insgesamt 3 m lang und wird senkrecht zur Fläche EFCH im Betonkörper verankert, ein Teil der Stange steckt also im Betonkörper. Die Stange endet im Modell im Punkt Q(1,5|2|3) außerhalb des Betonkörpers.

Berechnen Sie die Koordinaten des anderen Endpunktes der Stange, der innerhalb des Betonkörpers liegt.

(5 BE)

2.2 Zu einem bestimmten Zeitpunkt fällt der Schatten des Punktes Q auf den Punkt H. Ermitteln Sie einen Vektor, der zum betrachteten Zeitpunkt die Richtung der parallel einfallenden Sonnenstrahlen beschreibt.

(1 BE)

2.3 Zu einem anderen Zeitpunkt kann die Richtung der parallel einfallenden Sonnenstrahlen durch den Vektor $\vec{v} = \begin{pmatrix} -1,5 \\ 0 \\ -1 \end{pmatrix}$ beschrieben werden. Der Schatten des Punktes Q fällt nun auf den Boden.

Berechnen Sie die Koordinaten des Schattenpunktes Q'.

Bestimmen Sie die Koordinaten des Punktes der Kante $\overline{EH}$, der im Schatten der Stange liegt.

(6 BE)

Material

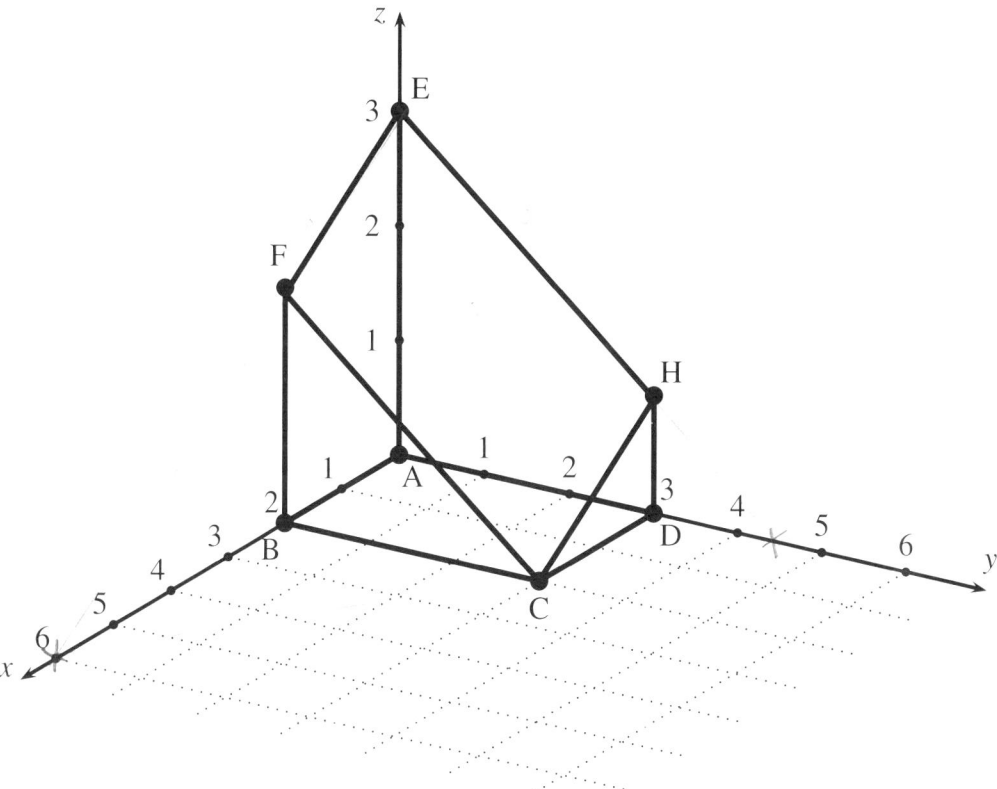

Tipps ab Seite 105, Lösungen ab Seite 204

Landesabitur 2022 Mathematik (WTR/CAS) Leistungskurs
Stochastik Vorschlag C2

Die Speisekarte in Material 1 zeigt die angebotenen Speisen einer Mitarbeiter-Kantine an einem Freitag. Man kann sich täglich ein Drei-Gänge-Menü zusammenstellen, indem man eine Vorspeise, eine Hauptspeise und ein Dessert auswählt. Die Gäste haben nach ihrer Auswahl alle Speisen auf einem Tablett, so dass die Reihenfolge der Auswahl keine Rolle spielt.

1 Berechnen Sie die Anzahl
   N_1 aller möglichen Menüs,

   N_2 der möglichen Menüs, wenn man die Hauptspeise durch eine Vorspeise ersetzt (die beiden so gewählten Vorspeisen sollen unterschiedlich sein),

   N_3 der möglichen vegetarischen Menüs, wenn entweder eine Vorspeise, eine Hauptspeise und ein Dessert oder zwei unterschiedliche Vorspeisen und eine Hauptspeise gewählt werden.

(3 BE)

2 Die folgenden Anteile beziehen sich auf die Gesamtheit der Besucher der Kantine. Der Anteil der Vegetarier beträgt 30%. Alle in Material 1 genannten Vorspeisen und alle Desserts sind gleich beliebt. Bei den Hauptspeisen wählen 20% die Spaghetti, 25% die Käsespätzle, 35% das Schnitzel und der Rest den Fisch. Es werden im Folgenden nur die Personen betrachtet, die aus jedem Gang eine Speise wählen. Vegetarier wählen ausschließlich aus den mit (v) gekennzeichneten Gerichten. Die Kantine wird täglich von mehr als 1000 Personen besucht.

2.1 Erläutern Sie allgemein, unter welchen Bedingungen man bei der Bestimmung von Wahrscheinlichkeiten von Bernoulliketten ausgehen kann.

(2 BE)

2.2 Bestimmen Sie unter der Voraussetzung, dass es sich jeweils um eine Bernoullikette handelt, die Wahrscheinlichkeit der folgenden Ereignisse:
   A: Von 10 zufällig ausgewählten Besuchern der Kantine sind genau 4 Vegetarier.
   B: Von 50 zufällig ausgewählten Besuchern der Kantine wählen höchstens 8 die Spaghetti.
   C: Von 100 zufällig ausgewählten Besuchern der Kantine wählen mindestens 30 und höchstens 40 das Schnitzel.
   D: Von 20 zufällig ausgewählten Besuchern der Kantine wählen die ersten vier die Lachsröllchen, von den restlichen 16 Besuchern wählen fünf den kleinen Salat.

(10 BE)

2.3 Die beiden vegetarischen Hauptspeisen sind bei den Vegetariern gleich beliebt. Betrachtet werden die Merkmale V: Besucher ist Vegetarier und K: Besucher wählt Käsespätzle.

2.3.1 Bestimmen Sie die Wahrscheinlichkeiten der folgenden Ereignisse:
E: Ein zufällig ausgewählter Besucher ist Vegetarier und wählt nicht die Käsespätzle.
F: Ein zufällig ausgewählter Besucher, der die Käsespätzle gewählt hat, ist Vegetarier.
G: Ein zufällig ausgewählter Besucher, der kein Vegetarier ist, entscheidet sich für die Käsespätzle.

(9 BE)

2.3.2 Untersuchen Sie die Merkmale V und K auf stochastische Unabhängigkeit.

(3 BE)

3 Der Betreiber der Kantine hat die Vermutung, dass der Anteil der Vegetarier nicht mehr 30% beträgt, sondern gestiegen sein könnte, da die vegetarischen Gerichte stärker nachgefragt werden. Um das Angebot gegebenenfalls anpassen zu können, werden 150 zufällig ausgewählte Besucher der Kantine gefragt, ob sie Vegetarier sind. Bei der Befragung geben 57 Personen an, Vegetarier zu sein.

3.1 Entwickeln Sie anhand der Angaben einen Hypothesentest mit einem Signifikanzniveau von 5% und formulieren Sie eine Entscheidungsregel im Sachzusammenhang. Entscheiden Sie, ob davon auszugehen ist, dass der Anteil der Vegetarier gestiegen ist.

(7 BE)

3.2 Erläutern Sie die Fehler 1. und 2. Art und deren mögliche Konsequenzen im Sachzusammenhang.

(4 BE)

3.3 Bestimmen Sie die Wahrscheinlichkeit für einen Fehler 2. Art, wenn sich der Anteil der Vegetarier tatsächlich auf 40% erhöht hat.

(3 BE)

3.4 In Material 2 sind die Wahrscheinlichkeitsverteilungen für einen Anteil der Vegetarier von $p_0 = 0{,}3$ und $p_1 = 0{,}4$ dargestellt. Begründen Sie die Lage des Maximums der zu $p_1 = 0{,}4$ gehörigen Verteilung.
Zeichnen Sie die Fläche ein, deren Inhalt ein Maß für die Wahrscheinlichkeit eines Fehlers 2. Art darstellt, wobei die Annahme aus Aufgabe 3.3 weiterhin zugrunde gelegt wird.

(4 BE)

3.5 Erläutern Sie anhand des Diagramms in Material 2, wie sich die Wahrscheinlichkeit für einen Fehler 2. Art entwickelt, wenn der tatsächliche Anteil p der Vegetarier von 40% kontinuierlich bis auf 100% steigt.

Begründen Sie, dass für $p \leq 0,3$ die Wahrscheinlichkeit, H_0 beizubehalten, mindestens 95,29% ist, wenn beim Hypothesentest aus Aufgabe 3.1 die Wahrscheinlichkeit für einen Fehler 1. Art höchstens 4,71% beträgt.

Begründen Sie, warum man für $p \leq 0,3$ den Fehler 2. Art nicht begehen kann.

(5 BE)

Material 1

Menükarte Freitag

Vorspeisen: Gemüsesuppe (v)
              Kleiner Salat (v)
              Lachsröllchen

Hauptspeisen: Spaghetti mit Tomatensauce (v)
              Käsespätzle (v)
              Schnitzel mit Pommes Frites
              Panierter Fisch mit Kartoffelsalat

Desserts: Fruchtsalat (v)
              Schokopudding (v)
              Apfelstrudel (v)
              Gemischtes Eis (v)
              (v) vegetarisch

Material 2

Binomialverteilung $B_{150;p}(k)$ für $p_0 = 0{,}3$ und $p_1 = 0{,}4$

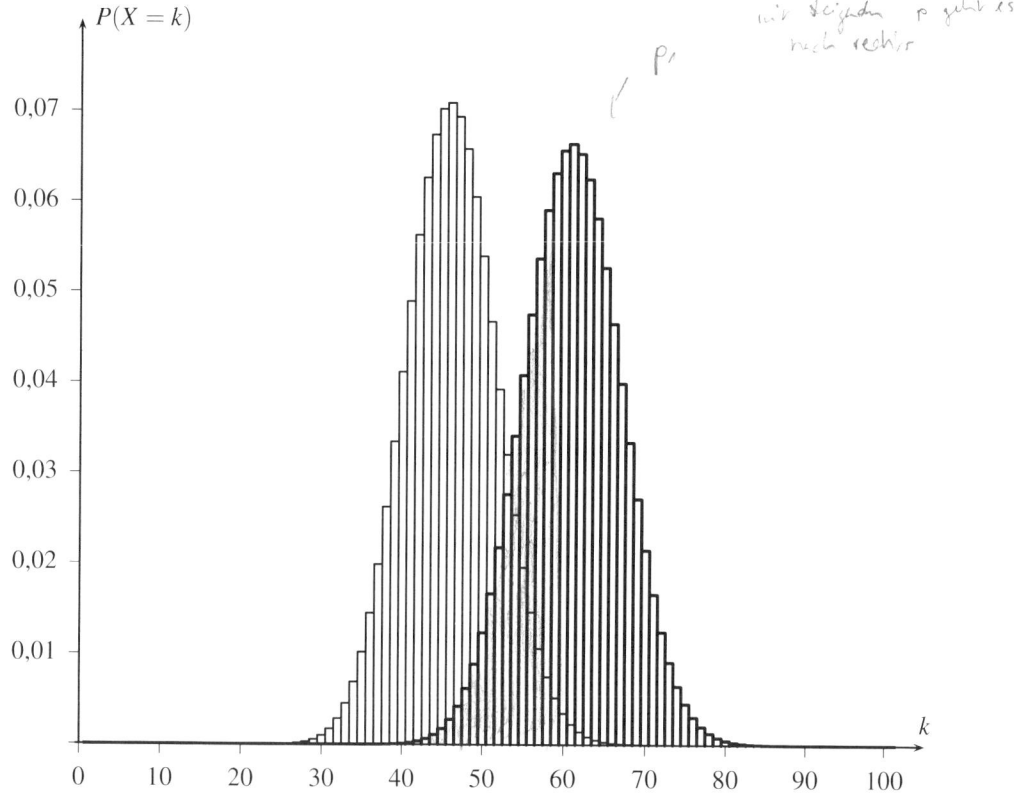

4 Abitur 2023

Tipps ab Seite 108, Lösungen ab Seite 211

Landesabitur 2023 Mathematik (WTR) Leistungskurs
Analysis Vorschlag B1

Ein Freizeitpark öffnet an einem bestimmten Tag für seine Besucher um 9:00 Uhr und schließt um 19:00 Uhr, wobei der letzte Einlass um 17:00 Uhr erfolgt. Eingang und Ausgang erfolgen voneinander getrennt an unterschiedlichen Seiten des Parks.

1 Die Eingangsrate (in Personen pro Stunde) beim Betreten des Parks lässt sich in sehr guter Näherung durch die Funktion f mit $f(t) = 12t^3 - 192t^2 + 768t$ und $0 \leq t \leq 8$ modellieren, wobei t die Zeit in Stunden nach Öffnung des Parks angibt. Der Graph von f ist in der Abbildung in Material 1 dargestellt.

1.1 Berechnen Sie die Anzahl der Besucher, die gemäß der Modellierung mit der Funktion f an diesem Tag den Park betreten.
[zur Kontrolle: Die Anzahl der Besucher beträgt 4096.]

(3 BE)

1.2 Bestimmen Sie unter Angabe der Ableitungsfunktion f' die Uhrzeit (in Stunden und Minuten), zu der die Eingangsrate maximal ist.
Prüfen Sie, ob die folgende Aussage wahr oder falsch ist: „Im Zeitraum von 9 Uhr bis 17 Uhr ist die maximale Eingangsrate um mehr als 75% größer als die durchschnittliche Eingangsrate."

(9 BE)

1.3 Damit es keine Wartezeiten am Eingang gibt, muss zu den Zeiten, an denen die Eingangsrate mindestens 10 Personen pro Minute beträgt, ein zusätzlicher Mitarbeiter zur Verfügung stehen. Prüfen Sie, ob es ausreichend ist, den zusätzlichen Mitarbeiter im Zeitraum von 10:00 Uhr bis 14:00 Uhr einzubestellen.

(3 BE)

2 Die Ausgangsrate (in Personen pro Stunde) beim Verlassen des Parks lässt sich für $0 \leq t \leq 10$ in sehr guter Näherung durch die Funktion g modellieren, deren Graph in Material 2 dargestellt ist. Dabei gibt t wie in Aufgabe 1 die Zeit in Stunden nach Öffnung des Parks an. Die Funktion g gehört zur Funktionenschar g_k mit $g_k(t) = k \cdot \left(10t - t^2\right) \cdot e^t$, wobei $k > 0$ ist.

2.1 Beschreiben Sie ohne Verwendung einer Rechnung den Einfluss des Parameters k auf den Verlauf der Graphen von g_k sowie auf die Lage der Schnittpunkte mit der t-Achse, der Extrempunkte und der Wendepunkte der Graphen.

(3 BE)

2.2 g_k besitzt die Nullstellen $t_1 = 0$ und $t_2 = 10$. Begründen Sie anhand des Funktionsterms ohne Rechnung, dass g_k nicht mehr als diese zwei Nullstellen haben kann.

(2 BE)

2.3 Berechnen Sie die erste Ableitung der Funktionenschar g_k und zeigen Sie, dass für die zweite Ableitung gilt: $g_k''(t) = k \cdot \left(18 + 6t - t^2\right) \cdot e^t$

(4 BE)

2.4 Berechnen Sie die Wendestelle von g_k im Intervall $0 \leq t \leq 10$, wobei die Untersuchung der notwendigen Bedingung genügt.
Beschreiben Sie die Bedeutung dieser Wendestelle im Sachzusammenhang.

(5 BE)

2.5 Berechnen Sie mithilfe eines geeigneten Formansatzes eine Stammfunktionenschar G_k von g_k.
$\left[\text{zur Kontrolle}: G_k(t) = k \cdot \left(-t^2 + 12t - 12\right) \cdot e^t\right]$

(7 BE)

2.6 Es gilt $\int\limits_0^{10} g(t)\,dt = 4096$. Begründen Sie im Sachzusammenhang, warum diese Gleichung eine sinnvolle Bedingung darstellt.
Zeigen Sie rechnerisch, dass für die Funktion g der Schar g_k gilt: $k = \dfrac{512}{e^{10} + 1{,}5}$

(4 BE)

2.7 Für alle Werte u mit $0 \leq u \leq 1$ gilt $\int\limits_u^{10} g(t)\,dt \approx 4096$.
Deuten Sie diese Aussage geometrisch mit Bezug auf den Graphen in Material 2 und erläutern Sie, was dies im Sachzusammenhang bedeutet.

(3 BE)

3 Betrachtet wird die Funktion h mit $h(t) = \begin{cases} f(t) - g(t) & \text{für} \quad 0 \leq t \leq 8 \\ -g(t) & \text{für} \quad 8 < t \leq 10 \end{cases}$

Dabei entsprechen f und g den Funktionen aus dem in Aufgabe 1 und 2 beschriebenen Sachzusammenhang. Der Graph von h ist in Material 3 dargestellt.

3.1 Ermitteln Sie den Zeitpunkt t, an dem sich die meisten Besucher gleichzeitig auf dem Parkgelände befinden. Beschreiben Sie, wie sich die maximale Besucherzahl auf dem Gelände geometrisch in der Abbildung in Material 3 darstellen lässt.

(4 BE)

3.2 Erläutern Sie die Bedeutung der in (I) definierten Funktion H im Sachzusammenhang. Deuten Sie die Ergebnisse in (II) und (III) im Sachzusammenhang.

(I) $\quad H(t) = \int\limits_0^t h(x)\,\mathrm{d}x$

(II) $\quad \dfrac{1}{10}\int\limits_0^{10} H(t)\,\mathrm{d}t \approx 2068$

(III) $\quad \dfrac{2068 \cdot 10}{4096}$ Stunden $\approx 5{,}05$ Stunden $= 5$ Stunden 3 Minuten

(3 BE)

Material 1

Eingangsrate beim Betreten des Freizeitparks

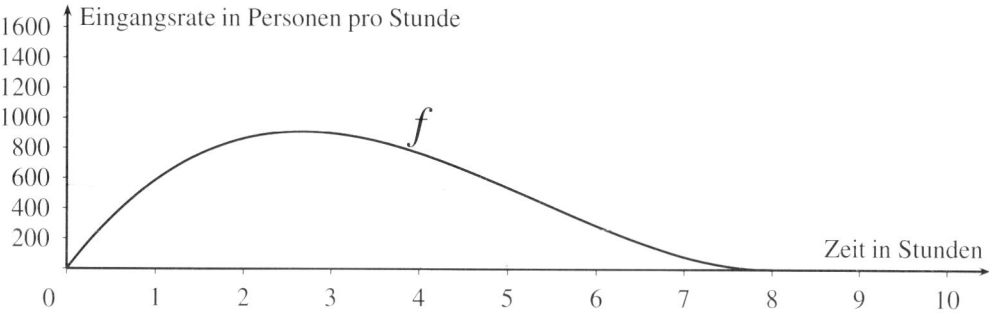

Material 2

Ausgangsrate beim Verlassen des Freizeitparks

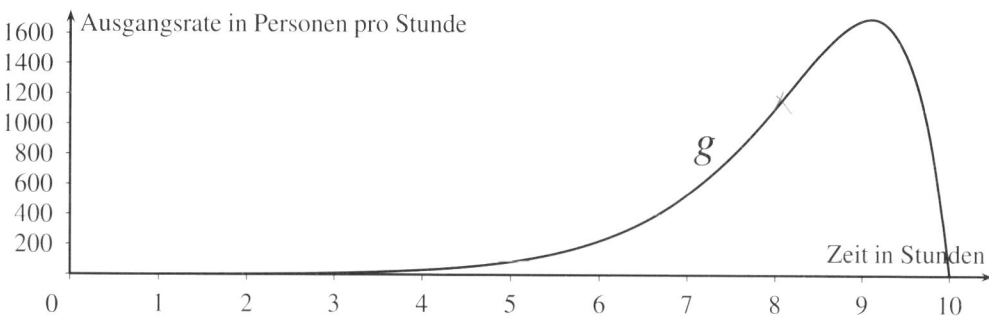

Material 3

Graph der Funktion h

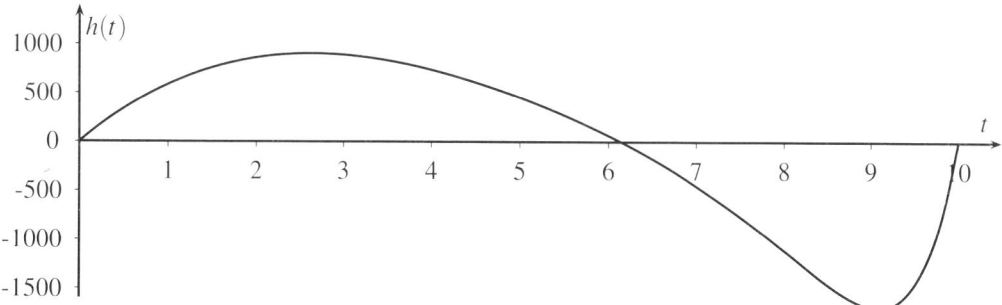

Tipps ab Seite 109, Lösungen ab Seite 217

Landesabitur 2023 Mathematik (WTR) Leistungskurs
Analysis Vorschlag B2

1 Wissenschaftler untersuchen auf einer Insel über einen großen Zeitraum hinweg eine Elchpopulation. Die Entwicklung der Anzahl der Elche innerhalb der ersten 50 Jahre ist in Material 1 dargestellt.

Im Folgenden wird die Anzahl der Elche in verschiedenen Zeiträumen durch die Funktionen f_1, f_2 und f_3 modelliert. Dabei bezeichnet t die Zeit in Jahren nach Beginn der Untersuchung zum Zeitpunkt $t = 0$, $f_1(t), f_2(t), f_3(t)$ jeweils die Anzahl der Elche. Die Graphen der drei Funktionen sind abschnittsweise in Material 2 dargestellt.

1.1 Zu Beginn der Untersuchung sind 50 Elche vorhanden, nach 18 Jahren 568 Elche. Die Anzahl der Elche wird in den ersten 18 Jahren durch eine Exponentialfunktion f_1 mit $f_1(t) = a \cdot e^{k \cdot t}$ modelliert.

Berechnen Sie die Parameter a und k.

Begründen Sie, warum die Funktion f_1 nicht zur langfristigen Beschreibung der Anzahl der Elche geeignet ist.

(6 BE)

1.2 Im Intervall $18 < t < 32$ soll die Anzahl der Elche durch eine lineare Funktion f_2 mit $f_2(t) = 76 \cdot t - 800$ modelliert werden.

Beschreiben Sie die Bedeutung der Steigung $m = 76$ im Sachzusammenhang.

(2 BE)

1.3 Ab dem Zeitpunkt $t = 32$ wird die Funktion f_3 mit $f_3(t) = 2200 - 50 \cdot e^{6,75 - 0,135 \cdot t}$ zur Modellierung der Anzahl der Elche verwendet.

1.3.1 Untersuchen Sie das Grenzverhalten von f_3 für $t \to +\infty$ anhand des Funktionsterms.

(3 BE)

1.3.2 Berechnen Sie mithilfe der Funktion f_3 den Zeitpunkt, ab dem die Wachstumsrate höchstens 10 Elche pro Jahr beträgt.

(5 BE)

1.3.3 Berechnen Sie den Wert des Integrals $\dfrac{1}{18} \displaystyle\int_{32}^{50} f_3(t)\, dt$ und deuten Sie das Ergebnis im Sachzusammenhang.

(6 BE)

2 Die Anzahl der Elche soll im Folgenden durch die Funktion g mit $g(t) = \dfrac{2200}{1 + 43 \cdot e^{-0.04 \cdot \ln(43) \cdot t}}$ modelliert werden. Hierbei bezeichnet t die Zeit in Jahren nach Beginn der Untersuchung aus Aufgabe 1, $g(t)$ die Anzahl der Elche. Der Graph von g ist in Material 3 dargestellt.

Für den Zusammenhang zwischen der Funktion g und der Ableitungsfunktion g' gilt $g'(t) = r \cdot g(t) \cdot (2200 - g(t))$, wobei r eine positive Konstante ist.

2.1 Zeigen Sie mithilfe der Produktregel, dass $g''(t) = r \cdot g'(t) \cdot (2200 - 2 \cdot g(t))$ gilt.

(3 BE)

2.2 Bestätigen Sie unter Bezugnahme auf die Gleichung aus Aufgabe 2.1 nur unter Verwendung der notwendigen Bedingung, dass für die y-Koordinate $y_W = 1100$ ein Wendepunkt des Graphen von g vorliegt, und berechnen Sie den zugehörigen Zeitpunkt t_W. Beschreiben Sie die Bedeutung von t_W im Sachzusammenhang.

(8 BE)

2.3 Für alle $u > 0$ gilt $g(25) - g(25 - u) = g(25 + u) - g(25)$. Geben Sie an, welche Symmetrieeigenschaft des Graphen von g man aus dieser Gleichung folgern kann.

(2 BE)

3 50 Jahre nach Beginn der Untersuchung aus Aufgabe 1 ist in einem strengen Winter das Wasser zwischen Festland und Insel teilweise zugefroren, sodass 23 Wölfe auf die Insel gelangen.

Die Anzahl der Elche bzw. Wölfe lässt sich in guter Näherung durch die Funktionen h bzw. w modellieren mit:

$h(t) = 500 \cdot \cos(0{,}08\pi \cdot t) + 1650$

$w(t) = 10 \cdot \sin(0{,}08\pi \cdot t) + 23$

Hierbei bezeichnet t mit $50 \leq t \leq 100$ die Zeit in Jahren nach Beginn der Untersuchung, $h(t)$ bzw. $w(t)$ die Anzahl der Elche bzw. Wölfe.

3.1 Beschreiben Sie, durch welche geometrischen Operationen der Graph von w aus dem Graphen der allgemeinen Sinusfunktion s mit $s(t) = \sin(t)$ hervorgeht.

Ermitteln Sie die Periodenlänge von w sowie die maximale und minimale Anzahl der Wölfe.

(6 BE)

3.2 Zeigen Sie, dass die zweite Ableitungsfunktion w'' und die erste Ableitungsfunktion h' proportional zueinander sind, dass also gilt $w''(t) = c \cdot h'(t)$, und berechnen Sie die Proportionalitätskonstante $c > 0$.

(5 BE)

3.3 Begründen Sie, dass sich an den Stellen, an denen ein Hochpunkt von h vorliegt, auch ein Hochpunkt von w' befindet.

Deuten Sie diese Aussage im Sachzusammenhang.

(4 BE)

Material 1

Entwicklung der Anzahl der Elche innerhalb der ersten 50 Jahre

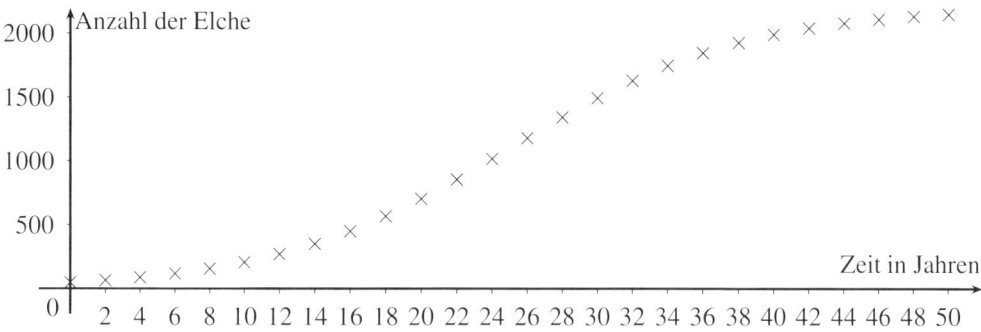

Material 2

Modellierung der Anzahl der Elche mit den Funktionen f_1, f_2 und f_3

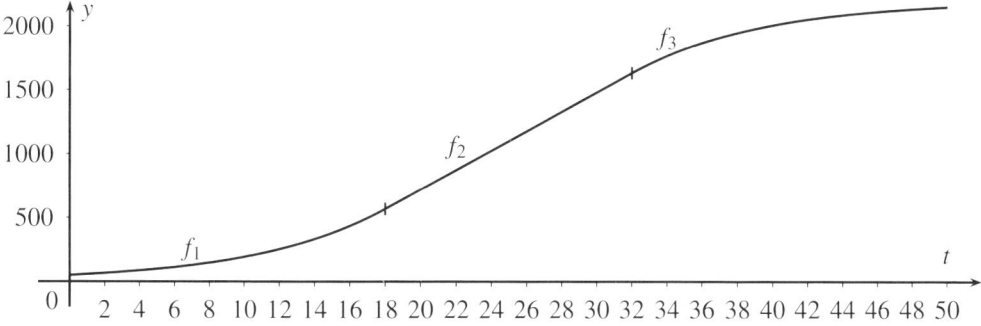

Material 3

Modellierung der Anzahl der Elche mit der Funktion g

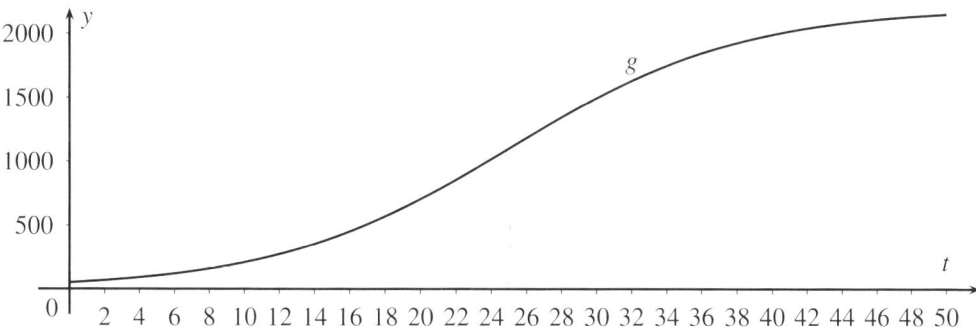

Tipps ab Seite 111, Lösungen ab Seite 223

Landesabitur 2023 Mathematik (WTR/CAS) Leistungskurs
Lineare Algebra/Analytische Geometrie Vorschlag C1

Für eine Kirmes soll in einem Dorf ein Festzelt errichtet werden, das aus einem quaderförmigen Unterbau und einem symmetrischen Dach in Form eines dreieckigen Prismas besteht.
Im Modell sind die Eckpunkte A$(50|0|0)$, B$(51|20|0)$, C$(1|22,5|0)$, F$(51|20|3)$ des Unterbaus und der Endpunkt J$(0,5|12,5|8)$ der waagrecht verlaufenden Dachkante $\overline{\text{IJ}}$ vorgegeben (Material). Die durch die Punkte A, B, F, I, E begrenzte Vorderseite des Festzelts liegt in einer Ebene. Der Erdboden liegt in der x-y-Ebene. Alle Einheiten sind in Meter angegeben.

1.1 Geben Sie die Koordinaten der Punkte D, E, G und H an.
   Beschriften Sie die Achsen im Material mit der fehlenden Skalierung.

   (5 BE)

1.2 Berechnen Sie das Gesamtvolumen des Festzelts.

   (4 BE)

1.3 Der Eingangsbereich ABFE liegt in der Ebene K. Geben Sie eine Parametergleichung der Ebene K an und bestimmen Sie eine Koordinatengleichung dieser Ebene.
   [zur Kontrolle: Eine mögliche Koordinatengleichung ist $K: 20x - y = 1000$.]

   (5 BE)

2 Gegeben ist die Ebenenschar E_a: $20x - y = 2a$ $(a \in \mathbb{R})$.

2.1 Zeigen Sie, dass die Ebene K aus Aufgabe 1.3 eine Ebene der Schar E_a ist.
   Begründen Sie, dass alle Ebenen der Schar E_a parallel zueinander verlaufen.

   (3 BE)

2.2 Das Festzelt soll im Inneren einen separaten Bereich erhalten. Dafür wird eine zum Eingangsbereich ABFE parallele Trennwand eingezogen. Im Modell liegt diese Trennwand in einer Ebene der Schar E_a.
   Erläutern Sie hierzu die im Kasten dargestellten Vorgehensweisen in den Zeilen (1) bis (4) und geben Sie die in der Zeile (3) durch Auslassungspunkte gekennzeichneten fehlenden Berechnungen an.
   Beschreiben Sie abschließend die Lage der Trennwand.

(1) $\quad g : \vec{x} = \begin{pmatrix} 50 \\ 0 \\ 0 \end{pmatrix} + r \cdot \begin{pmatrix} 20 \\ -1 \\ 0 \end{pmatrix} ; \quad T \in g$

(2) $\quad \left| \overrightarrow{AT} \right| = 20$

(3) $\quad \dots \Rightarrow r_1 \approx 1 ; r_2 \approx -1$
$\quad\quad T_2(30|1|0)$

(4) $\quad 20 \cdot 30 - 1 = 2a \Leftrightarrow a = 299{,}5$

(7 BE)

3 Im Modell steht im Punkt $P(26|29{,}25|0)$ ein 14 m hoher, vertikal ausgerichteter Kirmes-
baum. Die rechte Zeltwand, die durch die Punkte B, C, G und F begrenzt wird, liegt in
der Ebene $L\colon x + 20y = 451$.

3.1 Zu einem bestimmten Zeitpunkt des Festsamstags fällt das Sonnenlicht in Richtung des
Vektors $\vec{v} = \begin{pmatrix} 0 \\ -2 \\ -3 \end{pmatrix}$ ein. Prüfen Sie, ob der Schatten der Kirmesbaumspitze zu diesem
Zeitpunkt auf die rechte Zeltwand trifft.

(6 BE)

3.2 Im Modell ist im Punkt $Q(25|y|z)$ $(y > 0, z > 0)$ der rechten Zeltwand ein punktförmiger
Strahler angebracht, der genau in Richtung der Kirmesbaumspitze ausgerichtet ist. Der
austretende Lichtstrahl verläuft unter einem Winkel von 57° zur Horizontalen.
Zeigen Sie, dass $y = 21{,}3$ gilt, und bestimmen Sie den Wert von z.

(5 BE)

4 Im Festzelt findet am Samstagabend eine Musikveranstaltung statt.
Dazu werden vorab von drei Sponsoren A, B und C Freikarten für Sitzplätze in den
Kategorien „VIP" (V) und „Normal" (N) verlost.
In der Kategorie V werden Freikarten für insgesamt 40 Sitzplätze und in der Kategorie
N Freikarten für insgesamt 100 Sitzplätze verlost. Alle Freikarten finden Abnehmer.
Die folgende Tabelle gibt für die drei Sponsoren die (prozentualen) Anteile der beiden
Kategorien an den jeweils verlosten Freikarten an.

	A	B	C
V	30%	20%	40%
N	70%	80%	60%

4.1 Deuten Sie den Wert 40% in der Tabelle im Sachzusammenhang.

Leiten Sie unter Angabe der Bedeutung der verwendeten Variablen ein lineares Gleichungssystem zur Berechnung der Anzahl der von den drei Sponsoren jeweils verlosten Freikarten her.

Berechnen Sie (ohne Betrachtung des Sachzusammenhangs) die Lösungsmenge des Gleichungssystems.

[zur Kontrolle: Ein mögliches Ergebnis ist $\mathbb{L} = \{(120 - 2c \,|\, 20 + c \,|\, c) \,|\, c \in \mathbb{R}\}$.]

(6 BE)

4.2 Ermitteln Sie die zulässigen Werte des Parameters c in dem in Aufgabe 4.1 angegebenen Kontrollergebnis, wenn jeder der drei Sponsoren mindestens 20 der 140 Freikarten verlost.

(5 BE)

4.3 Ein Gleichungssystem, das weniger Gleichungen als Variablen besitzt, heißt unterbestimmt. Ein Gleichungssystem, das mehr Gleichungen als Variablen besitzt, heißt überbestimmt.

Beurteilen Sie (ohne Betrachtung des Sachzusammenhangs) die folgenden beiden Aussagen:

Aussage I: „Jedes unterbestimmte Gleichungssystem besitzt eine Lösung."

Aussage II: „Es gibt überbestimmte Gleichungssysteme, die keine eindeutige Lösung besitzen."

(4 BE)

Material

Festzelt

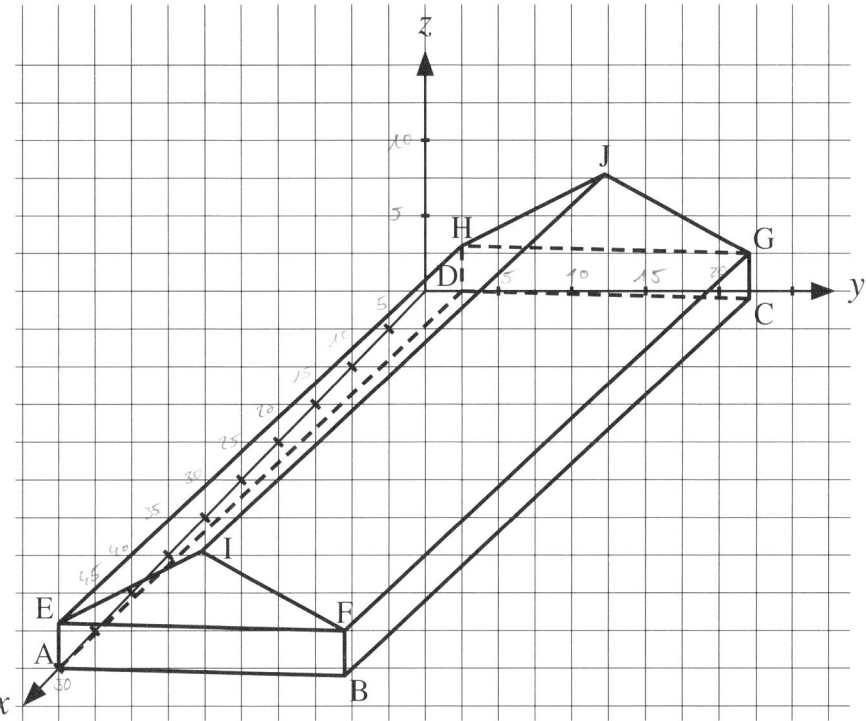

Tipps ab Seite 112, Lösungen ab Seite 231

Landesabitur 2023 Mathematik (WTR/CAS) Leistungskurs
Stochastik Vorschlag C2.1

1 In einem Restaurant können die Gäste beim Bestellen eines Salattellers zwischen einem Essig-Öl-Dressing und einem Joghurtdressing wählen. An einem bestimmten Tag werden 15% der Salatteller von Kindern bestellt, wobei 90% dieser Kinder das Joghurtdressing wählen. Von den übrigen Gästen (Erwachsene), die einen Salatteller bestellen, wählen 70% das Joghurtdressing. Betrachtet werden folgende Ereignisse:
K: Der Salatteller wird von einem Kind bestellt.
J: Für den bestellten Salatteller wird das Joghurtdressing gewählt.

1.1 Zeigen Sie rechnerisch mit Angabe eines vollständig beschrifteten Baumdiagramms, dass insgesamt für 73% der bestellten Salatteller das Joghurtdressing gewählt wird.

(4 BE)

1.2 Berechnen Sie den Anteil der Kinder unter den Gästen, die für den bestellten Salatteller das Joghurtdressing wählen.

(2 BE)

1.3 Geben Sie die Wahrscheinlichkeiten $P_K(J)$, $P_{\overline{K}}(J)$ und $P(J)$ an.
Erläutern Sie im Sachzusammenhang, dass man aus $P_K(J) \neq P_{\overline{K}}(J)$ auch $P_K(J) \neq P(J)$ folgern kann.

(3 BE)

2 35% der Personen eines Landes kennen ein bestimmtes Olivenölprodukt. Im Folgenden werden ausschließlich Personen dieses Landes betrachtet.

2.1 Bestimmen Sie die Wahrscheinlichkeiten der folgenden Ereignisse:
E_1: Von 40 zufällig ausgewählten Personen kennen genau 10 das Produkt.
E_2: Von 100 zufällig ausgewählten Personen kennen mindestens 29, aber höchstens 37 das Produkt.

(5 BE)

2.2 Nach einer Werbeaktion im Radio besteht die Vermutung, dass der Bekanntheitsgrad des Produkts auf über 35% gestiegen ist. Hierzu sollen 200 zufällig ausgewählte Personen befragt werden.

2.2.1 Entwickeln Sie einen Hypothesentest auf einem Signifikanzniveau von 5% und formulieren Sie eine Entscheidungsregel im Sachzusammenhang.

(6 BE)

2.2.2 Bestimmen Sie die Wahrscheinlichkeit des Fehlers 2. Art für den Fall, dass der Bekanntheitsgrad des Produkts tatsächlich auf 45% gestiegen ist.

(3 BE)

2.2.3 In Material 1 sind für den betrachteten Hypothesentest die Wahrscheinlichkeiten für das Annehmen und für das Verwerfen der Hypothese H_0 in Abhängigkeit von der wahren Wahrscheinlichkeit p dargestellt. Beide Graphen werden an der Stelle $p = 0{,}35$ jeweils in zwei Abschnitte geteilt. Für alle Werte von p, die in den Abschnitten A und C liegen, ist die Hypothese H_0 wahr, wohingegen für alle Werte von p, die in den Abschnitten B und D liegen, die Hypothese H_1 wahr ist.
Geben Sie zu den Wahrscheinlichkeiten I, II, III, IV jeweils den Buchstaben des zugehörigen Abschnitts an.

I: Die Wahrscheinlichkeit $\alpha(p)$, den Fehler 1. Art zu begehen.
II: Die Wahrscheinlichkeit $1 - \alpha(p)$, den Fehler 1. Art nicht zu begehen.
III: Die Wahrscheinlichkeit $\beta(p)$, den Fehler 2. Art zu begehen.
IV: Die Wahrscheinlichkeit $1 - \beta(p)$, den Fehler 2. Art nicht zu begehen.

(2 BE)

3 Ein Unternehmen stellt Olivenöl her und füllt es in Flaschen ab. Laut Aufdruck beträgt die Füllmenge jeder Flasche 600 ml.

3.1 Die Flaschen werden in Kartons verpackt; jeder Karton enthält zwölf Flaschen. Ein Karton gilt als fehlerhaft, wenn mehr als eine Flasche weniger als 600 ml Öl enthält. Für jede Flasche beträgt die Wahrscheinlichkeit dafür, dass sie weniger als 600 ml Öl enthält, 1,5%.

3.1.1 Die Rechnung $0{,}985^{12} \approx 83{,}4\%$ stellt im Sachzusammenhang die Lösung einer Aufgabe dar. Formulieren Sie eine passende Aufgabenstellung und erläutern Sie den Ansatz der Rechnung.

(3 BE)

3.1.2 An einen Supermarkt wird regelmäßig die gleiche Anzahl von Flaschen geliefert. Dabei enthalten im Mittel mehr als 780 Flaschen mindestens 600 ml Öl.
Ermitteln Sie, wie viele Flaschen mindestens geliefert werden.

(3 BE)

3.1.3 Ein Supermarkt erhält eine Lieferung von 150 Kartons.

Bestimmen Sie die Wahrscheinlichkeit dafür, dass mehr als 3% der Kartons fehlerhaft sind.

(4 BE)

3.2 Die Füllmenge der Flaschen soll als normalverteilt mit einem Erwartungswert von 600,5 ml und einer Standardabweichung von 0,23 ml angenommen werden.

3.2.1 Eine Flasche wird zufällig ausgewählt. Ermitteln Sie für die folgenden Ereignisse jeweils die Wahrscheinlichkeit:

A: Die Flasche enthält mehr als 601 ml Öl.

B: Die Füllmenge der Flasche weicht höchstens um 0,5 ml vom Erwartungswert ab.

(3 BE)

3.2.2 Die Füllmenge einer Flasche ist nie negativ. Die Dichtefunktion der Normalverteilung, die zur Beschreibung der Füllmenge der Flaschen verwendet wird, ist jedoch auch für negative reelle Zahlen definiert und nimmt dabei ausschließlich positive Werte an. Begründen Sie, dass die Verwendung der Normalverteilung dennoch sinnvoll ist.

(2 BE)

3.2.3 Das Unternehmen möchte die Wahrscheinlichkeit dafür, dass eine Flasche weniger als 600 ml Öl enthält, verringern. Für die nötige Änderung der Maschine, die die Flaschen befüllt, gibt es zwei Vorschläge:

Vorschlag 1: Die eingestellte Füllmenge von 600,5 ml wird erhöht.

Vorschlag 2: Die Genauigkeit, mit der die eingestellte Füllmenge von 600,5 ml erreicht wird, wird erhöht.

Die Abbildungen 1 und 2 in Material 2 zeigen jeweils den Graphen der Dichtefunktion, die vor der Änderung der Maschine die Füllmenge der Flaschen beschreibt.

Skizzieren Sie in der Abbildung 1 den Graphen einer Dichtefunktion, die sich aus dem Vorschlag 1 ergeben könnte, und in der Abbildung 2 den Graphen einer Dichtefunktion, die zum Vorschlag 2 passt.

Begründen Sie für jeden Vorschlag mithilfe des skizzierten Graphen, dass damit das Ziel des Unternehmen erreicht wird.

(6 BE)

3.3 Jede Flasche wird mit einem Anhänger versehen. Die Anhänger gibt es mit n verschiedenen Motiven. Für jede Flasche wird eines dieser Motive zufällig ausgewählt. Die Wahrscheinlichkeit dafür, dass bei n zufällig ausgewählten Flaschen alle Motive verschieden sind, ist kleiner als 1%. Ermitteln Sie den kleinsten möglichen Wert für n.

(4 BE)

Material 1

Wahrscheinlichkeit für das Annehmen bzw. das Verwerfen des Nullhypothese

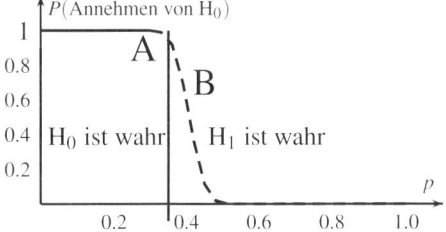
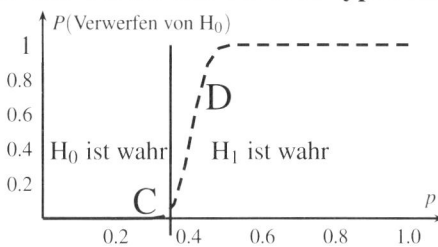

Material 2

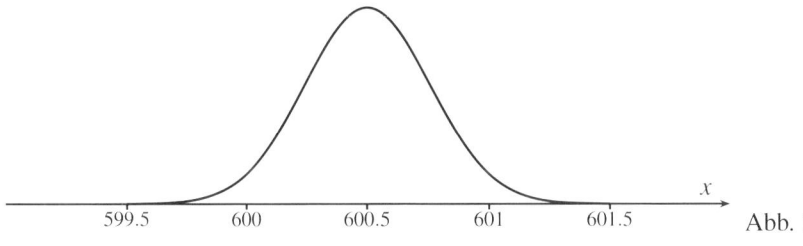

Abb. 1

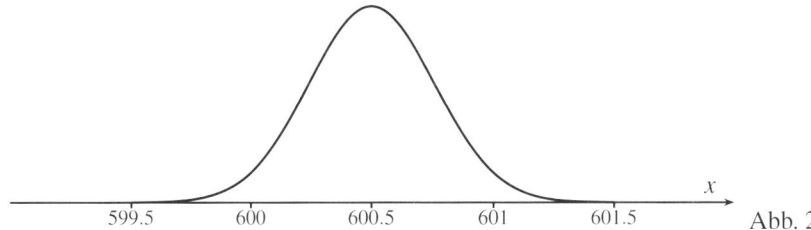

Abb. 2

Tipps ab Seite 114, Lösungen ab Seite 238

Landesabitur 2023 Mathematik (WTR/CAS) Leistungskurs
Stochastik Vorschlag C2.2

1 Herr und Frau Meier fahren in jedem Jahr über ihren Hochzeitstag am 1. Juli in einen Kurzurlaub auf ihre Lieblingsinsel.

1.1 Aufgrund langjähriger Wetteraufzeichnungen kann man davon ausgehen, dass es sich auf der Insel an diesem Datum mit einer Wahrscheinlichkeit von 70% um einen Sommertag (also einen Tag mit einer Tageshöchsttemperatur von mindestens 25°C) handelt. Bestimmen Sie unter Angabe einer geeigneten Zufallsvariablen die Wahrscheinlichkeiten der folgenden Ereignisse:

A: Unter 10 zufällig ausgewählten Hochzeitstagen sind genau 6 Sommertage.

B: Unter 20 zufällig ausgewählten Hochzeitstagen sind mehr Sommertage als Nicht-Sommertage.

C: Bei 20 zufällig ausgewählten Hochzeitstagen weicht die Anzahl der Sommertage um mehr als die (1-fache) Standardabweichung vom zugehörigen Erwartungswert ab.

(9 BE)

1.2 Die Zufallsvariable Y: „Tageshöchsttemperatur auf der Insel am 1. Juli" kann als normalverteilt mit einem Erwartungswert von 26,3°C und einer Standardabweichung von 2,5°C angenommen werden.

Ermitteln sie die Wahrscheinlichkeiten der folgenden Ereignisse:

D: Die Tageshöchsttemperatur am 1. Juli weicht um höchstens 1°C vom Erwartungswert ab.

E: Die Tageshöchsttemperatur am 1. Juli beträgt mindestens 30°C.

F: Die Tageshöchsttemperatur am 1. Juli unterschreitet den Erwartungswert um mehr als 2°C.

(6 BE)

2 Für ein Land wird die Gruppe derjenigen Personen betrachtet, die im Jahr 2022 eine Urlaubsreise unternahmen. 45% dieser Personen sind weiblich. Der Anteil derjenigen, die mit ihrer Urlaubsreise zufrieden waren, beträgt unter den weiblichen Personen 80%; der entsprechende Anteil unter den nicht weiblichen Personen wird mit a bezeichnet.

Aus der betrachteten Gruppe wird eine Person zufällig ausgewählt. Untersucht werden die folgenden Ereignisse:

W: Die Person ist weiblich.

Z: Die Person war mit ihrer Urlaubsreise zufrieden.

2.1 Stellen Sie den Sachzusammenhang in einem vollständig beschrifteten Baumdiagramm dar.

Bestimmen Sie denjenigen Wert von a, für den die Wahrscheinlichkeit dafür, dass die ausgewählte Person mit ihrer Urlaubsreise zufrieden war, 77,8% beträgt.

(4 BE)

2.2 Weisen Sie nach, dass es in der betrachteten Gruppe für $a = 0,7$ weniger weibliche als nicht weibliche Personen geben würde, die mit ihrer Urlaubsreise zufrieden waren.

(2 BE)

2.3 Geben Sie denjenigen Wert von a an, für den W und Z stochastisch unabhängig wären, und begründen Sie Ihre Angabe, ohne zu rechnen.

(3 BE)

2.4 Die ausgewählte Person war mit ihrer Urlaubsreise nicht zufrieden.

Begründen Sie im Sachzusammenhang, dass die Wahrscheinlichkeit dafür, dass die Person weiblich ist, mit zunehmendem Wert von a zunimmt.

(3 BE)

3 Ein großes Reiseunternehmen führt auf seinen Internetseiten ein kostenloses Gewinnspiel durch. Jede Person kann nur einmal an dem Spiel teilnehmen. Als Ergebnis des Spiels wird eine bestimmte Anzahl von Strandkörben angezeigt; diese Anzahl beträgt mindestens 1 und höchstens 5. Im Folgenden sind dazu die möglichen Gewinne beschrieben:

- Unter den teilnehmenden Personen, bei denen nur ein Strandkorb angezeigt wird, werden Sachgewinne verlost.
- Die teilnehmenden Personen mit zwei, drei, vier oder fünf Strandkörben erhalten jeweils einen Reisegutschein.

Der folgenden Tabelle können die Werte der Gutscheine sowie die Wahrscheinlichkeiten für diese Gewinne entnommen werden.

Anzahl der Strandkörbe	2	3	4	5
Wert des Gutscheins in €	200	500	1000	10000
Wahrscheinlichkeit	$8 \cdot 10^{-4}$	$5 \cdot 10^{-5}$	$2 \cdot 10^{-5}$	$3 \cdot 10^{-6}$

Bei dem Spiel beträgt der Erwartungswert des Gewinns pro Person 43,5 Cent.

3.1 Zeigen Sie, dass die Wahrscheinlichkeit dafür, dass bei dem Spiel nur ein Strandkorb angezeigt wird, um weniger als ein Tausendstel von 1 abweicht.

Bestimmen Sie für die Personen mit einem Strandkorb den Erwartungswert des Gewinns pro Person.

(4 BE)

3.2 Es soll davon ausgegangen werden, dass 80 000 Personen an dem Spiel teilnehmen werden. Der Erwartungswert der Anzahl der Personen mit zwei Strandkörben wird mit μ bezeichnet.

Ermitteln Sie den kleinsten möglichen ganzzahligen Wert von c, für den die Anzahl der Personen mit zwei Strandkörben mit einer Wahrscheinlichkeit von mindestens 80% im Intervall $[\mu - c; \mu + c]$ liegt.

(4 BE)

3.3 Die Wahrscheinlichkeit dafür, dass eine zufällig ausgewählte Person nach der Teilnahme am Gewinnspiel eine Reise bei dem Reiseunternehmen bucht, wird mit p bezeichnet. Für das Unternehmen wäre eine Verlängerung des Gewinnspiels für $p \geq 2\%$ mit Vorteilen verbunden, für $p < 2\%$ dagegen mit finanziellen Verlusten. Die Nullhypothese „p beträgt mindestens 2%" soll auf einem Signifikanzniveau von 5% getestet werden. Je größer der Umfang der Stichprobe gewählt wird, desto teurer ist die Durchführung des Tests.

3.3.1 Entwickeln Sie zu dem in Aufgabe 3.3 beschriebenen Szenario einen Hypothesentest mit einem Stichprobenumfang von $n = 1000$ und formulieren Sie eine Entscheidungsregel im Sachzusammenhang.

(6 BE)

3.3.2 Bestimmen Sie die Wahrscheinlichkeit für einen Fehler 2. Art, falls der Anteil der Personen, die nach der Teilnahme am Gewinnspiel eine Reise bei dem Reiseunternehmen buchen, tatsächlich nur $p = 1{,}4\%$ beträgt.

(4 BE)

3.3.3 Das Gewinnspiel soll nur dann nicht verlängert werden, wenn die Nullhypothese aufgrund des Testergebnisses abgelehnt werden müsste. Die Abbildung im Material stellt für zwei mögliche Stichprobenumfänge n_1 und n_2 mit $n_1 < n_2$ in Abhängigkeit von p die Wahrscheinlichkeit dafür dar, dass das Ergebnis des Tests im Ablehnungsbereich liegt.

Geben Sie an, unter welcher Bedingung sich der größere Stichprobenumfang für das Unternehmen lohnen könnte, und begründen Sie Ihre Angabe unter Verwendung der Abbildung sowie des Fehlers 2. Art.

(5 BE)

Material

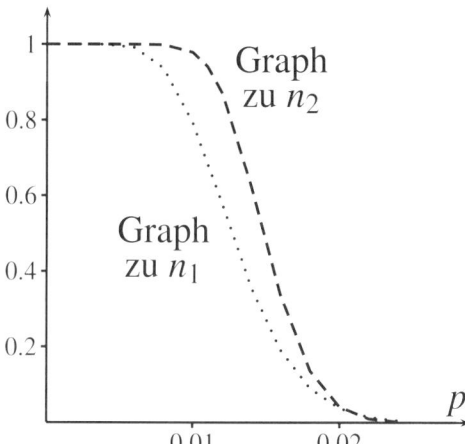

Tipps

1   Abitur 2020

Abitur 2020 – Aufgabe B1 (WTR)

1.1 Setzen Sie den Wert für t in die Funktionenschar ein. Beachten Sie, dass der Funktionswert weiterhin vom Parameter k abhängig ist.

1.2 Lösen Sie die Gleichung $f_k{}'(t) = 0$, um ein mögliches Maximum der Funktionenschar zu berechnen. Nutzen Sie zur Bestimmung der benötigten 1. Ableitung sowohl die Produkt- als auch die Kettenregel. Die 2. Ableitung ist in der Aufgabe bereits gegeben, so dass Sie diese direkt zum Nachweis auf einen lokalen Hochpunkt verwenden können. Beachten Sie bei Ihren Rechnungen, dass der Parameter k nur positive Werte annehmen kann.

Vergessen Sie nicht, den konkreten maximalen Wert für die Zuflussrate durch Einsetzen der maximalen Stelle in die Funktionenschar zu berechnen.

1.3 Überlegen Sie, welchen Einfluss es auf die Koordinaten des lokalen Hochpunkts hat, wenn der Parameter k größer wird. Wird die 1. Koordinate $\frac{4}{k}$ (der Zeitpunkt) größer oder kleiner bei wachsendem k? Wird die 2. Koordinate (die Zuflussrate) größer oder kleiner bei wachsendem k? Nutzen Sie Ihre Erkenntnisse, um den Graphen die richtigen Parameter zuzuordnen.

Zur Bestimmung der Ortskurve lösen Sie die 1. Koordinate des Hochpunktes nach k auf und setzen Sie diese in die 2. Koordinate ein. Dem entstehenden Term können Sie entnehmen, wie die Ortskurve außerhalb des Bereichs der 4 gegebenen Hochpunkte fortgeführt werden muss.

1.4 Wendepunkte sind Punkte, die weder rechts- noch linksgekrümmt sind. Sie müssen somit die Gleichung $f_k{}''(t) = 0$ lösen. Sie müssen keine hinreichende Bedingung verwenden, dürfen aber die y-Koordinate der Wendepunkte nicht vergessen.

1.5.1 Überlegen Sie, welche inhaltliche Bedeutung eine Differenz der Form $F_k(a) - F_k(b)$ besitzt, wenn es sich bei f_k um eine Zuflussrate handelt. Beachten Sie für Ihre Entscheidung außerdem den Zeitraum, der für die Änderung des Wasservolumens in dem Becken relevant ist.

1.5.2 Leiten Sie die allgemeine Form der Stammfunktionenschar ab und vergleichen Sie anschließend die Koeffizienten des ganzrationalen Terms Ihrer allgemeinen Ableitung mit der konkreten Funktionenschar f_k. Bestimmen Sie die Parameter a und b so, dass die beiden Terme identisch sind.

1.5.3 Für die Berechnung nach Verfahren (1) setzen Sie die Stammfunktion in die vorgegebene Formel ein. Bei der Bestimmung des dadurch entstehenden Grenzwerts müssen Sie die Dominanz des Exponentialterms beachten.

Für die Berechnung nach Verfahren (2) müssen Sie die Schnittpunkte der Wendetangente mit den Koordinatenachsen berechnen. Da es sich bei der Wendetangente um eine Gerade handelt, ist die eingeschlossene Fläche ein Dreieck, dessen Flächeninhalt Sie elementargeometrisch berechnen können.

Bei der Berechnung der prozentualen Abweichung müssen Sie den korrekten Wert des Fassungsvermögens, der durch Verfahren (1) entsteht, als Grundwert in Ihrer Rechnung verwenden.

2.1 Berechnen Sie das Rotationsvolumen des Graphen von g in den Grenzen von 0 bis H. Die benötigte Formel können Sie der Formelsammlung entnehmen.

Da das Volumen des Beckens $3000\,\text{m}^3$ beträgt, müssen Sie die Formel für das Volumen mit 3000 gleichsetzen und nach der Tiefe H auflösen. Wie dem Graphen im Material zu entnehmen ist, können Sie den Durchmesser durch Auswertung der Funktion g an der Stelle H ermitteln. Beachten Sie, dass diese Auswertung nur den Radius des betrachteten Rotationskreises liefert.

2.2.1 Erläutern Sie, welche Bedeutung es für die Veränderung der Höhe des Wasserstandes hat, dass der Radius des Beckens nach unten immer schmaler wird. Alternativ können Sie auch begründen, wo sich bei einem Gefäß, dass nach oben hin immer breiter wird, die Marke für das halbe Volumen befinden muss.

2.2.2 Begründen Sie, weshalb aus einer konstanten Abflussrate folgt, dass es sich bei dem Restvolumen um eine lineare Funktion handeln muss. Deren y-Achsenabschnitt entnehmen Sie dem Volumen zum Zeitpunkt $t = 0$. Die Steigung erhalten Sie, indem Sie betrachten, in welchem Zeitraum (100 Stunden) das gesamte Volumen (3000 Kubikmeter) abgeflossen ist.

2.2.3 Machen Sie sich klar, dass die Volumenformel aus Aufgabe 2.1 für beliebige Höhen h gilt. Lösen Sie die Formel nach h auf und ersetzen Sie das Volumen V durch das zeitabhängige $V(t)$, um die Höhe des Wasserstandes in Abhängigkeit von t zu erhalten.

Abitur 2020 – Aufgabe B2 (WTR)

1.1 Überlegen Sie, welche Operation bei der Auswertung der gegebenen Funktionen zuletzt ausgeführt wird, und weshalb daher keine Nullstellen entstehen können.

1.2 Beachten Sie, dass die Funktionenschar f_a aus der Verkettung einer quadratischen Funktionenschar und einer Exponentialfunktion besteht, weshalb Sie für die 1. Ableitung die

Kettenregel benötigen. Da in der Formel für die Kettenregel ein Produkt vorhanden ist, benötigen Sie zum Nachweis der 2. Ableitung auch die Produktregel.

1.3 Überprüfen Sie mittels der 1. Ableitung, dass es sich bei der Stelle $\frac{5}{3}a$ um einen möglichen Hochpunkt handelt und verwenden Sie als hinreichende Bedingung das Einsetzen der Stelle in die 2. Ableitung. Beachten Sie bei Ihrer Argumentation, dass der auftauchende Exponentialterm positiv ist.

Lösen Sie die t-Koordinate des Hochpunktes nach a auf und setzen Sie das Ergebnis für a in die y-Koordinate ein, um die Ortskurve der Hochpunkte zu erhalten.

1.4 Überlegen Sie, welche Funktionsauswertungen in den ersten beiden Zeilen stattfinden und, was die dritte Zeile über deren Ergebnis aussagt.

Beschreiben Sie, welche Form der Symmetrie der Graphen durch die Gleichheit in Zeile (3) gegeben ist.

2.1 Setzen Sie den konkreten Wert für a in den allgemeinen HP ein, um die gefragten Werte zu erhalten. Nutzen Sie die entstehenden Koordinaten des Hochpunkts, um die Achsen in Material 1 zu skalieren.

2.2 Bestimmen Sie, welcher Funktionswert von $f_{2.7}$ bei klassischer Rundung so interpretiert werden kann, dass kein Bakterium mehr vorhanden ist. Setzen Sie diesen Wert mit $f_{2.7}$ gleich und lösen Sie die Gleichung. Vergessen Sie nicht die Erläuterung des Ergebnisses.

2.3 Begründen Sie, welche Bedeutung es für das Steigungsverhalten von $F_{2.7}$ hat, wenn deren Ableitung $f_{2.7}$ nur positive Werte besitzt. Der Hochpunkt in der Ableitung $f_{2.7}$ von $F_{2.7}$ zeigt die Stelle größter Steigung in $F_{2.7}$ an. Erläutern Sie, um welchen Punkt es sich dabei handelt.

2.4 Verbinden Sie den Funktionsgraphen von $f_{2.7}$ an den Stellen 1 und 2 durch eine Strecke miteinander und ergänzen Sie diese mit der t-Achse zu einem Trapez.

Beachten Sie bei der Berechnung der Trapezfläche, dass die Grundseiten in der Formel für dessen Flächeninhalt den Funktionswerten an den Stellen 1 und 2 der Funktion $f_{2.7}$ entsprechen.

2.5 Verwenden Sie die Integraltaste Ihres Taschenrechners, um den Wert des bestimmten Integrals $\int_1^2 f_{2.7}\,dt$ zu ermitteln.

2.6 Überlegen Sie, welche Eigenschaft eine Trapezfläche im Vergleich zur Fläche unter einem Graphen in einem links- bzw. rechtsgekrümmten Intervall besitzt. Weshalb müssen die gesuchten Intervalle deshalb die Wendestellen beinhalten?

Begründen Sie, weshalb es kein Problem darstellt, die Breite eines solchen Intervalls beliebig festzulegen; also auch nicht im vorliegenden Fall 1.

3.1 Bestimmen Sie, für welche Werte von x der Radikand der Wurzel im Term der Funktionsgleichung von h nichtnegativ wird.

3.2 Berechnen Sie das Volumen des Rotationskörpers, wenn die Funktion h um die x-Achse rotiert. Die allgemeine Formel für einen solchen Rotationskörper können Sie der Formelsammlung entnehmen.

Berechnen Sie, wie viel mg Antibiotikum sich im berechneten Volumen befinden, wenn $0.01\,\mathrm{cm}^3$ einer Tablette $2\,\mathrm{mg}$ enthalten.

Abitur 2020 – Aufgabe C1 (WTR/GTR/CAS)

1.1 Wählen Sie als Stützvektor der Parameterform den Ortsvektor eines Punktes auf der Ebene und als Richtungsvektoren die Verbindungsvektoren zweier Punkte auf der Ebene.
Bestimmen Sie einen Normalenvektor der Ebene, um die Koeffizienten der Koordinatenform zu erhalten. Setzen Sie in die unfertige Koordinatenform einen Punkt der Ebene ein, um die Gleichung zu vervollständigen.

Überlegen Sie, was für Koordinatengleichung gelten muss, falls der Koordinatenursprung, also der Punkt $(0|0|0)$, die Gleichung erfüllen soll.

1.2 Berechnen Sie unter Verwendung des Skalarprodukts den Winkel zwischen den Normalenvektoren der Spiegel- und der Deckenebene. Beachten Sie hierbei, dass die Deckenfläche horizontal ausgerichtet ist.

2.1 Bestimmen Sie den Punkt auf der Ebene mit dem kürzesten Abstand zum Mittelpunkt der Kugel. Erstellen Sie hierfür eine Lotgerade zur Ebene E durch den Mittelpunkt M und schneiden Sie diese mit der Ebene. Wählen Sie eine sinnvolle Gleichungsform der Ebene für die Schnittberechnung.

Begründen Sie aufgrund der Geometrie des Innenraums der Diskothek, ob der berechnete Schnittpunkt auf dem Spiegel liegt oder nicht.

2.2 Erstellen Sie einen allgemeinen Verbindungsvektor vom Punkt M zur Geraden durch P und Q. Berechnen Sie, welcher konkrete Verbindungsvektor senkrecht auf der Geraden steht, indem Sie den Parameter im allgemeinen Verbindungsvektor so bestimmen, dass das Skalarprodukt mit dem Richtungsvektor der Geraden 0 ergibt. Setzen Sie diesen Parameter zur Bestimmung des nächstgelegenen Punktes in die Geradengleichung ein.

Bedenken Sie bei der abschließenden Abstandsberechnung, dass der Abstand zur Kugeloberfläche und nicht zum Kugelmittelpunkt gefragt ist.

3.1 Erstellen Sie ein Gleichungssystem für alle Punkte $(x|y|z)$ deren Ortsvektoren durch s auf sich selbst abgebildet werden. Beachten Sie bei der Lösung des entstehenden Gleichungssystems, dass dieses unterbestimmt ist.

3.2 Überlegen Sie, welche linearen Abbildungen ihre eigene Umkehrabbildung sind. Begründen Sie, warum von allen diesen Möglichkeiten im vorliegenden Fall nur die Spiegelung an Ebene *E* zutreffen kann.

4.1 Bestimmen Sie die Bilder der Basisvektoren bei der Projektion auf die Wandebene. Beachten Sie, dass die Wandebene eine Koordinatenebene ist und deshalb zwei Basisvektoren auf sich selbst abgebildet werden. Schneiden Sie zur Bestimmung des Bildes des übrigbleibenden Basisvektors eine Laserstrahlgerade mit diesem Basisvektor als Stützvektor mit der Wandebene.

4.2 Verwenden Sie die Abbildungsmatrix *W* um den Bildpunkt von L auf der Wandfläche zu bestimmen. Betrachten Sie die Koordinaten des entstehenden Bildpunktes, um zu entscheiden, ob der Strahl auf das Bild trifft.

4.3 Erläutern Sie, welche Bedeutung es hat, dass das Bild der Vektoren $\vec{x}$ der Ortsvektor des Punktes $(0|0|0)$ ist. Beschreiben Sie, welche Eigenschaft alle Punkte haben müssen, damit sie auf den Koordinatenursprung projiziert werden, und welches geometrische Objekt dadurch entsteht.

5.1 Verwenden Sie, wie in der Aufgabenstellung angedeutet, die Anteile der ursprünglichen Cocktails am neuen als Bedeutung der Variablen. Geben Sie die Informationen, dass der neue Cocktail vollständig aus den ursprünglichen besteht und, dass der Anteil an Ananassaft 25% beträgt, in Gleichungen wieder.

Falls es Ihnen beim Erstellen der Gleichungen hilft, können Sie davon ausgehen, dass die Füllmenge aller Cocktails jeweils 1l wäre.

5.2 Betrachten Sie die drei Komponenten der Lösung und bestimmen Sie für jede Komponente den Parameter *s* so, dass diese größergleich 0 ist. Fassen Sie alle so erhaltenen Einschränkungen für *s* in ein Intervall zusammen, das für alle drei Komponenten Gültigkeit besitzt.

5.3 Erstellen Sie einen Term, der die Kosten für den neuen Cocktail in Abhängigkeit des Parameters *s* bestimmt. Begründen Sie, für welchen Wert *s* aus dem in Aufgabenteil 5.2 bestimmten Intervall der erstellte Term sein Minimum annimmt.

Abitur 2020 – Aufgabe C2 (WTR/GTR/CAS)

1.1 Sie müssen zwei Bedingungen überprüfen. Hat ein einzelner Versuch (Auswahl eines Befragten) nur zwei Ergebnisse und bleibt die Wahrscheinlichkeit für diese Ergebnisse über alle Versuche hin gleich?

1.2 Bestimmen Sie die Wahrscheinlichkeiten dafür, dass die erste, zweite oder dritte Person als erstes Mal das Merkmal „Linkshänder" aufweist und summieren Sie diese Wahrscheinlichkeiten auf.

1.3 Beachten Sie, dass es sich bei der Befragung um eine Bernoulli-Kette handelt und wählen Sie die zugehörige Zufallsgröße X so, dass sie binomialverteilt ist.

Greifen Sie zur Bestimmung der Wahrscheinlichkeiten für A und B auf die Taschenrechnerfunktionalitäten für die Binomialverteilung bzw. die kumulierte Binomialverteilung zurück.

Zählen Sie für Ereignis C, wie viele Möglichkeiten es gibt, dass zwei Linkshänder nacheinander befragt werden. Multiplizieren Sie diesen Wert mit der grundsätzlichen Wahrscheinlichkeit für zwei Linkshänder in der Umfrage.

1.4 Betrachten Sie das Gegenereignis von „mindestens 1" und ersetzen Sie dieses durch die Bernoulliformel. Lösen Sie die so entstehende Ungleichung nach n (Anzahl der befragten Personen) auf. Beachten Sie bei der Lösung der Ungleichung, dass Multiplikationen mit negativen Zahlen das Ungleichheitszeichen umdrehen.

2.1 Entnehmen Sie dem Text eine totale und zwei bedingte Wahrscheinlichkeiten. Tragen Sie diese an den zugehörigen Pfaden eines zweistufigen Baumdiagramms ein und ergänzen Sie die Wahrscheinlichkeiten der übrigen Pfade mittels grundlegender Eigenschaften eines Baumdiagramms.

Falls Sie eine Vier-Felder-Tafel nutzen wollen, müssen Sie zuerst Wahrscheinlichkeiten für Ereignisse der Art „Rechtslutscher und Rechtshänder" bestimmen. Zwei sinnvoll gewählte Wahrscheinlichkeiten dieser Form genügen, damit Sie anschließend mittels Summenbildung über Zeilen und Spalten die Tafel vollständig ausfüllen können.

2.2 Machen Sie sich klar, dass eine bedingte Wahrscheinlichkeit gesucht ist, und berechnen Sie diese unter Verwendung des Satzes von Bayes.

3.1 Wählen Sie die Nullhypothese des Signifikanztests so, dass sie der Vermutung der Forscher entgegensteht. Bestimmen Sie anschließend, wie viele Personen in der Umfrage mindestens Linkshänder sein müssen, damit die Wahrscheinlichkeit des Fehlers 1. Art kleiner als 2.5% ist. Entnehmen Sie die Bedeutung des Begriffs Signifkanzniveau und des Fehlers 1. Art notfalls der Formelsammlung.

Als Entscheidungsregel müssen Sie einen Satz formulieren, der beschreibt, wie die Forscher in Abhängigkeit des Umfrageergebnisses ihre Hypothese bewerten. Vergessen Sie in der Formulierung nicht, dass die Entscheidung nur mit einer vorgegebenen Sicherheitswahrscheinlichkeit gefällt werden kann.

3.2 Übertragen Sie die grundlegende Idee des Fehlers 2. Art „Nullhypothese wird angenommen, obwohl sie falsch ist" auf den vorliegenden Sachverhalt.

Fassen Sie die Umfrage nun als Bernoullikette der Länge 300 mit Einzelwahrscheinlichkeit $p = 0.18$ auf und bestimmen Sie, wie wahrscheinlich es ist, im Annahmebereich des Signifikanztests der vorigen Aufgabe zu landen.

4.1 Erstellen Sie ein Histogramm, deren Balken jeweils die Breite der in der Tabelle angegebenen Zeitintervalle haben.

Entnehmen Sie die Formeln für Erwartungswert μ und Standardabweichung σ der Formelsammlung und beachten Sie beim Einsetzen der Werte für die Reaktionszeiten in die
Formeln, dass Sie die Intervallmitten nutzen sollen.

4.2 Begründen Sie, dass die Zufallsgröße Z stetig ist und die zwei wichtigsten Eigenschaften einer Glockenkurve annähernd erfüllt sind: Die Lage des Maximums und die Art der
Symmetrie!

4.3 Verwenden Sie für beide Ereignisse das Menü des Taschenrechners zur Normalverteilung.
Beachten Sie bei Ereignis D, dass die untere Grenze des Intervalls implizit gegeben ist,
und bei Ereignis E, dass Sie die Grenzen des Intervalls zuerst als 0.5σ-Umgebung des
Erwartungswertes berechnen müssen.

2 Abitur 2021

Abitur 2021 – Aufgabe B1 (WTR)

1.1 Beachten Sie, dass sich jeweils ein Graph im y-Achsenabschnitt und im Grenzwert $t \to \infty$ deutlich von den anderen beiden Graphen unterscheidet. Nutzen Sie diese Unterschiede zur Zuordnung zu den Funktionsgleichungen.

1.2 Der orientierte Flächeninhalt zwischen Graph und t-Achse wird durch das Integral im entsprechenden Intervall geliefert. Verwenden Sie den Fakt, dass der Graph der Funktion vollständig oberhalb der t-Achse liegt, und vergessen Sie bei der Berechnung nicht die Angabe einer Stammfunktion.

1.3 Extremstellen müssen Nullstellen der 1. Ableitung sein, weshalb Sie zur Bearbeitung der Aufgabe die 1. Ableitung von v_2 benötigen. Bei der Bestimmung dieser Ableitung brauchen Sie Summen-, Produkt- und Kettenregel.
Setzen Sie die Gleichung zur Berechnung der Nullstellen von v_2' an und zeigen Sie, dass diese Gleichung nicht mehr als zwei Lösungen haben kann.

2.1 Die Ableitung der Stammfunktionenschar F_k ist die Funktionenschar f_k. Leiten Sie deshalb die Stammfunktionenschar F_k mit den beiden Parametern a und b ab und setzen Sie das Ergebnis mit f_k gleich. Vergleichen Sie die Koeffizienten im ganzrationalen Faktor auf beiden Seiten der Gleichung, um die Parameter a und b zu bestimmen.

2.2 Nutzen Sie zur Berechnung des Integrals, dass im vorigen Aufgabenteil die Stammfunktionenschar F_k angegeben wurde. Bedenken Sie bei der Grenzwertbildung, dass in einem Produkt eines ganzrationalem mit einem Exponentialterm der letztere dominiert.

2.3 Die Nullstellen einer Funktionenschar erfüllen die Gleichung $f_k(t) = 0$; die Stellen t, an denen f_k den Wert 0 zurückliefert.

Hochpunkte sind Extrempunkte und liegen somit bei Nullstellen der 1. Ableitung. Lösen Sie deshalb die Gleichung $f_k'(t) = 0$. Vergessen Sie nicht die hinreichende Bedingung für Hochpunkte, denn $f_k'(t) = 0$ ist nur notwendig für einen Hochpunkt. Berechnen Sie die y-Koordinate der Hochpunkte der Schar, indem Sie die berechnete Stelle in die ursprüngliche Schar f_k einsetzen.

2.4 Lösen Sie die t-Koordinate der Hochpunkte nach k auf und ersetzen Sie k in der y-Koordinate durch den entstehenden Term.

3.1 Identifizieren Sie relevante Eigenschaften, an denen Sie die drei Graphen vergleichen können. Hierunter fallen bspw. der Beginn und das Ende des betrachteten Intervalls. Auch ausgezeichnete Punkte (Extrempunkte, Wendepunkte) sollten Sie in Ihre Beschreibung aufnehmen, falls diese interessante Informationen für den Vergleich der Graphen liefern.

3.2 Die Fläche unter einem Geschwindigkeitsgraphen kann als Bestandsänderung (also Änderung der zurückgelegten Strecke) interpretiert werden. Nutzen Sie diesen Gedanken, wenn Sie zwei Geschwindigkeitsgraphen nicht direkt entnehmen können, welcher Radfahrer durchgängig schneller ist.

Beachten Sie bei der Bearbeitung, dass nur das Intervall $[0;6]$ relevant ist.

3.3 Die Änderungsrate einer Größe wird durch die Ableitung geliefert. Werten Sie entsprechend v_1' an der richtigen Stelle aus.

3.4 Lesen Sie den ersten Satz im Tipp zu Teilaufgabe 3.2. Mit dieser Überlegung bestimmt sich die Strecke durch $\int_0^{16} v_3 \, dt$.

Eine (Durchschnitts)-Geschwindigkeit ist der Quotient aus zurückgelegter Strecke und der benötigten Zeit.

Achtung: Die Einheiten müssen bei beiden Lösungen vorhanden sein.

3.5 Als Integralgrenzen benötigen Sie die Schnittstellen der beiden Funktionen v_1 und v_3. Die entstehende Gleichung lässt sich nur mit dem WTR lösen. Nutzen Sie, um Zeit zu sparen, den WTR auch für den zu bestimmenden Integralwert.

Hinweis: Wenn Sie zu Beginn der Aufgabe die Graphen richtig zugeordnet haben, vereinfacht sich die Schnittstellenbestimmung, da bei Verwendung der SOLVE-Taste des WTR zielgerichtetere Startwerte für die Iteration gewählt werden können.

Gehen Sie in Ihrer Deutung sowohl auf die Positionen als auch die Geschwindigkeiten der Radfahrer ein.

3.6 Durch das Integral wird der orientierte Flächeninhalt zwischen den Graphen von v_1 und v_3 im Intervall $[0;t_0]$ bestimmt. Überlegen Sie, was es bedeutet, wenn dieser positiv ist. Auch hier hilft wieder der erste Satz aus dem Tipp zu Teilaufgabe 3.2!

Abitur 2021 – Aufgabe B2 (WTR)

1.1 Machen Sie sich klar, dass der Funktionsterm von $f_{a;k}$ als Produkt dargestellt werden kann. Überlegen Sie dann, welche weitere Ableitungsregel Sie zum Ableiten des zweiten Faktors $e^{-k \cdot x}$ benötigen.

Formen Sie nach Anwendung der Ableitungsregeln den entstehenden Term solange um, bis er dem in der Aufgabe gegebenen entspricht.

1.2 Beachten Sie, dass sie die Punkte nur bestätigen müssen. Das bedeutet, Sie können durch Einsetzen der x-Koordinaten in die jeweiligen Funktionen $f_{a;k}, f_{a;k}'$ und $f_{a;k}''$ die nötigen Informationen zur Überprüfung der Extrempunkte erlangen.

$f_{a;k}$ wird zur Bestimmung der y-Koordinate, $f_{a;k}'$ zur Bestimmung möglicher Extremstellen und $f_{a;k}''$ zur Vervollständigung der hinreichenden Bedingung für Extremstellen benötigt.

Überlegen Sie, welche Lage-Eigenschaft alle Hochpunkte H haben, falls der Parameter k einen festen Wert hat.

1.3 Ist der Wert für a fixiert, hängen die x- und y-Koordinate über den Parameter k zusammen. Nutzen Sie diesen, um die y-Koordinate in Abhängigkeit der x-Koordinate anzugeben.

Bedenken Sie bei der Skizze der Parabel in Material 1, dass diese durch die Hochpunkte der einzelnen, bereits gegebenen, Funktionsgraphen gehen muss.

1.4 Setzen Sie die x-Koordinate von H mit 10 gleich, um k zu bestimmen. Der Parameter a ergibt sich dann über die Gleichung $f_{a;k}(2) = 828$, da k bereits bekannt ist.

2.1 Setzen Sie die Werte 1 bis 4 in die Funktion $f_{309;0,2}$ ein und bilden Sie die Summe.

Bilden Sie den Quotienten aus Näherungs- und tatsächlichem Wert und interpretieren Sie den Wert hinsichtlich der prozentualen Abweichung.

2.2.1 Sie können den Wert des gegebene Integrals direkt mit der Integraltaste des WTR ermitteln, da dies der Operator „Bestimmen" erlaubt.

2.2.2 Die Integrale liefern die Flächeninhalte unter dem Graphen von $f_{309;0,2}$ in den jeweiligen Intervallen. Vergleichen Sie diese Inhalte mit den Flächeninhalten, die durch die Summe der vier Rechtecke entsteht. Welche Eigenschaft führt dazu, dass die Flächeninhalte in Abbildung B ähnlichere Werte besitzen?

2.3 Es gilt: $F_{309;0,2}{}'(x) = f_{309;0,2}(x)$. Beim Ableiten von $F_{309;0,2}$ bleiben die Parameter c_i im ganzrationalen Anteil der Funktion erhalten. Durch Vergleich mit dem Faktor $309 \cdot x^2$ des Funktionsterms von $f_{309;0,2}$ können die unbekannten Parameter c_i bestimmt werden. Beachten Sie, dass $309 \cdot x^2 = 309 \cdot x^2 + 0 \cdot x + 0$ gilt.

2.4 Verwenden Sie die Stammfunktionenschar aus der vorigen Teilaufgabe zur Berechnung des bestimmten Integrals. Bilden Sie für den entstehenden Term den Grenzwert für $u \to \infty$. Bedenken Sie die Dominanz von Exponentialtermen bei Grenzwertbildungen.

Lesen Sie für die Deutung des Ergebnisses den einführenden Text zu Aufgabenteil 2.2, in dem die Interpretation der Integralwerte beschrieben wird.

3.1 Für die Berechnung der Ableitungsfunktion V' benötigen Sie die Summen- und die Kettenregel.

Überlegen Sie, welchen Wert ein Kosinus minimal bzw. maximal annehmen kann, und, welche Auswirkungen diese Grenzen auf den Wertebereich von V' haben.

Bedenken Sie bei Ihrer Erläuterung, dass es sich bei der Funktion V um eine Bestandsfunktion handelt, weshalb V' etwas über die Änderung des Bestandes aussagen muss.

3.2 Der Wert eines Sinus übersteigt betragsmäßig nie 1. Mit diesem Wissen können Sie den geforderten Grenzwert bestimmen.

$V(x)$ liefert die Gesamtverkaufszahlen und x die Anzahl der Wochen. Erläutern Sie die Bedeutung des Quotienten der beiden Werte und vergessen Sie in Ihrer Deutung nicht, dass der Grenzwert $x \to \infty$ dieses Quotienten gebildet wird.

Abitur 2021 – Aufgabe C1 (WTR/CAS)

1.1 Nutzen Sie die Tatsache, dass die Punkte B und C bezogen auf die y-Achse symmetrisch zueinander liegen. Beachten Sie bei der Bestimmung des Flächeninhalts, dass eine Längeneinheit 10 m in der Realität entspricht.

1.2 Der Eckpunkt E auf dem Dach korrespondiert mit dem Eckpunkt A auf dem Boden. Somit können Sie die Verschiebung von A nach E nutzen, um die Koordinaten der fehlenden Eckpunkte auf dem Dach ausgehend von denen auf dem Boden zu bestimmen.

Sobald Sie eine Ecke des Bodens richtig in das Koordinatensystem eingetragen haben, können Sie den Rest des Bodens durch Parallelverschiebung des Daches ergänzen. Vergessen Sie nicht die Seitenkanten des Turms.

1.3 Sie können den Vektor jeder beliebigen Seitenkante des Turmes nutzen, um den Winkel, den dieser mit der Vertikalen (Richtung der z-Achse) einschließt, zu berechnen.

Für die Rechnung selbst können Sie dann die Formel für den Winkel zwischen zwei Vektoren verwenden: $\alpha = \arccos\left(\frac{\vec{u} \cdot \vec{v}}{|\vec{u}| \cdot |\vec{v}|}\right)$

2.1 In den Spalten einer Matrix stehen die Bilder der Basisvektoren. Machen Sie sich klar, dass bei einer Spiegelung an der x-z-Ebene zwei Basisvektoren auf sich selbst abgebildet werden. Das Bild des fehlenden Basisvektors können Sie anschaulich der Spiegelsymmetrie entnehmen.

2.2 Nutzen Sie die in Aufgabe 2.1 erstellte Matrix, um das Bild A' des Punktes A durch die Spiegelung zu berechnen.

Die y-Koordinaten bestimmen den Abstand der beiden nächstgelegenen Bodenkanten der Türme. Achten Sie wieder darauf, dass Sie bei der Angabe des Ergebnisses nicht den Maßstab 1 LE $\hat{=}$ 10 m vergessen.

3 Beginnen Sie mit einem bündig an der Kante AE liegenden Aufzug auf Bodenhöhe. Bestimmen Sie die Koordinaten dessen Eckpunkte. Da der Aufzug senkrecht nach oben fährt, bleiben die x- und y-Koordinaten bis zum Dach hin erhalten. Überprüfen Sie, ob mit diesen Koordinaten auch auf der Höhe des Daches der Aufzug noch vollständig im Bereich des Turmes liegt.

4 Der Mittelpunkt des Bodens des Ostturms liegt in der Mitte zwischen den Punkten A und C und auch die Mittelpunkte der Böden beider Türme liegen spiegelsymmetrisch zueinander. Mit dem Abstand dieser beiden Punkte kennen Sie auch den Abstand dieser Punkte zu P, da das Dreieck gleichseitig ist.

Aus Symmetriegründen muss P auf der x-Achse liegen. Bestimmen Sie mittels der Abstandsformel für zwei Punkte die Punkte auf der x-Achse, die den benötigten Abstand zu den Bodenmittelpunkten haben. Wählen Sie aus diesen beiden Punkten den südlicheren.

5.1 Um 13.30 Uhr hat der Parameter t im Richtungsvektor der Sonnenstrahlen den Wert 0. Mit diesem Vektor als Richtungsvektor und dem Ortsvektor der Spitze des Obelisken als Stützvektor können Sie eine Schattengerade erstellen.

Sie müssen dann den Winkel und Schnittpunkt dieser Schattengerade mit dem Boden, also der x-y-Ebene, berechnen. Für die Berechnung des Schnittpunktes bietet sich die Koordinatenform $z = 0$ des Bodens an. Für die Berechnung eines Winkels zwischen einer Geraden und einer Ebene steht die benötigte Formel in der Formelsammlung.

5.2 Beim Schattenwurf handelt es sich als lineare Abbildung um eine Projektion auf die x-y-Ebene. Die ersten beiden Basisvektoren bleiben hierbei fix. Schneiden Sie eine Gerade durch den dritten Basisvektor in Richtung des Vektors $\vec{v}$ mit der x-y-Ebene. Mit einer analogen Rechnung wie zur Bestimmung des Schattenpunktes in Teilaufgabe 5.1 erhalten Sie das Bild des dritten Basisvektors und damit die fehlende Spalte der Abbildungsmatrix. Beachten Sie, dass ihr Ergebnis weiterhin von t abhängig sein muss.

Abitur 2021 – Aufgabe C2.1 (WTR/CAS)

1.1 Die gegebene Rechnung ist eine Anwendung der Bernoulli-Formel. Überlegen Sie, welches Verteilungsmodell deshalb verwendet wird und, welche Bedingungen dieses hat.

Die Bedeutung für die Wahrscheinlichkeit 0,95 ist dem Text zu entnehmen. $0{,}95^{55}$ kann als ein entsprechender 55-stufiger Zufallsversuch interpretiert werden. Erklären Sie $0{,}05^5$ analog, wobei Sie beachten müssen, dass $1 - 0{,}95 = 0{,}05$ gilt. Die Bedeutung eines Binomialkoeffizienten $\binom{60}{55}$ ist allgemein die Anzahl der Möglichkeiten 55 Elemente aus 60 auszuwählen. Interpretieren Sie diese im Sachzusammenhang.

Vergessen Sie nicht, den vollständigen Term zu erläutern und die Ergebniswahrscheinlichkeit per WTR zu ermitteln.

1.2 Legen Sie zuerst eine sinnvolle Zufallsgröße fest. Geben Sie dann die Ereignisse mithilfe dieser Zufallsgröße an. Bei Ereignis E_2 müssen Sie zuvor noch die erwartete Anzahl (also den Erwartungswert der gewählten Zufallsgröße) an gekeimten Körnern berechnen. Die Bestimmung beider Wahrscheinlichkeiten wird auf die Anwendung einer kumulierten Binomialverteilung führen, für die Sie den WTR verwenden können.

1.3.1 Wählen Sie die Nullhypothese so, dass sie der Landwirt gerne verwerfen würde. Bestimmen Sie dann mittels WTR die Grenze zwischen Verwerfungs- und Annahmebereich so, dass die Wahrscheinlichkeit für den Fehler 1. Art 5% nicht überschreitet. Formulieren Sie entsprechend die Entscheidungsregel in der Form „Wenn die Stichprobe … liefert, dann geht man davon aus, dass …".

Übertragen Sie die allgemeine Definition des Fehlers 2. Art (Nullhypothese wird angenommen, obwohl sie falsch ist) auf den Sachzusammenhang.

1.3.2 Bestimmen Sie die Wahrscheinlichkeit, dass man bei der Stichprobe im Annahmebereich der Nullhypothese landet, obwohl die Keimwahrscheinlichkeit 90% beträgt.

Überlegen Sie, welcher Parameter einer Binomialverteilung noch verändert werden kann, wenn die Erfolgswahrscheinlichkeit p fixiert ist. Beachten Sie, dass durch das Signifikanzniveau bei festem n auch k fix ist.

2.1 Belegen Sie zuerst die zwei verschiedenen Merkmale der Körner mit Buchstaben. In der Aufgabe ist eine bedingte Wahrscheinlichkeit gesucht, da bereits bekannt ist, dass nur gekeimte Körner betrachtet werden. Der Satz von Bayes ermöglicht Ihnen, die gesuchte Wahrscheinlichkeit zu berechnen.

Tipp: Wenn es Ihnen hilft, können Sie zur Veranschaulichung die im Text gegebenen Daten in einem zweistufigen Baumdiagramm darstellen.

2.2 Sind die beiden Merkmale der Körner bspw. mit „A: Sorte A" und „K: hat gekeimt" belegt, liefert die totale Wahrscheinlichkeit mittels der Formel $P(\overline{K}) = P(A \cap \overline{K}) + P(\overline{A} \cap \overline{K})$ das gesuchte Ergebnis.

2.3 Machen Sie sich zuerst für alle auftauchenden Einzelwahrscheinlichkeiten klar, was diese bedeuten. So ist bspw. 0.9245 die Wahrscheinlichkeit, dass ein beliebiges Korn gekeimt hat. Überlegen Sie anschließend, welche Anteile aller Körner durch den Zähler und Nenner jeweils gegeben sind. Durch die Quotientenbildung wird betrachtet, welcher Anteil der Zähler am Nenner hat, bzw. wie wahrscheinlich es ist, ein Korn, das in den Bereich des Zählers fällt aus allen Körnern, die in den Bereich des Nenners fallen, auszuwählen.

3 In der Aufgabe sind die Wahrscheinlichkeiten $P(4 \leq Y \leq 6)$ und $P(Y \leq 3) + P(Y \geq 7)$ gesucht. Da alle Parameter einer Normalverteilung gegeben sind, können Sie die gesuchten Werte direkt mit dem WTR bestimmen.

4.1 Bei der Bearbeitung der Aufgabe ist zu beachten, dass in der Tabelle im Material absolute Häufigkeiten gegeben sind. Sie müssen hieraus zuerst die relativen Häufigkeiten berechnen, bevor Sie diese in einem Säulendiagramm mit 11 Säulen abtragen können.

4.2 Machen Sie sich klar, dass der gegebene Funktionsterm einen exponentiellen Zerfall beschreibt. Vergleichen Sie die wichtigsten Eigenschaften eines solchen Zerfalls mit dem Datensatz im Material.

4.3 Überlegen Sie, welche Wert die Wahrscheinlichkeit $P(0 \leq Z \leq u)$ annehmen muss, wenn $u \to \infty$ geht und somit alle möglichen Kornabstände durchläuft.

Berechnen Sie mit den bekannten Größen für a und b den Wert von $\int_0^1 f(z)\,\mathrm{d}z$ mittels der gegebenen Formel. Vergleichen Sie diesen Wert mit dem realen Wert, der aus dem Material folgt.

4.4 Das Integral $\int_c^d f(z)\,\mathrm{d}z$ liefert allgemein die Wahrscheinlichkeit zwei benachbarte Körner mit einem Abstand zwischen c und d (in cm) zu finden. Übertragen Sie diese Bedeutung auf den Fall, der durch die konkreten Integralgrenzen gegeben ist.

Bestimmen Sie mit der Tabelle im Material die Häufigkeit für das Intervall, dass durch die Integralgrenzen vorgegeben ist, und vergleichen Sie die beiden Werte.

Abitur 2021 – Aufgabe C2.2 (WTR/CAS)

1.1 Entnehmen Sie dem Material direkt die absoluten Anzahlen an Frauen und Männern. Die Anzahl für das Ereignis $H \cap W$ (weibliche Personen mit Hochschul-/Fachhochschulreife) berechnen Sie bspw. durch $35{,}0\% \cdot 194\,205$. Auf diesem Weg können Sie auch die übrigen inneren Felder der Vier-Felder-Tafel füllen. Sie sollten auch die Tatsache nutzen, dass die Summen in den Zeilen und Spalten der Vier-Felder-Tafel stimmen müssen.

Bedenken Sie bei der Bearbeitung, dass Anzahlen an Personen eine ganzzahlige Rundung erfordern.

1.2 Für die Beantwortung der Frage wird nur die erste Spalte in der Vier-Felder-Tafel aus Teilaufgabe 1.1 benötigt, da nur Personen mit Hochschul-/Fachhochschulreife betrachtet werden. Berechnen Sie, welcher Anteil aller dieser Personen männlich ist.

1.3 Beachten Sie, dass sowohl in der Anzahl der weiblichen Personen als auch in der Anzahl der Personen mit Hochschul-/Fachhochschulreife die weiblichen Personen mit Hochschul-/Fachhochschulreife enthalten sind. Bilden Sie die Summe dieser beiden Anteile haben Sie deshalb den Schnitt der beiden Merkmale doppelt gezählt. Überlegen Sie, wie Sie dieses „zu viel" beheben können.

1.4 $P_{\overline{H}}(W)$ ist eine bedingte und $P(W)$ eine totale Wahrscheinlichkeit. Beide können Sie durch geeignete Quotientenbildungen mit Werten aus der Vier-Felder-Tafel berechnen.

Überlegen Sie, welcher stochastische Begriff durch die Gleichheit der beiden Werte definiert werden kann.

1.5 Bestimmen Sie die Anzahl der Möglichkeiten, wie 5 aus 50 Personen, 4 aus 30 Frauen und 1 aus 20 Männern ausgewählt werden können. Beachten Sie, dass dies jeweils als „Ziehen in einem Zug" interpretiert werden kann. Verwenden Sie eine klassische Wahrscheinlichkeitsdefinition, um aus diesen Anzahlen die gesuchte Wahrscheinlichkeit zu berechnen.

1.6 Interpretieren Sie den Multiple-Choice-Test als Bernoullikette, wodurch Sie die gesuchte Wahrscheinlichkeit mithilfe der Bernoulliformel berechnen können.

1.7 Machen Sie sich klar, dass die gegebene Anzahl durch einen Binomialkoeffizienten bestimmt werden. Führen Sie diesen Binomialkoeffizienten auf seine Definition zurück, setzen Sie ihn mit dem gegebenen Wert gleich und lösen Sie ohne WTR die entstehende Gleichung.

Beachten Sie, dass aufgrund des Sachzusammenhangs nicht alle rechnerischen Lösungen sinnvoll sind.

2.1 Geben Sie für die jeweiligen Ereignisse sinnvolle binomialverteilte Zufallsgrößen an und bestimmen Sie mittels WTR die gesuchten Wahrscheinlichkeiten.

Beachten Sie, dass für Ereignis C im Gegensatz zu den Ereignissen A und B die Einzelwahrscheinlichkeit p nicht direkt dem Ringdiagramm im Material zu entnehmen ist, sondern erst durch Differenzbildung ermittelt werden muss.

2.2 Beachten Sie für die Beschreibung des Experiments, dass im Material gegebene Wahrscheinlichkeiten zur zehnten Potenz genommen werden.

Nähern Sie sich dem gesuchten Ereignis schrittweise, indem Sie nacheinander zuerst die Potenzen und dann die Summe durch Zwischenereignisse beschreiben. Abschließend verweist die Differenz auf das Gegenereignis des bis hierhin erreichten Zwischenereignisses.

2.3 Es handelt sich bei der Aufgabe um eine typische „3-mal mindestens"-Aufgabe. Der Ansatz für eine solche lautet $1 - (1 - p)^n \geq 0{,}8$. Diese Ungleichung müssen Sie nach n auflösen, wobei Sie beachten müssen, dass eine Multiplikation mit einer negativen Zahl das Ungleichheitszeichen umdreht.

Bedenken Sie bei Ihrer Antwort, dass eine gesuchte Anzahl an Männern nur ganzzahlig sein kann.

3.1 Wählen Sie als Nullhypothese H_0: $p \leq 0{,}4$ und bestimmen Sie k so, dass $P(X \geq k) \leq 0{,}1$ gilt. Beachten Sie, dass der WTR nur Werte für Intervalle $[0; n]$ liefern kann, weshalb Sie den Ansatz entsprechend umformen müssen.

Vergessen Sie nicht, dass bestimmte k zu nutzen, um eine Entscheidungsregel im Sachzusammenhang zu formulieren.

3.2 Übertragen Sie die allgemeine Definition des Fehlers 2. Art „H_0 wird fälschlicherweise angenommen" auf den Sachzusammenhang.

Das dreifache Signifikanzniveau beträgt 0.3. Sie müssen somit p so bestimmen, dass $F_{150;p}(68) \leq 0.3$ gilt. Zur Lösung dieses Problems bleibt Ihnen nur der Weg, solange die Werte für $F_{150;p}(68) \leq 0.3$ mittels WTR einzugrenzen, bis die geforderte Fehlerwahrscheinlichkeit erreicht ist.

3   Abitur 2022

Abitur 2022 – Aufgabe B1 (WTR)

1.1 Betrachten Sie die Grenzwerte der beiden Faktoren der Schar einzeln. Überlegen Sie anschließend, welcher der beiden Faktoren den Ausschlag für den Grenzwert des Produktes gibt.

1.2 Bedenken Sie, dass Sie für die Ableitungen die Produktregel benötigen, da beide Faktoren der Schar von der Variablen t abhängig sind. Beachten Sie, dass es sich bei einem der beiden Faktoren um eine verkettete Funktion handelt, weshalb auch die Kettenregel benötigt wird.

Haben Sie die 1. Ableitung gebildet haben, wiederholen Sie Ihre Teilschritte zur Berechnung der 2. Ableitung.

1.3 Extremstellen besitzen eine Steigung von 0. Berechnen Sie deshalb die Nullstellen der 1. Ableitung. Sobald Sie die Extremstelle gefunden haben, vergessen Sie nicht, die zugehörige y-Koordinate zu bestimmen, da ein Extrempunkt gesucht ist.

Zur Entscheidung, welche Art von Extrempunkt vorliegt, können Sie das Krümmungsverhalten an der Extremstelle heranziehen. Nutzen Sie die Tatsache, dass der Graph in einer Linkskurve [Rechtskurve] ist, falls die 2. Ableitung positiv [negativ] ist.

1.4 Entnehmen Sie dem Graphen im Material die y-Koordinate des Hochpunktes und vergleichen Sie diese mit Ihrem Ergebnis aus 1.3. Lösen Sie die entstehende Gleichung nach a auf.

Setzen Sie den berechneten Wert von a in die Funktionenschar ein und verwenden Sie ein Potenzgesetz, um die Form von $g(t)$ zu erzeugen.

1.5 Ein Wechsel des Krümmungsverhaltens findet an einem Wendepunkt statt. Überlegen Sie, welche Steigungseigenschaft ein Wendepunkt hat und, was dies für die 1. Ableitung der ursprünglichen Funktion bedeutet. Bedenken Sie, dass die Funktion g im Material die 1. Ableitung ihrer Stammfunktion G ist und untersuchen Sie das Intervall $[2;6]$ auf die erkannte Eigenschaft.

1.6 Beachten Sie, dass die ganzrationalen Terme der Funktionenschar beim Ableiten immer linear bleiben. Somit können Sie $G(t) = (m \cdot t + b) \cdot e^{1 - 0.25 \cdot t}$ als Formansatz wählen.

Leiten Sie G unter Verwendung von Produkt- und Kettenregel ab und bestimmen anschließend die Werte für die Parameter m und t so, dass $G'(t)$ mit $g(t)$ übereinstimmt.

1.7 Bestimmen Sie mittels Integralbildung den Flächeninhalt zwischen dem Graphen von g und der t-Achse im Intervall von 0 bis zu einer beliebigen oberen Grenze k. Bedenken Sie, dass die Differenz zweier Auswertungen der Stammfunktion diesen Integralwert liefert. Bilden Sie nun für den entstandenen Term den Grenzwert für k gegen ∞. Betrachten Sie bei der Grenzwertbildung die beiden Summanden einzeln und wiederholen Sie zur Begründung des Grenzwertes des Produktes im ersten Summand Ihre Überlegungen aus der Teilaufgabe 1.1.

1.8 Zeichnen Sie für die Skizze drei Trapeze so, dass die jeweils parallelen Seiten ebanfalls parallel zur y-Achse sind. Machen Sie sich an der Skizze klar, welche konkreten Werte den Parametern a, c und h in der Trapezformel $A_T = \dfrac{h \cdot (a + c)}{2}$ entsprechen. Vergessen Sie nicht Ihr Ergebnis auf drei Nachkommastellen zu runden.

Im Fall der Keplerschen Fassregel müssen Sie für die beiden Parameter a und b in Material 3 die Intervallgrenzen 2 und 8 einsetzen und wiederum das Ergebnis laut Aufgabenstellung runden.

Zur Beurteilung der Näherung müssen Sie zuerst als Vergleichswert den korrekten Flächeninhalt im Intervall $[2; 8]$ durch ein passendes Integeral mit dem Integranden g per Taschenrechner bestimmen. Vergleichen Sie nun die beiden Näherungswerte mit dem tatsächlichen Wert. Überlegen Sie sich zuvor, wann Sie eine Näherung als gut oder weniger gut interpretieren würden.

2.1 Bedenken Sie, dass eine Änderungsrate durch die Ableitung einer Funktion bestimmt wird. Sie müssen somit den Zeitpunkt berechnen, an dem die Funktion k' ein Extremum hat. Für die Funktion k selbst bedeutet dies eine Wendestelle. Beachten Sie, dass die Ableitung von k der von g entspricht, so dass Sie für Ihre Rechnungen auf Funktionsterme zurückgreifen können, die Sie bereits kennen.

2.2 Der durchschnittliche Wert einer Größe über einen Zeitraum ergibt sich, indem man die Größe über diesen Zeitraum aufsummiert und durch seine Länge dividiert. Beachten Sie, dass in einem kontinuierlichen Zeitraum eine Summe zu einem Integral wird.

Betrachten Sie sich die beiden Summanden des Integranden k des Integrals genau, werden Sie feststellen, dass Sie von einem der Summanden bereits eine Stammfunktion kennen. Die gesamte Stammfunktion benötigen Sie auch, da sie durch den Operator „Berechnen" gefordert wird.

2.3 Beachten Sie, dass die Gleichung $k(t) = 2$, die zur Lösung der Aufgabe benötigt wird, nicht analytisch lösbar ist. Sie müssen auf die numerische Lösung Ihres WTR zurückgreifen. Nutzen Sie Material 1 um sinnvolle Startwerte für die numerische Berechnung der beiden Intervallgrenzen zu finden. Betrachten Sie die Länge des sich durch die Lösungen ergebenden Intervalls, um zu entscheiden, ob die Medikamentengabe genügt.

Abitur 2022 – Aufgabe B2 (WTR)

1.1 Lösen Sie die Gleichung $f_b(t) = 0$ und nutzen Sie bei der Lösung der Gleichung den Satz vom Nullprodukt und die Tatsache, dass viele Faktoren des Funktionsterms nie 0 werden können.

1.2 Überlegen Sie, welche Bedeutung die Multiplikation eines Funktionswerts (y-Wert) mit dem Wert b für den Graphen der entsprechenden Funktion besitzt.

Extremstellen sind Stellen mit einer waagrechten Tangente. Berechnen Sie deshalb die Nullstellen der Ableitung der Funktionenschar. Zur Überprüfung, ob ein Hoch- oder Tiefpunkt vorliegt, können Sie das Krümmungsverhalten heranziehen. Die benötigte 2. Ableitung ist bereits gegeben. Mach Sie sich klar, dass bspw. ein positiver Wert der zweiten Ableitung auf eine Linkskrümmung des Graphen hinweist. Vergessen Sie abschließend nicht die y-Koordinaten der Extrempunkte.

1.3 Machen Sie sich die benötigten Grenzwerte für die beiden Faktoren der Funktionenschar einzeln klar und überlegen Sie, was die Ergebnisse für das Produkt der Faktoren bedeutet. Bedenken Sie im Falle zweier sich widersprechender Grenzwerte, dass Exponentialterme bei Produkten mit ganzrationalen Termen dominieren.

2.1.1 Beachten Sie beim Einsetzen der Zeit für t in die Funktionenschar, dass dieser Wert in Minuten angegeben werden muss. Lösen Sie die entstehende Gleichung nach b auf und runden Sie auf zwei Nachkommastellen.

2.1.2 Werten Sie f an den vorgegebenen Zeitpunkten aus. Bedenken Sie für den Vergleich im Sachzusammenhang, dass es sich bei den Werten um Anrufe pro Minute handelt.

2.1.3 Machen Sie sich klar, dass Sie bereits in Teilaufgabe 1.2 für beliebige Werte von b die maximale Eingangsrate bestimmt haben. Geben Sie mithilfe dieses Ergebnisses die Eingangsrate für $b = 3$ an.

2.1.4 Bestimmen Sie mittels $f''(t) = 0$ die beiden Wendestellen (Wechsel der Krümmungsart) des Graphen der Funktion. Nutzen Sie den Graphen im Material, um zu entscheiden, welche der beiden Wendestellen die gesuchte ist.

Verwenden Sie bei Ihrer Erläuterung die Tatsache, dass Wendestellen die Stellen mit minimaler oder maximaler Steigung sind.

2.1.5 Machen Sie sich mit Hilfe des Graphen im Material klar, dass der minimale Wert im Intervall $[40; 240]$ an einem der beiden Ränder angenommen werden muss. Bestimmen Sie den kleineren der beiden möglichen Werte.

2.2.1 Entnehmen Sie dem Kontrollergebnis eine geeignete Form für den Ansatz der Stammfunktion F. Leiten Sie diese allgemeine Form ab und vergleichen Sie die Ableitung mit der

Funktion f. Bestimmen Sie die Parameter der Ableitung der allgemeinen Stammfunktion so, dass die Ableitung mit der Funktion f vollständig übereinstimmt.

2.2.2 Beachten Sie, dass der Operator „Berechnen" lautet, weshalb es für die Bearbeitung der Aufgabe nicht genügt, das Integral in den Taschenrechner einzugeben.

Machen Sie sich klar, dass das Integral eine kontinuierliche Aufsummierung der Anrufe pro Minute über den Zeitraum der ersten 480 Minuten liefert. Die aus dieser Berechnung entstehende Einheit $\frac{Anrufe}{min} \cdot min = Anrufe$ liefert einen Hinweis auf die Bedeutung des Integrals im Sachzusammenhang. Zum Verständnis des Vorfaktors 50 lesen Sie nochmals den einführenden Text zur Teilaufgabe 2 im Hinblick auf diesen Wert.

3.1 Der Flächeninhalt einer Fläche unter dem Graph der Funktion einer Anruferrate liefert eine Anzahl von Anrufern. Überlegen Sie, was es bedeutet, dass sich die betrachtete Fläche oberhalb der Linie von 15 Anrufen pro Minute befindet.

Beachten Sie für alle Teilrechnungen zur Bestimmung des Flächeninhalts, dass der Operator „Bestimmen" lautet, weshalb Sie auf den WTR zurückgreifen können, wenn es notwendig ist oder sich anbietet. Um den Inhalt der Fläche mittels eines Integrals bestimmen zu können, müssen Sie zuerst die Intervallgrenzen kennen, also die Stellen, an denen die Funktion f den Wert 15 annimmt. Beachten Sie, dass das Integral in den so bestimmten Grenzen eine Fläche liefert, die größer ist als die markierte. Subtrahieren Sie den Inhalt der überzähligen Fläche vom Wert des Integrals.

3.2 Bei der Erläuterung des Ansatzes sollten Sie beschreiben, welche Art der Größe durch die vorgegebene Berechnung bestimmt wird. Einen guten Hinweis auf die Art der Größe liefert die Tatsache, dass diese Größe als obere Grenze eines Integrals verwendet wird.

Im sich die Deutung zu vereinfachen, sollten Sie die beiden Seiten der Gleichung (1) als konkrete Flächen in ein Koordinatensystem mit dem Graphen von f skizzieren. Eine dabei entstehende Teilfläche wurde bereits in einer vorigen Aufgabe erläutert und hilft, den Sachzusammenhang zu verstehen.

Kleiner Tipp: Zum Zeitpunkt $t = 260$ tritt eine Entspannung der Lage für die Spendenhotline ein.

Abitur 2022 – Aufgabe C1.1 (WTR/CAS)

1.1 Bedenken Sie, dass Punkte, die symmetrisch zu einer Achse liegen bei einer Spiegelung an dieser Achse ineinander übergehen. Bestimmen Sie für jede Koordinate eines Punktes im dreidimensionalen Koordinatensystem, wie er sich bei einer Spiegelung an der x_3-Achse ändert.

1.2 Berechnen Sie die Summe der Längen der drei Strecken des Streckenzuges. Verwenden Sie hierfür die Beträge der Verbindungsvektoren der Eckpunkte. Achtung: Einheit nicht vergessen!

2.1 Wählen Sie als Stützvektor den Ortsvektor eines Punktes auf der Ebene. Für die beiden benötigten Richtungsvektoren können Sie Verbindungsvektoren von Punkten in der Ebene nutzen. Beachten Sie, dass die zwei Richtungsvektoren nicht in die gleiche Richtung zeigen dürfen.

Notieren Sie die drei Komponenten der Parametergleichung als einzelne Gleichungen und formen Sie dieses System so um, dass eine Gleichung entsteht, in der nur noch die Koordinaten x_1 bis x_3 auftauchen und die Parameter verschwunden sind. Aufgrund der Richtungsvektoren in der Parameterform ist dieser Weg weniger aufwändig als im allgemeinen Fall.

2.2 Der Winkel zwischen den Normalenvektoren zweier Ebenen ist genau so groß wie der Winkel zwischen den Ebenen. Bestimmen Sie deshalb die Normalenvektoren der beiden beteiligten Ebenen und verwenden Sie die Winkelformel für den Winkel zwischen zwei Vektoren. Notfalls entnehmen Sie die Formel der Formelsammlung.

Entnehmen Sie der Zeichnung im Material 2 und den Symmetrieeigenschaften der dortigen Figur den Neigungswinkel von F. Erstellen Sie aus den beiden bekannten Neigungswinkeln eine Formel für den Winkel zwischen den beiden Ebenen.

2.3 Wählen Sie das Dreieck in der Quaderseite, die die Punkte A und C beinhaltet als Grundfläche der Pyramide. Geben Sie dann das Volumen der Pyramide als Formel in Abhängigkeit von den Seitenlängen des Quaders an. In dieser Formel können Sie den gefragten Anteil am gesamten Quader direkt ablesen.

3.1 Überlegen Sie bei Abb. 1, aus welcher Richtung man das Polygon betrachten muss, damit die beiden Strecken $\overline{AB}$ und $\overline{CD}$ symmetrisch gekreuzt erscheinen. Für Abb. 2 ist die Überlegung bedeutsam, dass die Strecke $\overline{BC}$ in der Projektion keine Ausdehnung besitzt. Überlegen Sie, welche Blickrichtung zu diesem Effekt führt.

Für die Skizze von oben projizieren Sie gedanklich die Punkte B und C auf den Boden und verbinden Sie diese dann mit den Punkten A und D in der richtigen Reihenfolge.

3.2 Klären Sie im Falle I, welche beiden Punkte durch die gegebene Streckengleichung verbunden werden. In der Gleichung II wird ein Skalarprodukt 0. Identifizieren Sie die beiden Richtungen, die aufgrund dessen orthogonal sein müssen. Legen Sie für die Erläuterung der Gleichung III Ihr Augenmerk auf die Raumrichtung x_3.

Vergessen Sie nicht, in Ihren Ausführungen zu beschreiben, weshalb insgesamt der gleiche Abstand von P zu den drei Strecken des Polygons folgt.

4.1 Betrachten Sie als Grundlage Ihrer Erläuterung den Ort der Drohne zum Zeitpunkt $t = 0$ und die Änderung der Position der Drohne in jeder Sekunde.

Entnehmen Sie der Formelsammlung die Formel zur Bestimmung des Winkels zwischen einer Geraden und einer Ebene. Wenden Sie diese Formel auf die Drohnengerade und den Erdboden (x_1-x_2-Ebene) an.

4.2 Berechnen Sie einen möglichen Schnittpunkt der Drohnengeraden mit der Kantengeraden, die in Gleichung I in Teilaufgabe 3.2 gegeben ist. Bedenken Sie, dass es nur dann einen Schnittpunkt mit der Kante gibt, wenn ein möglicher Schnittpunkt mit der Kantengeraden zwischen den Punkten A und B liegt. Die Bedingung hierfür können Sie auch der Teilaufgabe 3.2 entnehmen.

4.3 Pro Sekunde bewegt sich die Drohne genau den Richtungsvektor Ihrer Geradengleichung weiter. Sie benötigen dessen Länge zur Bestimmung der Geschwindigkeit.

Vergessen Sie nicht, das Ergebnis in die Einheit $\frac{km}{h}$ umzurechnen.

4.4.1 Bestimmen Sie zwei Schattenpunkte der Drohne auf dem Erdboden und erstellen Sie eine Gerade, die durch diese beiden Punkte verläuft. Machen Sie sich klar, dass Sie einen der beiden Punkte direkt aus der Geradengleichung der Drohne ablesen können. Zur Bestimmung des zweiten Punktes müssen Sie eine klassische Schattenwurfaufgabe zu einem beliebigen Zeitpunkt $t > 0$ für einen Punkt auf der Drohnengerade lösen.

4.4.2 Die Strecke $\overline{BC}$ verläuft parallel zum Erdboden. Überlegen Sie, was das für die Schattenpunkte von B und C auf dem Erdboden bedeutet.

4.4.3 Die Schattenpunkte von A und D sind gleich A und D. Sie müssen somit Punkte mit den entsprechenden Koordinaten in Material 4 identifizieren. Durch den Schattenwurf in Richtung $\vec{v}$ ändert sich bei B und C die x_2-Koordinate nicht. Der Schattenpunkt von B muss deshalb bspw. die x_2-Koordinate 11 besitzen.

Abitur 2022 – Aufgabe C1.2 (WTR/CAS)

1.1 Nutzen Sie die Tatsache, dass ein Viereck bereits dann ein Parallelogramm ist, wenn zwei gegenüberliegende Seiten parallel und gleichlang sind. Um zu zeigen, dass das Viereck kein Rechteck ist, müssen Sie von einer Ecke nachweisen, dass das Viereck dort keinen rechten Winkel (Stichwort: Skalarprodukt) besitzt.

1.2 Wählen Sie als Stützvektor der Parameterform den Ortsvektor eines Eckpunktes der Fläche. Nutzen Sie für die Wahl der Richtungsvektoren die Tatsache, dass Sie bereits in Teilaufgabe 1.1 Verbindungsvektoren zwischen den Eckpunkten des Vierecks EFCH bestimmt haben.

Berechnen Sie mithilfe des Vektorproduktes einen Normalenvektor der Ebene J, dessen Komponenten die Koeffizienten in der Koordinatenform sind. Vervollständigen Sie die Koordinatenform, indem Sie einen beliebigen Punkt der Ebene in diese einsetzen.

1.3 Für den Winkel zwischen zwei Ebenen finden Sie in der Formelsammlung eine Formel, in der die Normalenvektoren der beiden Ebenen benötigt werden. Machen Sie sich für den Normalenvektor der x-y-Ebene klar, dass die z-Achse senkrecht auf dieser Ebene steht.

1.4 Entscheidend für Bestimmung des Schnittes mit der y-Achse ist, dass die beiden anderen Koordinaten (x und z) den Wert 0 haben müssen. Beschreiben Sie, wie die dritte Koordinate des Punktes daraus folgt.

Achten Sie bei der Zeichenaufgabe darauf, dass Sie keinen Punkt oder keine Kante der Pyramide vergessen. Ergeben sich beim Zeichnen der Kanten keine Knicke, ist dies ein Zeichen dafür, dass Sie die Punkte S_x und S_y korrekt eingezeichnet haben.

1.5 Bestimmen Sie das Volumen des Körpers K, indem Sie sich die beiden Körper betrachten, die K zur vollständigen Pyramide AS_xS_yE ergänzen. Ziehen Sie deren Volumina von dem Volumen der Pyramide AS_xS_yE ab. Zur Bestimmung des prozentualen Anteils dividieren Sie das Volumen von K durch das Volumen der Pyramide AS_xS_yE.

1.6 Setzen Sie die Komponenten der Geradenschar g_a in die Koordinatengleichung von J ein und zeigen Sie, dass dabei eine immer wahre Aussage entsteht.

1.7 Setzen Sie den Ortsvektor von C mit der Gleichung der Geradenschar gleich. Berechnen Sie Werte für a und t so, dass alle drei Komponenten des Ortsvektors von C entstehen.

Begründen Sie für jeden der beiden Punkte einzeln, weshalb E und C und somit auch die Strecke dazwischen auf der konkreten Geraden der Schar liegen.

1.8 Betrachten Sie die beiden Randfälle, nämlich, dass die Gerade entlang der Kanten $\overline{EF}$ bzw. $\overline{EH}$ verläuft. Wählen Sie den Parameter a jeweils so, dass der so entstehende Richtungsvektor kollinear zu den beiden Kantenrichtungen ist. Um nachzuweisen, dass auch für Werte von a zwischen den beiden Randfällen die Geraden durch das Parallelogramm verlaufen, greifen Sie auf Ergebnisse aus der vorigen Teilaufgabe zurück.

1.9 Überlegen Sie, woher in (I) die beiden Richtungen in den Vektoren des Skalarprodukts kommen und welche Elemente in der Figur somit senkrecht zueinander verlaufen. Haben Sie in (I) die Elemente richtig identifiziert, werden Sie in (II) erkennen, dass ein Schnittpunktsberechnung dieser beiden Elemente angesetzt wird. In (III) wird der Abstand dieses Schnittpunkts von einem anderen Punkt der Figur bestimmt.

Denken Sie daran, die tiefere Bedeutung des Abstands dieser beiden Punkte voneinander zu erläutern.

2.1 Gehen Sie ausgehend vom Punkt Q 3 Längeneinheiten auf den Körper K zu in Richtung des Normalenvektors von J. Als Zwischenschritt und, um die Rechung übersichtlicher zugestalten, können Sie den Normaleneinheitsvektor von J bestimmen und anschließend mit dem Faktor 3 strecken.

2.2 Beachten Sie, dass der Weg des Schattens von Q nach H der Richtung der Sonnenstrahlen, die den Schatten verursachen, entspricht.

2.3 Erstellen Sie eine Schattengerade in Richtung des Sonnenstrahlenvektors, die durch den Punkt Q verläuft, und bestimmen Sie deren Schnittpunkt mit der *x-y*-Ebene.

Erweitern Sie die Schattengerade zu einer Schattenebene, die den Schatten aller Punkte der Stange beschreibt. Die Stange ist somit für den noch fehlenden Richtungsvektor verantwortlich. Bestimmen Sie nun den Schnittpunkt dieser Ebene mit der Geraden, die die Kante $\overline{EH}$ enthält.

Sichern Sie, dass der berechnete Schattenpunkt wirklich auf der Kante $\overline{EH}$ liegt und durch einen Punkt der Stange entsteht.

Abitur 2022 – Aufgabe C2 (WTR/CAS)

1 Fassen Sie die Wahlen der Gänge als mehrstufige Zufallsversuche auf und zählen Sie die möglichen Wahlen in jeder Stufe. Die Wahl zweier Vorspeisen bei N_2 kann als eine Stufe interpretiert werden. Mit der Produktregel der Kombinatorik gelangen Sie so zu den benötigten Anzahlen.

Beachten Sie, dass im Fall N_3 zwei sich ausschießende Wahlen betrachtet werden, weshalb deren jeweilige Anzahlen noch addiert werden müssen.

2.1 Bei einer Bernoullikette muss man von gleichbleibenden Bernoulliversuchen ausgehen. Notieren Sie die beiden daraus folgenden Bedingungen.

2.2 Nutzen Sie in allen vier Fällen die Binomialverteilung oder die kumulierte Binomialverteilung zur Bestimmung der Werte. Machen Sie sich für jeden der Fälle die Zufallsgröße (welche Größe wird gezählt) und die daraus folgenden Parameter (für Ereignis A bspw. $p = 0.3$ und $n = 10$) der Verteilung klar.

Beachten Sie bei der Verwendung der kumulierten Binomialverteilung, dass diese nur Wahrscheinlichkeiten der Form $P(X \leq k)$ liefert, und, dass in Ereignis D von mehr als einer Bernoullikette ausgegangen werden muss.

2.3.1 Entnehmen Sie dem Aufgabentext alle Wahrscheinlichkeiten, die sich auf die beiden Merkmale V und K beziehen. Sie können diese in eine Vier-Felder-Tafel oder zwei inverse Baumdiagramme eintragen und diese anschließend vollständig ausfüllen. Bestimmen Sie die gesuchten Ereignisse in Abhängigkeit der beiden Merkmale V und K. Es handelt sich um eine Und- und zwei bedingte Wahrscheinlichkeiten. Entnehmen Sie die gesuchten Wahrscheinlichkeiten dieser Ereignisse aus Ihren Hilfen (Vier-Felder-Tafel, Baumdiagramme).

Alternativ können Sie auch auf die Hilfen verzichten und unter Verwendung wahrscheinlichkeitstheoretischer Definitionen und Sätze (bspw. Satz von Bayes) die Wahrscheinlichkeiten bestimmen.

2.3.2 Wählen Sie von den verschiedenen Möglichkeiten die stochastische Unabhängigkeit nachzuweisen diejenige, von der Sie die benötigten Wahrscheinlichkeiten bereits aus dem Text oder vorigen Aufgabenteilen kennen. Eine Möglichkeit wäre hier der Vergleich, ob Vegetarier und Nichtvegetarier die Käsespätzle zu gleichen Anteilen wählen.

3.1 Bedenken Sie, dass Sie als Nullhypothese des Tests das Gegenteil der vermuteten Änderung wählen. Geben Sie für die Durchführung des Hypothesentest, die eine Bernoullikette darstellt, die Zufallsgröße so wie die zugehörigen Parameter an. Bestimmen Sie den Verwerfungsbereich der Nullhypothese so, dass die Wahrscheinlichkeit des Tests bei den gegebenen Parametern in diesem Bereich zu landen, kleinergleich 5% beträgt. Sie benötigen hierbei den Taschenrechner.

Vergessen Sie nicht, eine Entscheidugsregel im Sachzusammenhang zu formulieren, und diese mit dem Wert 57 im einführenden Text der Teilaufgabe 3 zu vergleichen.

3.2 Entnehmen Sie die allgemeinen Definitionen für die Fehler 1. und 2. Art aus der Formelsammlung. Ersetzen Sie darin den Begriff der Nullhypothese durch die konkrete Nullhypothese der Aufgabe.

Beschreiben Sie, welche Folgerungen der Kantinenbetreiber aufgrund der Testergebnisse ziehen wird, und zu welchen Problemen dies für das Essensangebot in der Kantine führen kann.

3.3 Gehen Sie bei Ihren Überlegungen von dem Annahme- und dem Verwerfungsbereich aus, den Sie in Teilaufgabe 3.1 bestimmt haben. Die Binomialverteilung für diese Aufgabe besitzt den Parameter $p = 0.4$. Bestimmen Sie mit diesem Parameter und weiterhin 150 befragten Personen die Wahrscheinlichkeit, im Annahmebereich der Nullhypothese zu landen.

3.4 Entscheiden Sie zuerst, welche der beiden Verteilungen zu $p_1 = 0.4$ gehört. Verwenden Sie bei der Begründung der Lage des Maximums Eigenschaften des Erwartungswerts von Binomialverteilungen.

Markieren Sie in der Verteilung zu $p_1 = 0.4$ alle Balken, die zum Annahmebereich gehören, der in Teilaufgabe 3.1 bestimmt wurde.

3.5 Beachten Sie, dass diese Teilaufgabe aus insgesamt drei verschiedenen Arbeitsaufträgen (die folgenden Spiegelpunkte) besteht, so dass leicht einer übersehen werden kann.

- Machen Sie sich klar, wie sich die Verteilung für größeres p verändert und welche Folgen dies für die Größe des Annahmebereiches hat, da dieser für die Größe des Fehlers 2. Art verantwortlich ist.

- Betrachten Sie zuerst den Grenzfall $p = 0.3$ und begründen Sie dann, weshalb die Wahrscheinlichkeit H_0 beizubehalten für kleinere p nur größer wird.

- Machen Sie sich klar, dass ein Fehler, ob 1. oder 2. Art, immer bedeutet, dass die Entscheidung aufgrund des Ergebnisses des Tests nicht mit den tatsächlichen Werten, die der Binomialverteilung zu Grunde liegen, übereinstimmt.

4   Abitur 2023

Abitur 2023 – Aufgabe B1 (WTR)

1.1 Beachten Sie, dass die Eingangsrate die Anzahl der Personen pro Zeiteinheit angibt. Summieren Sie diese deshalb über die gesamte relevante Zeiteinheit. Überlegen Sie, wie eine kontinuierliche Summation mathematisch umgesetzt wird.

1.2 Leiten Sie die ganzrationale Funktion f nach den bekannten Regeln aus der Einführungsphase ab. Beachten Sie, dass am maximalen Wert einer Funktion deren Ableitung den Wert 0 liefert. Vergessen Sie nicht, Ihr Ergebnis in eine konkrete Uhrzeit in Stunden und Minuten umzurechnen.

Bestimmen Sie die beiden benötigten Raten. Beachten Sie, dass Sie den Zeitpunkt der maximalen Eingangsrate bereits kennen. Dividieren Sie die beiden Eingangsraten und interpretieren Sie den Quotienten. Überlegen Sie für die Division, welche Eingangsrate der Grundwert der vorliegenden Prozentrechnung ist.

1.3 Rechnen Sie den Vergleichswert zuerst in die für die Funktion f notwendige Einheit um. Verwenden Sie den Funktionsterm und den Graphen im Material 1, um zu entscheiden, ob außerhalb des Zeitraums von 10:00 bis 14:00 Uhr die vorgegebene Eingangsrate überschritten wird.

2.1 Die Multiplikation des Funktionsterms mit k bewirkt eine Streckung der Graphen in y-Richtung. Überlegen Sie, welche Auswirkungen dies auf die gefragten Punkte hat. Beschreiben Sie auch die Lage der Extrem- und Wendepunkte der verschiedenen Graphen der Funktionenschar zueinander.

2.2 Begründen Sie, welcher der Faktoren von g_k überhaupt nur 0 werden kann. Zeigen Sie anschließend, dass dieser Faktor nur genau die zwei Nullstellen hat, die in der Aufgabenstellung angegeben sind.

2.3 Verwenden Sie für beide Ableitungen die Produktregel. Bedenken Sie bei der Zuordnung der Faktoren für die Produktregel, dass k ein konstanter Vorfaktor ist.

2.4 Die notwendige Bedingung für eine Wendestelle lautet $g_k''(t) = 0$. Beachten Sie, dass Sie bei der Lösung der Gleichung wegen des Operators „Berechnen" den Taschenrechner nicht benutzen dürfen.

Überführen Sie für die Beschreibung den allgemeinen Fakt, dass sich an einer Wendestelle der Funktionswert einer Funktion am stärksten ändert, in den konkreten Sachzusammenhang.

2.5 Entnehmen Sie der Teilaufgabe 2.3 die allgemeine Form aller Ableitungen von g_k. Machen Sie sich klar, dass Sie diese Form als Ansatz für G_k wählen können. Leiten Sie die allgemeine Form für G_k ab und bestimmen Sie anschließend die unbekannten Parameter so, dass die Ableitung der Funktionenschar g_k entspricht.

2.6 Überlegen Sie, wo der Wert 4096 im Verlauf der bisherigen Aufgabe bereits aufgetaucht ist, und, warum diese beiden Werte übereinstimmen müssen.

Überführen Sie das gegebene Integral in die Differenz zweier ausgewerteter Stammfunktionen und lösen Sie die entstehende Gleichung nach k auf.

2.7 Die geometrische Bedeutung eines Integrals ist der Flächeninhalt zwischen dem zugehörigen Graphen und der t-Achse. Überlegen Sie unter Betrachtung des Graphen in Material 2, was eine untere Grenze des Integrals zwischen 0 und 1 für diesen Flächeninhalt bedeutet. Vergessen Sie nicht die Erläuterung im Sachzusammenhang. Beachten Sie, dass dieser Sachzusammenhang dem in der vorigen Aufgabe entspricht.

3.1 Die Funktion h ist die Differenz zwischen der Ein- und der Ausgangsrate. Überlegen Sie, wie sich an h erkennen lässt, wie lange mehr Personen den Park betreten als ihn zu verlassen. Beachten Sie, dass die Lösung der Gleichung, die durch diese Überlegung entsteht mit dem Taschenrechner nur numerisch gelöst werden kann (SOLVE-Taste).

Für die geforderte Beschreibung sollten Sie überlegen, wo sich in allen bisherigen Teilaufgaben die Besucherzahlen wiedergefunden haben und, wie Sie den ermittelten Zeitpunkt t verwenden können.

3.2 h ist die Änderungsrate der Personenanzahl, die sich im Park aufhält. Überlegen Sie, welche Bedeutungen somit das gegebene Integral und die obere Grenze in diesem Integral besitzen.

In (II) wird durch die Länge eines Intervalls geteilt wird, was auf einen durchschnittlichen Wert hinweist. Beachten Sie, dass der Zähler in (III) genau dem Integral $\int_0^{10} H(t)\,\mathrm{d}t$ entspricht.

Abitur 2023 – Aufgabe B2 (WTR)

1.1 Setzen Sie die beiden Wertepaare, die dem Aufgabentext zu entnehmen sind, in die allgemeine Funktionsgleichung von f_1 ein. Aus den zwei entstehenden Gleichungen lassen sich die Parameter berechnen.

Für die geforderte Begründung sollten Sie sich klarmachen, welche Form des Wachstums durch die Funktion f_1 modelliert wird.

1.2 Bedenken Sie für die Beschreibung in dieser Aufgabe, dass die Steigung einer linearen Funktion die Änderung des Funktionswertes in einer Zeiteinheit bedeutet. Vergessen Sie den Sachzusammenhang nicht.

1.3.1 Bestimmen Sie zuerst, wohin der Exponent des Exponentialterms für $t \to \infty$ läuft. Mit diesem Grenzwert können Sie auch den Grenzwert des Exponentialterms und dann des restlichen Funktionsterms bestimmen.

1.3.2 Die Wachstumsrate einer Funktion wird durch deren Ableitung bestimmt. Bestimmen Sie somit die Ableitung mithilfe der Kettenregel und berechnen Sie, wann diese Funktion den gegebenen Wert von 10 Elchen pro Jahr unterschreitet.

1.3.3 Bestimmen Sie zuerst die Stammfunktion von f_3, da Sie diese zur Auswertung des Integrals benötigen. Beachten Sie bei der Stammfunktionsbildung, dass es sich beim zweiten Summanden der Funktion um einen verketteten Term handelt. Runden Sie die anschließende Auswertung des Integralterms auf eine sinnvolle Größenordnung.

Beachten Sie bei der Deutung des Ergebnisses im Sachzusammenhang, dass eine Division durch die Länge des Integralintervall auf einen Durchschnittswert hinweist.

2.1 Beachten Sie bei der Zuordnung der Faktoren für die Anwendung der Produktregel, dass es sich bei r um einen konstanten Vorfaktor handelt. Klammern Sie nach Anwendung der Produktregel den Term $r \cdot g'(t)$ aus, um auf die geforderte Gleichheit zu kommen.

2.2 Zeigen Sie, dass $g''(1100) = 0$ gilt, da dies die notwendige Bedingung für einen Wendepunkt ist. Beachten Sie, dass $y_W = f(t_W)$ ist.

Lösen Sie die Gleichung $g(t_W) = 1100$ nach t_W auf. Im Verlauf der Rechnung lassen sich eine Kehrwertbildung und die Logarithmengesetze gewinnbringend einsetzen.

Eine Wendestelle ist die Stelle mit der größten bzw. kleinsten Änderungsrate einer Funktion. Überlegen Sie, was dies im vorliegenden Sachzusammenhang bedeutet.

2.3 Bei dieser Aufgabe kann eine Skizze oder ein Blick in Material 3 helfen. Beiden Wegen lässt sich die Art der Symmetrie entnehmen. Vergessen Sie nicht die Angabe des Symmetriezentrums.

3.1 Beschreiben Sie erst die geometrischen Änderungen in der einen und dann in der anderen Raumrichtung. Beachten Sie, dass die Änderungen in einer Raumrichtung nicht vertauscht werden dürfen.

Die Periodenlängen können Sie mittels der Periodenlänge 2π der allgemeinen Sinusfunktion und des Faktors der Streckung des Graphen in t-Richtung berechnen.

Die maximale (minimale) Anzahl der Wölfe ergeben sich an den Stellen der Hoch- und Tiefpunkte des allgemeinen Sinus, der zwischen -1 und 1 pendelt.

3.2 Beachten Sie bei der Bildung der Ableitungen, dass es sich um verkettete Funktionen handelt. Für die anschließende Berechnung des Proportionalitätsfaktors lohnt es sich, die Vorfaktoren nicht auszumultiplizieren, da sie sich so leichter vergleichen lassen.

Für die Berechnung selbst können die Ableitungen in die Gleichung $w''(t) = c \cdot h'(t)$ eingesetzt und die Gleichung nach c aufgelöst werden.

3.3 Überlegen Sie, worin sich die beiden Funktionen nur unterscheiden, und weshalb dies die Stelle des Hochpunkts nicht ändert.

Beachten Sie bei Ihrer Deutung, dass ein Wert eine Populationsgröße und ein Wert eine Wachstumsrate darstellt.

Abitur 2023 – Aufgabe C1 (WTR/CAS)

1.1 Nutzen Sie die Tatsache, dass es sich bei dem Unterbau um einen Quader handelt und somit bspw. die Strecken $\overline{AD}$ und $\overline{BC}$ sowie $\overline{AE}$ und $\overline{BF}$ parallel sind.

Wählen Sie zum Skalieren Punkte, die auf einer Achse liegen. Für die Skalierung der z-Achse können Sie Punkt I oder J nutzen.

1.2 Berechnen Sie einzeln die Volumina des quaderförmigen Unterbaus und des prismaförmigen Dachs. Die Grundfläche des Dachprismas ist ein Dreieck mit der Grundseite $\overline{EF}$. Zur Bestimmung dessen Höhe müssen Sie die Höhe der Dachkante heranziehen.

1.3 Nutzen Sie bspw. die Punkte A,B und E, um einen Stützvektor und zwei Richtungsvektoren für die Parameterform zu bestimmen.

Bedenken Sie, dass die Koeffizienten in der Koordinatenform $a \cdot x + b \cdot y + c \cdot z = d$ den Komponenten des Normalenvektors entsprechen, der senkrecht auf der Ebene und somit auch senkrecht auf den Richtungsvektoren der Ebene steht.

2.1 Wählen Sie a der Ebenenschar so, dass K entsteht.

Überlegen Sie, welche Größe bei allen Ebenen der Ebenenschar gleich bleibt, und, weshalb daraus die Parallelität aller Ebenen folgt.

2.2 Ordnen Sie den Stütz- und Richtungsvektor der Ebene g bisherigen Größen in der Aufgabe zu. Machen Sie sich klar, welche Bedeutung der Punkt T im Hinblick auf die beschriebene Trennwand hat und beginnen Sie dann mit Ihrer Erläuterung der vier Zeilen.

Nutzen Sie für die Angabe der fehlenden Rechnung die Tatsache, dass der Verbindungsvektor $\overrightarrow{AT}$ genau der Vektor $r \cdot \begin{pmatrix} 20 \\ -1 \\ 0 \end{pmatrix}$ ist.

Vergessen Sie nicht die abschließende Beschreibung der Lage der Trennwand im Sachzusammenhang, d.h. mit realen Längenangaben.

3.1   Bestimmen Sie den Schnittpunkt der Schattengeraden durch die Baumspitze mit der Ebene L. Sichern Sie, dass der Schnittpunkt nicht nur in der Ebene L, sondern auch auf der rechten Zeltwand liegt. Beachten Sie, dass hierfür nicht die Betrachtung einer Raumrichtung genügt.

3.2   Setzen Sie Q in die Ebenengleichung von *L* ein und bestimmen Sie so den Wert für *y*.

Erstellen Sie eine Skizze, in der relevante Punkte und der Winkel 57° auftauchen. Nutzen Sie anschließend entweder eine elementare trigonometrische Beziehung oder Winkelformel aus der Linearen Algebra. Bei der entstehenden Gleichung wird an einer Stelle eine Quadratur benötigt, aber nur eine der entstehenden Lösungen ist im Sachzusammenhang sinnvoll.

4.1   Überlegen Sie, was der Kreuzungspunkt der Merkmale V und C in der Tabelle bedeuten muss.

Die Fragestellung gibt einen Hinweis (Was soll berechnet werden?), welche Bedeutung die Variablen im Gleichungssystem haben sollten. Pro Kategorie sollten Sie dann eine Gleichung erstellen. Lösen Sie das unterbestimmte Gleichungssystem in Abhängigkeit der Variablen c, die mit dem Sponsor C korrespondiert.

4.2   Geben Sie für jeden der drei Sponsoren eine Ober- und eine Untergrenze an Karten an, die diese verlosen. Bestimmen Sie die maximale Einschränkung, die sich daraus für c ergibt. Vergessen Sie bei Ihrem Ergebnis nicht, dass es sich bei den möglichen Zahlen für c um Anzahlen handelt.

4.3   Aussage I ist eine Allaussage. Versuchen Sie hier ein Gegenbeispiel zu finden, um die Aussage zu widerlegen.

Bei Aussage II handelt es sich um eine Existenzaussage, weshalb ein bestätigendes Beispiel genügt, um die Wahrheit der Aussage nachzuweisen.

Abitur 2023 – Aufgabe C2.1 (WTR/CAS)

1.1   Entnehmen Sie dem Text alle gegebenen Wahrscheinlichkeiten und überlegen Sie, welches Merkmal sich für die 1. Stufe des Baumdiagramms anbietet. Die zu bestätigende Wahrscheinlichkeit ergibt sich als Summe von Pfadwahrscheinlichkeiten im Baumdiagramm.

1.2   Machen Sie sich klar, dass es sich bei der gesuchten Wahrscheinlichkeit um eine bedingte Wahrscheinlichkeit handelt. Nutzen Sie zur Berechnung des Ergebnisses den Satz von Bayes.

1.3 Beachten Sie, dass alle anzugebenden Wahrscheinlichkeiten bereits aus vorigen Teilaufgaben bekannt sind.

Die gesamte Stichprobe besteht nur aus Kindern und Erwachsenen. Überlegen Sie, was es für den Anteil eines Merkmals in der Stichprobe bedeutet, wenn er in den zwei Teilen der Stichprobe nicht übereinstimmt.

2.1 Den Ereignissen liegt eine Bernoullikette zu Grunde, so dass Sie bei geeigneter Wahl einer Zufallsgröße eine Binomialverteilung erhalten. Beachten Sie, dass es sich bei den beiden Wahrscheinlichkeiten jeweils um eine Einzel- und eine kumulierte Wahrscheinlichkeit handelt.

2.2.1 Bedenken Sie für die Wahl der Nullhypothese, dass durch einen Test eine Hypothese nur verworfen, aber nicht bewiesen, werden kann. Ein Signifikanzniveau von 5% bedeutet, dass der Fehler 1. Art diesen Wert nicht überschreiten darf. Setzen Sie eine entsprechende Ungleichung an. Lösen Sie diese Ungleichung durch Probieren.

Die Lösung der Ungleichung liefert Ihnen den Annahme- und Verwerfungsbereich der Nullhypothese, womit Sie eine Entscheidungsregel formulieren können.

2.2.2 Der Fehler 2. Art ist die Wahrscheinlichkeit, dass man die Nullhypothese annimmt, obwohl sie falsch ist.

2.2.3 Beachten Sie, dass der α-Fehler [β-Fehler] von der Korrektheit [Nicht-Korrektheit] der Nullhypothese abhängt, womit sich die möglichen Fälle jeweils auf 2 reduzieren lassen. Anschließend müssen Sie überlegen, in welchen Fällen H_0 verworfen bzw. angenommen wird.

3.1.1 Beachten Sie, dass der Wert $0.985 = 1 - 0.015 = 1 - 1.5\%$ ist.

3.1.2 Die Formel für den zu erwartenden Wert (Mittelwert) ist $n \cdot p$, wenn n die Stichprobengröße ist. Beachten Sie bei Ihrer Antwort, dass das Ergebnis eine Anzahl sein muss.

3.1.3 Bestimmen Sie zunächst, welche absolute Anzahl an Kartons dem relativen Wert $> 3\%$ entspricht. Nutzen Sie anschließend nacheinander zwei Binomialverteilungen, wobei die erste Lösung den Parameter p für die zweite Binomialverteilung liefert.

3.2.1 Nutzen Sie den Taschenrechner, um die gefragten Wahrscheinlichkeiten einer Normalverteilung zu bestimmen.

3.2.2 Betrachten Sie die Graphen in Material 2 und überlegen Sie, was im Falle negativer x-Werte gilt.

3.2.3 In Vorschlag 1 ändert sich der Erwartungswert der Verteilung und die Standardabweichung bleibt gleich; in Vorschlag 2 ist es genau umgekehrt.

Beachten Sie für Ihre Begründung, dass sich die betrachtete Wahrscheinlichkeit „weniger als 600 ml" als Flächeninhalte in den Skizzen wiederfindet und vergleichen Sie die jeweiligen Inhalte.

3.3 Betrachten Sie die Auswahl der Motive als mehrstufigen Zufallsversuch und ermitteln Sie für die Anzahl aller möglichen Ausgänge sowie die Anzahl aller günstigen Ausgänge eine Formel in Abhängigkeit von n. Bestimmen Sie in der daraus folgenden Formel für die betrachtete Wahrscheinlichkeit das kleinstmögliche n durch Ausprobieren.

Abitur 2023 – Aufgabe C2.2 (WTR/CAS)

1.1 Wählen Sie als Zufallsvariable „Anzahl der Sommertage" und machen Sie sich klar, dass diese Zufallsvariable binomialverteilt ist. Beachten Sie bei Ereignis C, dass die Zufallsvariable nur ganzzahlige Werte annehmen kann. Verwenden Sie zur Bestimung der jeweiligen Wahrscheinlichkeiten die entsprechenden Menüs des Taschenrechners und bedenken Sie, dass im kumulierten Fall immer nur Wahrscheinlichkeiten der Form $P(X \leq k)$ durch den WTR bestimmt werden können.

1.2 Sie können direkt das Menü zur Normalverteilung des Taschenrechners nutzen. Wählen Sie sinnvolle Grenzen für die Eingabe in den Taschenrechner, sofern diese nicht beide explizit durch das Ereignis vorgegeben sind.

2.1 Wählen Sie als erste Stufe für Ihr Baumdiagramm das Ereignis W. Dann sollten Sie alle zum Ausfüllen benötigten Wahrscheinlichkeiten oder deren Gegenwahrscheinlichkeiten dem Text entnehmen können.

Erstellen Sie eine Gleichung, indem Sie die Wahrscheinlichkeiten aller Pfade, die zu $P(Z)$ gehören, addieren, und lösen Sie diese nach a auf.

2.2 Vergleichen Sie die beiden Pfadwahrscheinlichkeiten, die mit den Wahrscheinlichkeiten in der Aufgabenstellung korrelieren.

2.3 Machen Sie sich klar, dass stochastische Unabhängigkeit in diesem Fall unter anderem bedeutet, dass in allen Personengruppen der Anteil der Zufriedenen gleich groß ist und folgern Sie hieraus den gesuchten Wert für a.

2.4 Überlegen Sie, wie der Anteil der Unzufriedenen unter der nicht weiblichen Personen von a abhängt und bedenken Sie, dass der Anteil unter den weiblichen immer gleich bleibt. Folgern Sie, was dies für die Anteile der nicht zufriedenen Personen bedeutet.

3.1 Summieren Sie die bekannten Wahrscheinlichkeiten auf und zeigen Sie, dass die fehlende Lücke zu 1 die geforderte Größe hat.

Stellen Sie die allgemeine Gleichung für den Erwartungswert der Zufallsgröße „Gewinn des Spielers" auf und setzen Sie diese mit dem gegebenen mittleren Gewinn gleich. Lösen Sie nach der Unbekannten (Wert der Zufallsgröße bei einem Strandkorb) auf. Machen Sie sich klar, dass dieser Wert bereits dem gesuchten entspricht.

3.2 Berechnen Sie den Erwartungswert durch die Formel $n \cdot p$ und bestimmen Sie den gesuchten Wert c durch Probieren. Überlegen Sie sich mit Hilfe der Sigma-Umgebungen eine sinnvolle Größenordnung für Ihre Probewerte.

3.3.1 Bestimmen Sie den Ablehnungsbereich der Nullhypothese dieses linksseitigen Hypothesentests so, dass der Fehler 1. Art kleinergleich 5% ist. Die benötigten Parameter n und p für die Verwendung einer kumulierten Binomialverteilung sind im Text gegeben bzw. folgern aus der Tatsache, dass beim Fehler 1. Art die Nullhypothese wahr ist. Verdeutlichen Sie die Grenze des Ablehnungsbereichs bei Ihrer Bestimmung durch zwei Testwerte.

Vergessen Sie nicht, aus dem bestimmten Ablehnungsbereich eine textliche Entscheidungsregel zu folgern.

3.3.2 Beachten Sie, dass man im in Aufgabe 3.3.1 bestimmten Annahmebereich der Nullhypothese landen muss, um den Fehler 2. Art zu begehen. Bestimmen Sie mittels der kumulierten Binomialverteilung wie groß die Wahrscheinlichkeit hierfür ist, falls $p = 0,014$ gilt.

3.3.3 Begründen Sie, dass ein größerer Stichprobenumfang die Chance für das Unternehmen verringern, das Gewinnspiel fortzuführen, obwohl es sich nicht lohnt. Machen Sie sich klar, dass ein größerer Stichprobenumfang andererseits auch einen Nachteil hat.

Formulieren Sie eine Antwort unter Abwägung der beiden sich entgegenstehenden Effekte.

Lösungen

1 Abitur 2020

Abitur 2020 – Aufgabe B1 (WTR)

1.1 Da der Wert für t (nämlich 0) bereits explizit in der Aufgabe gegeben ist, kann die geforderte Zuflussrate dadurch berechnet werden, dass man 0 für t in die Funktionenschar einsetzt.

$$f_k(0) = 100\left(k^2 \cdot 0 + k\right) \cdot e^{-\frac{k}{5} \cdot 0}$$
$$= 100k \cdot e^0$$
$$= 100k$$

Die Zuflussrate zum Zeitpunkt $t = 0$ beträgt somit $100k\,\frac{m^3}{h}$.

1.2 In dieser Aufgabe ist die maximale Zuflussrate gesucht. Die Funktionenschar f_k liefert als Rückgabewert die Zuflussrate. Zur Bestimmung der maximalen Zuflussrate muss deshalb das Maximum der Funkionenschar f_k berechnet werden.

Die notwendige Bedingung für Extrema lautet $f_k{'}(t) = 0$, weshalb in einem ersten Schritt die erste Ableitung von f_k bestimmt werden muss. Hierfür benötigt man die Produktregel (1. Faktor $100(k^2 \cdot t + k)$ und 2. Faktor $e^{\frac{k}{5} \cdot t}$). Bei dem 2. Faktor handelt es sich um eine verkettete Funktion, weshalb für dessen Ableitung auch noch die Kettenregel verwendet werden muss.

$$f_k{'}(t) = 100k^2 \cdot e^{-\frac{k}{5} \cdot t} + 100\left(k^2 \cdot t + k\right) \cdot e^{-\frac{k}{5} \cdot t} \cdot \left(-\frac{k}{5}\right)$$
$$= 100k^2 \cdot e^{-\frac{k}{5} \cdot t} - 20\left(k^3 \cdot t + k^2\right) \cdot e^{-\frac{k}{5} \cdot t}$$
$$= \left(100k^2 - 20k^3 \cdot t - 20k^2\right) \cdot e^{-\frac{k}{5} \cdot t}$$
$$= \left(-20k^3 \cdot t + 80k^2\right) \cdot e^{-\frac{k}{5} \cdot t}$$
$$= 20k^2\left(-k \cdot t + 4\right) \cdot e^{-\frac{k}{5} \cdot t}$$

Nun kann die Gleichung $f_k{}'(t) = 0$ gelöst werden.

$$f_k{}'(t) = 0$$

$$20k^2 \left(-k \cdot t + 4\right) \cdot e^{-\frac{k}{5} \cdot t} = 0; \qquad e^{-\frac{k}{5} \cdot t} \neq 0$$

$$20k^2 \left(-k \cdot t + 4\right) = 0$$

$$-k \cdot t + 4 = 0$$

$$-k \cdot t = -4$$

$$t = \frac{4}{k}$$

Zu beachten ist, dass $k \in \mathbb{R}^+$ gilt, weshalb der Faktor $20k^2$ nicht 0 werden kann.

Zur Überprüfung, welche Art eines Extremums an der Stelle $\frac{4}{k}$ vorliegt, kann diese in die zweite Ableitung, die in der Aufgabenstellung gegeben ist, eingesetzt werden.

$$f_k{}'' \left(\frac{4}{k}\right) = 4k^3 \left(k \cdot \frac{4}{k} - 9\right) \cdot e^{-\frac{k}{5} \cdot \frac{4}{k}} = 4k^3 (4 - 9) \cdot e^{-\frac{4}{5}} = -20k^3 \cdot e^{-\frac{4}{5}}$$

Da sowohl k^3 als auch $e^{-\frac{4}{5}}$ positive Werte sind, ist der Term $-20k^3 \cdot e^{-\frac{4}{5}}$ negativ, und der Graph der Funktion f_k ist an der Stelle $\frac{4}{k}$ rechtsgekrümmt. Eine rechtsgekrümmte Stelle mit Steigung 0 ist ein lokales Maximum einer Funktion, weshalb zum Zeitpunkt $\frac{4}{k}$ die Zuflussrate maximal ist.

Zur Bestimmung der konkreten Zuflussrate muss der Wert $\frac{4}{k}$ abschließend in die Funkionenschar f_k eingesetzt werden.

$$f_k \left(\frac{4}{k}\right) = 100 \left(k^2 \cdot \frac{4}{k} + k\right) \cdot e^{-\frac{k}{5} \cdot \frac{4}{k}} = 100 \left(4k + k\right) \cdot e^{-\frac{4}{5}} = 500k \cdot e^{-\frac{4}{5}}$$

Somit gilt: Nach $\frac{4}{k}$ h ist die Zuflussrate maximal und sie beträgt $500k \cdot e^{-\frac{4}{5}} \, \frac{\mathrm{m}^3}{\mathrm{h}}$.

1.3 Der vorigen Aufgabe kann man entnehmen, dass die Stelle des Maximums der Funktionenschar $t = \frac{4}{k}$ für größere Werte von k immer kleiner wird. Der zugehörige Funktionswert $500k \cdot e^{-\frac{4}{5}}$ wird hingegen immer größer, da hier mit k multipliziert wird und nicht durch k dividiert wird. Der Graph mit dem größten Maximum muss deshalb zum Parameter $k = 4$ gehören. Je weiter die Maxima nach rechts wandern, um so kleiner werden die zugehörigen Parameter.

Für die Bestimmung der <u>Ortskurve</u> muss man den Parameter k in Abhängigkeit von t angeben, um diesen Term anschließend in die y-Koordinate der Hochpunkte einsetzen zu können. Aus der 1. Koordinate des Hochpunkts liest man $t = \frac{4}{k}$ ab. Auflösen des Terms nach k liefert $k = \frac{4}{t}$. frv.tv/rv

Es entsteht die Ortskurve: $y = 500 \cdot \dfrac{4}{t} \cdot e^{-\frac{4}{5}} = \dfrac{2000}{t} \cdot e^{-\frac{4}{5}}$

Nun hat man alle Informationen zusammen, um das Koordinatensystem im Material 1 um die geforderten Elemente zu ergänzen.

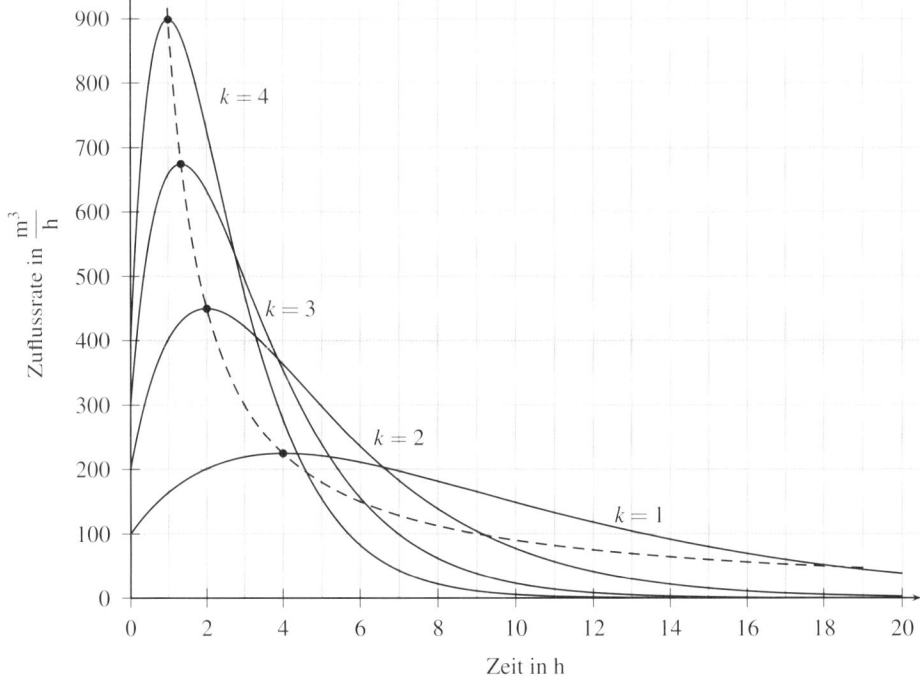

Die Ortskurve (gestrichelt dargestellt) muss durch die Maxima der vorgegebenen Graphen gehen. Da man außerdem deren Term $\frac{2000}{t} \cdot e^{-\frac{4}{5}}$ kennt, weiß man, dass sie die Form einer Hyperbel besitzen muss.

1.4 Wendepunkte eines Graphen sind Punkte, in denen der Graph von einer Links- in eine Rechtskrümmung (oder umgekehrt) übergeht, weshalb dort die Forderung $f_k''(t) = 0$ erfüllt sein muss. Der Term der zweiten Ableitung, den man zur Lösung dieser Gleichung benötigt, ist in Teilaufgabe 1.2 gegeben.

$$f_k''(t) = 0$$
$$4k^3 (k \cdot t - 9) \cdot e^{-\frac{k}{5} \cdot t} = 0; \qquad e^{-\frac{k}{5} \cdot t} \neq 0$$
$$4k^3 (k \cdot t - 9) = 0$$
$$k \cdot t - 9 = 0$$
$$k \cdot t = 9$$
$$t = \frac{9}{k}$$

Da laut Aufgabenstellung die hinreichende Bedingung für Wendestellen nicht gefordert ist, verbleibt nur noch die y-Koordinate der Wendepunkte zu berechnen. Hierfür setzt man

$\frac{9}{k}$ in f_k ein.

$$f_k\left(\frac{9}{k}\right) = 100\left(k^2 \cdot \frac{9}{k} + k\right) \cdot \mathrm{e}^{-\frac{k}{5} \cdot \frac{9}{k}} = 100\left(9k + k\right) \cdot \mathrm{e}^{-\frac{9}{5}} = 1000k \cdot \mathrm{e}^{-\frac{9}{5}}$$

Die Wendepunkte der Funkionenschar f_k sind $W\left(\frac{9}{k}\,\middle|\,1000k \cdot \mathrm{e}^{-\frac{9}{5}}\right)$.

1.5.1 Die Zuflussrate f_k des Regenwassers kann auch als Änderungsrate der Wassermenge im Becken aufgefasst werden. Die Bestandsänderung der Wassermenge entspricht somit der aufzunehmenden Regenmenge im Zeitintervall $[a;b]$, wenn man von einem zu Beginn leeren Becken ausgeht, und lässt sich unter Verwendung der Stammfunktionenschar F_k durch $F_k(b) - F_k(a)$ berechnen. Laut Aufgabenstellung beginnt der Regen zum Zeitpunkt $t = 0$ und die Schar f_k gilt für alle Zeiten $t \geq 0$. Für das Ende des Intervalls benötigt man deshalb eine Variable, die gegen „unendlich" laufen muss.

Ersetzt man die Integralgrenzen a und b entsprechend dieser Überlegungen, erhält man $\lim\limits_{u \to \infty}\left[F_k(u) - F_k(0)\right]$, was genau der Formel in der Beschreibung des 1. Verfahrens entspricht. Verfahren (1) liefert also den exakten Wert.

1.5.2 Bei einem Formansatz wird eine allgemeine Stammfunktion angesetzt, in der weitere unbekannte Parameter vorhanden sind. Hat man eine Stammfunktion korrekter Form angesetzt, kann man diese ableiten und das Ergebnis mit der Funktion gleichsetzen. Koeffizientenvergleich ermöglicht dann die Bestimmung der unbekannten Parameter.

Als allgemeine Form der Stammfunktionenschar ist in der Aufgabe

$$F_k(t) = 100(a \cdot t + b) \cdot \mathrm{e}^{-\frac{k}{5} \cdot t}$$

gegeben. Ableiten mittels Produkt- und Kettenregel führt auf

$$\begin{aligned}
F_k{}'(t) &= 100a \cdot \mathrm{e}^{-\frac{k}{5} \cdot t} + 100(a \cdot t + b) \cdot \mathrm{e}^{-\frac{k}{5} \cdot t} \cdot \left(-\frac{k}{5}\right)\\
&= 100a \cdot \mathrm{e}^{-\frac{k}{5} \cdot t} + 100\left(-\frac{k}{5}a \cdot t - \frac{k}{5}b\right) \cdot \mathrm{e}^{-\frac{k}{5} \cdot t}\\
&= 100\left(a - \frac{k}{5}a \cdot t - \frac{k}{5}b\right) \cdot \mathrm{e}^{-\frac{k}{5} \cdot t}\\
&= 100\left(-\frac{k}{5}a \cdot t + a - \frac{k}{5}b\right) \cdot \mathrm{e}^{-\frac{k}{5} \cdot t}
\end{aligned}$$

Die Ableitung $F_k{}'$ wurde in eine Form gebracht, in der der Vergleich mit der vorgegebenen Funktionenschar $f_k = 100\left(k^2 \cdot t + k\right) \cdot \mathrm{e}^{-\frac{k}{5} \cdot t}$ möglichst angenehm ist.

Vergleicht man den Koeffizienten vor t, stellt man fest, dass $-\frac{k}{5}a = k^2$ gelten muss. Auflösen dieser Gleichung nach a führt auf $a = -5k$. Beim Vergleich des absoluten Gliedes kann man diesen Wert für a einsetzen und dann b berechnen.

$$a - \frac{k}{5}b = k$$

$$-5k - \frac{k}{5}b = k$$

$$-\frac{k}{5}b = 6k$$

$$b = -30$$

Einsetzen der Ergebnisse für die Parameter in die allgemeine Form der Stammfunktionen-schar liefert

$$F_k(t) = 100(-5k \cdot t - 30) \cdot e^{-\frac{k}{5} \cdot t}$$

1.5.3 Berechnung nach dem Verfahren (1)

$$\lim_{u \to \infty} [F_k(u) - F_k(0)] = \lim_{u \to \infty} \left(100(-5k \cdot u - 30) \cdot e^{-\frac{k}{5} \cdot u} - 100(-5k \cdot 0 - 30) \cdot e^{-\frac{k}{5} \cdot 0} \right)$$

$$= \lim_{u \to \infty} \left(100(-5k \cdot u - 30) \cdot e^{-\frac{k}{5} \cdot u} + 3000 \right)$$

$$= 100 \cdot \lim_{u \to \infty} \left((-5k \cdot u - 30) \cdot e^{-\frac{k}{5} \cdot u} \right) + 3000$$

$$= 100 \cdot 0 + 3000$$

$$= 3000$$

Da der Exponentialterm $e^{-\frac{k}{5} \cdot u}$ für $u \to \infty$ gegen 0 geht und den linearen Term dominiert, geht auch der komplette Grenzwert in der dritten Zeile gegen 0.

Berechnung nach dem Verfahren (2)

Bevor in diesem Fall die Fläche berechnet werden kann, müssen zuerst die Schnittpunk-te der Wendetangenten mit den Achsen berechnet werden. Den Schnittpunkt S_y mit der y-Achse liefert die Auswertung der Funktionenschar w_k an der Stelle 0.

$$w_k(0) = 100k \cdot (19 - k \cdot 0) \cdot e^{-\frac{9}{5}} = 1900k \cdot e^{-\frac{9}{5}} \implies S_y \left(0 \left| 1900k \cdot e^{-\frac{9}{5}} \right. \right)$$

Für den Schnittpunkt S_x mit der x-Achse führt man eine Nullstellenberechnung für w_k durch.

$$w_k(t) = 0$$

$$100k \cdot (19 - k \cdot t) \cdot e^{-\frac{9}{5}} = 0; \qquad e^{-\frac{9}{5}} \neq 0$$

$$100k \cdot (19 - k \cdot t) = 0$$

$$19 - k \cdot t = 0$$

$$-k \cdot t = -19$$

$$t = \frac{19}{k} \implies S_x\left(\frac{19}{k}\,\middle|\,0\right)$$

Da die Wendetangente eine Gerade ist, schließt sie mit den Achsen ein rechtwinkliges Dreieck ein. Dessen Grundseite g und Höhe h ergeben sich aus den Schnittpunkten mit den Achsen. Sein Flächeninhalt berechnet sich zu

$$A = \frac{1}{2}gh = \frac{1}{2} \cdot \frac{19}{k} \cdot 1900k \cdot e^{-\frac{9}{5}} = 18050 \cdot e^{-\frac{9}{5}} \approx 2983{,}64$$

Es verbleibt zu berechnen, um wie viel Prozent die Näherungslösung $18050 \cdot e^{-\frac{9}{5}}$ von der exakten 3000 abweicht. Die absolute Abweichung beträgt $3000 - 18050 \cdot e^{-\frac{9}{5}}$. Mit dieser absoluten Abweichung berechnet sich die relative zu

$$\frac{3000 - 18050 \cdot e^{-\frac{9}{5}}}{3000} \approx 0{,}0055 = 0{,}55\%$$

Die Abweichung beträgt nur etwas mehr als ein halbes Prozent.

2.1 Da in der Aufgabenstellung beschrieben ist, dass das Rückhaltebecken rotationssymmetrisch ist, kann das Volumen des Beckens als Volumen des Rotationskörpers des Graphen von g um die x-Achse bestimmt werden. Die allgemeine Formel für das Volumen V eines Rotationskörpers lautet $V = \pi \int_a^b (g(x))^2 \, dx$. Der Skizze in Material 2 lässt sich entnehmen, dass die obere Integralgrenze im vorliegenden Fall genau die Tiefe H des Rückhaltebeckens ist.

$$V = \pi \int_0^H (g(x))^2 \, dx$$
$$= \pi \int_0^H \left(\sqrt{60x}\right)^2 dx$$
$$= \pi \int_0^H 60x \, dx$$
$$= \pi \left(\left[30x^2\right]_0^H\right)$$
$$= \pi \left(30H^2 - 0\right)$$
$$= \pi \cdot 30H^2 \qquad \qquad \square$$

Wenn das Fassungsvermögen $3000\,\mathrm{m}^3$ beträgt, muss $\pi \cdot 30H^2 = 3000$ gelten.

$$\pi \cdot 30H^2 = 3000 \implies \pi \cdot H^2 = 100 \implies H = \sqrt{\frac{100}{\pi}} = \frac{10}{\sqrt{\pi}} \approx 5{,}64$$

Der Radius eines rotationssymmetrischen Körpers entspricht dem Funktionswert des Randkurvengraphen an dieser Stelle. Zur Bestimmung des Durchmessers d muss man diesen Wert verdoppeln.

$$d = 2 \cdot g\left(\frac{10}{\sqrt{\pi}}\right) = 2 \cdot \sqrt{60 \cdot \frac{10}{\sqrt{\pi}}} \approx 36{,}80$$

Das Rückhaltebecken hat ungefähr eine Tiefe von $5{,}64\,\mathrm{m}$ und einen Durchmesser von $36{,}8\,\mathrm{m}$.

2.2.1 Je tiefer man im Becken kommt, umso geringer wird der Radius des Beckens. Konkret bedeutet dies, dass die obere Hälfte des Beckens, wenn dieses vollständig gefüllt ist, mehr Wasser beinhaltet als die untere. Wenn nach 50 Stunden die Hälfte des Wassers abgelaufen ist, hat der Wasserstand somit noch nicht die halbe Höhe des Beckens erreicht, da sich in der oberen Hälfte mehr als das halbe Volumen befindet. Der Wasserstand liegt somit **über** der halben Höhe über dem Beckenboden.

2.2.2 Da der Abfluss mit einer konstanten Rate stattfindet, muss es sich bei der zugehörigen Funktion um eine lineare der Form $V(t) = m \cdot t + b$ handeln. Der y-Achsenabschnitt b muss 3000 sein, da zu Beginn des Abflusses ($t = 0$) das Becken vollständig mit $3000\,\mathrm{m}^3$ Wasser gefüllt ist.

Da es 100 Stunden dauert, bis das Becken leer ist, müssen in jeder Stunde $30\,\mathrm{m}^3$ abfließen, damit es in der Summe $3000\,\mathrm{m}^3$ sind. Weil es sich bei einem Abfluss um eine negative Änderung der Wassermenge handelt, besitzt die Steigung m der Funktion V den Wert -30.

Das Restvolumen des Beckens wird insgesamt, wie angegeben, durch die Funktion

$$V(t) = -30t + 3000$$

beschrieben.

2.2.3 Zur Bearbeitung der Aufgabe muss man sich klarmachen, dass die Formel in Aufgabe 2.1 nicht nur für die Tiefe H (maximale Höhe des Wasserstandes) des Beckens gilt, sondern für jede Höhe h des Wasserstandes. Dies lässt sich damit begründen, dass für eine beliebige Höhe h die Herleitung der Formel in Aufgabenteil 2.1 analog verlaufen würde; es gilt $V = \pi \cdot 30h^2$.

Diese Formel kann man nach h auflösen.

$$V = \pi \cdot 30h^2 \implies \frac{V}{30\pi} = h^2 \implies h = \sqrt{\frac{V}{30\pi}}$$

Aufgabe 2.2.2 stellt eine Funktion zur Verfügung, die das Volumen der Regenwassermenge in Abhängigkeit der Zeit bestimmt. Setzt man diese in die obige Formel für h ein, erhält man eine Funktion, die h in Abhängigkeit der Zeit angibt.

$$\begin{aligned}
h(t) &= \sqrt{\frac{V(t)}{30\pi}} \\
&= \sqrt{\frac{-30t + 3000}{30\pi}} \\
&= \sqrt{\frac{30(-t + 100)}{30\pi}} \\
&= \sqrt{\frac{1}{\pi}(100 - t)}
\end{aligned}$$

Abitur 2020 – Aufgabe B2 (WTR)

1.1 Es ist egal, welche Werte der Term $a \cdot t - 0.3 \cdot t^2$ liefert, da dieser als Exponent für die Exponentialfunktion verwendet wird und diese grundsätzlich nur positive Funktionswerte besitzt. Es kann somit keine Nullstelle bei irgendeiner der Funktionen der Schar geben.

1.2 Die abzuleitende Funktionenschar $f_a(t) = e^{a \cdot t - 0.3 \cdot t^2}$ ist eine Verkettung der Funktionenschar $g_a(t) = a \cdot t - 0.3 \cdot t^2$ mit der Funktion $h(t) = e^t$. Aus diesem Grund benötigt man die Kettenregel zur Bestimmung der 1. Ableitung.

$$f_a{'}(t) = h'(g_a(t)) \cdot g_a{'}(t) = e^{a \cdot t - 0.3 \cdot t^2} \cdot (a - 0.6 \cdot t)$$

Durch die Kettenregel ist in der 1. Ableitung ein Produkt entstanden, wobei der erste Faktor $h'(g_a(t))$ der ursprünglichen Funktionenschar $f_a(t)$ entspricht. Zur Bildung der 2. Ableitung benötigt man deshalb nun Produkt- und Kettenregel.

$$
\begin{aligned}
f_a{''}(t) &= f_a{'}(t) \cdot g_a{'}(t) + f_a(t) \cdot g_a{''}(t) \\
&= e^{a \cdot t - 0.3 \cdot t^2} \cdot (a - 0.6 \cdot t) \cdot (a - 0.6 \cdot t) + e^{a \cdot t - 0.3 \cdot t^2} \cdot (-0.6) \\
&= e^{a \cdot t - 0.3 \cdot t^2} \cdot (a - 0.6 \cdot t)^2 + e^{a \cdot t - 0.3 \cdot t^2} \cdot (-0.6) \\
&= e^{a \cdot t - 0.3 \cdot t^2} \cdot \left((a - 0.6 \cdot t)^2 - 0.6\right) \\
&= e^{a \cdot t - 0.3 \cdot t^2} \cdot \left(a^2 - 1.2 \cdot a \cdot t + 0.36 \cdot t^2 - 0.6\right)
\end{aligned}
$$

1.3 Da es sich bei Hochpunkten um Punkte mit dem Steigungswert 0 handelt, muss überprüft werden, dass es sich bei der t-Koordinate $\frac{5}{3}a$ des Punktes HP um eine Nullstelle der 1. Ableitung handelt. Aufgrund des Operators „Bestätigen" kann dies durch Einsetzen des Wertes in die Ableitung geschehen.

$$f_a{'}\left(\frac{5}{3}a\right) = e^{a \cdot \frac{5}{3}a - 0.3 \cdot \left(\frac{5}{3}a\right)^2} \cdot \left(a - 0.6 \cdot \frac{5}{3}a\right) = e^{\frac{5}{3}a^2 - \frac{5}{6}a^2} \cdot (a - a) = e^{\frac{5}{6}a^2} \cdot 0 = 0$$

Als hinreichende Bedingung für das Vorliegen eines Hochpunktes muss gesichert werden, dass die 2. Ableitung an der Stelle des Punktes HP einen negativen Wert annimmt. Auch dies kann wieder durch Einsetzen überprüft werden.

$$
\begin{aligned}
f_a{''}\left(\frac{5}{3}a\right) &= e^{a \cdot \frac{5}{3}a - 0.3 \cdot \left(\frac{5}{3}a\right)^2} \cdot \left(a^2 - 1.2a \cdot \frac{5}{3}a + 0.36 \cdot \left(\frac{5}{3}a\right)^2 - 0.6\right) \\
&= e^{\frac{5}{3}a^2 - \frac{5}{6}a^2} \cdot \left(a^2 - 2a^2 + a^2 - 0.6\right) \\
&= e^{\frac{5}{6}a^2} \cdot (-0.6) < 0
\end{aligned}
$$

Der abschließende Term ist kleiner als 0, da der Exponentialterm immer größer 0 ist und dieser mit $-0{,}6$ multipliziert wird.

Durch das Auflösen (I) der t-Koordinate der Hochpunkte nach a und Einsetzen (II) des entstehenden Terms in die y-Koordinate erhält man die Ortskurve der Hochpunkte.

(I) $t = \frac{5}{3}a \implies a = \frac{3}{5}t$

(II) $y = e^{\frac{5}{6}a^2} = e^{\frac{5}{6}\cdot\left(\frac{3}{5}t\right)^2} = e^{\frac{5}{6}\cdot\frac{9}{25}t^2} = e^{\frac{3}{10}t^2}$

Die Funktionsgleichung der Ortskurve lautet $o(t) = e^{\frac{3}{10}t^2}$.

1.4   In Zeile (1) wird die Funktion an einer beliebigen Stelle rechts ($h > 0$) der Stelle $\frac{5}{3}a$ ausgewertet. Analog wird in Zeile (2) an einer beliebigen Stelle links davon ausgewertet. Zeile (3) besagt nun, dass die Funktionen der Funktionenschar bei gleichem Abstand links und rechts (gleicher Wert für h) der Stelle $\frac{5}{3}a$ denselben Funktionswert liefern.

Geometrisch bedeutet dies für die Graphen der Funktionen, dass sie alle achsensymmetrisch zu einer Parallelen zur y-Achse durch den jeweiligen Hochpunkt der Funktionen sind. Die Gleichung dieser Parallelen lautet $x = \frac{5}{3}a$.

2.1   In Aufgabenteil 1.3 wurde für ein beliebiges a der zugehörige Hochpunkt $HP\left(\frac{5}{3}a\middle|e^{\frac{5}{6}a^2}\right)$ der Funktion f_a vorgegeben. Für a muss nun der konkrete Wert $2{,}7$ eingesetzt werden. Für die t-Koordinate ergibt sich

$$t = \frac{5}{3}\cdot 2{,}7 = 5\cdot 0{,}9 = 4{,}5$$

Nach viereinhalb Tagen liegt der höchste Bakterienbestand vor.

Den konkreten Bestand liefert die y-Koordinate des Hochpunktes:

$$e^{\frac{5}{6}\cdot 2{,}7^2} = e^{6{,}075} \approx 434{,}85$$

Der Höchststand an Bakterien beträgt ca. 434850.

Dem Hochpunkt $(4{,}5|434{,}85)$ kann man entnehmen, dass im Koordinatensystem in Material 1 eine Markierung in t-Richtung 1 und eine Markierung in y-Richtung 100 entsprechen muss.

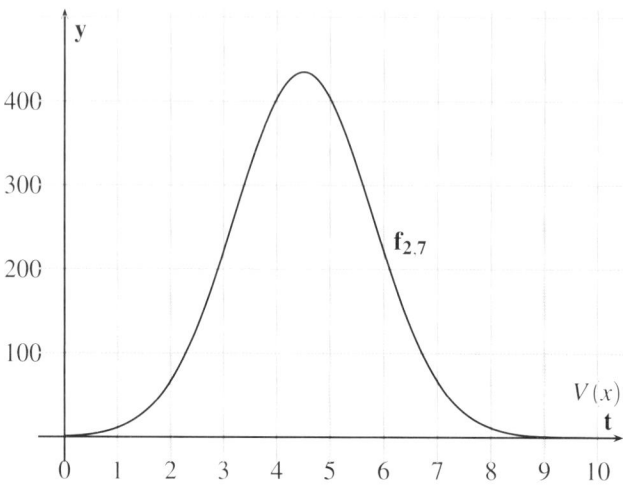

2.2 Da $f_{2.7}$ die Anzahl der Bakterien in Tausend angibt, entspricht 1 Bakterium einem Funktionswert von $\frac{1}{1000} = 0{,}001$. Wenn man von den typischen Rundungsregeln ausgeht, würde ab einem Wert von 0,5 noch auf 1 aufgerundet, weshalb der Funktionswert die Hälfte von 0,001 erreichen müsste, um davon ausgehen zu können, dass kein Bakterium mehr vorhanden ist.

$$f_{2.7}(t) = 0{,}0005$$

$$e^{2{,}7 \cdot t - 0{,}3 \cdot t^2} = 0{,}0005$$

$$2{,}7 \cdot t - 0{,}3 \cdot t^2 = \ln 0{,}0005$$

$$-0{,}3 \cdot t^2 + 2{,}7 \cdot t - \ln 0{,}0005 = 0$$

$$t^2 - 9t + \frac{10}{3} \cdot \ln 0{,}0005 = 0$$

$$t_{1/2} = \frac{9}{2} \pm \sqrt{\frac{81}{4} - \frac{10}{3} \cdot \ln 0{,}0005}$$

Für die Beantwortung der Frage ist die größere der beiden Lösungen, die sich rechts des Hochpunktes befindet, relevant.

$$t_1 = \frac{9}{2} + \sqrt{\frac{81}{4} - \frac{10}{3} \cdot \ln 0{,}0005} \approx 11{,}25$$

Man kann davon ausgehen, dass nach 11 Tagen und ca. 6 Stunden keine Bakterien mehr vorhanden sind.

2.3 Auch wenn am Beginn und am Ende des Intervalls nur eine betragsmäßig kleine Steigung vorliegt, ist der Graph von $F_{2.7}$ im gesamten betrachteten Bereich streng monoton steigend. Dies muss so sein, da die Funktion $f_{2.7}$, die die Ableitung von $F_{2.7}$ ist, nur positive Werte besitzt, da es keine negative Anzahl an Bakterien gibt. $F_{2.7}$ muss somit überall eine positive

Steigung aufweisen.

Der Hochpunkt in $f_{2.7}$, also der Ableitung von $F_{2.7}$, muss der Stelle mit der stärksten Steigung in $F_{2.7}$ entsprechen. Bei der Stelle mit der stärksten Steigung handelt es sich um die Wendestelle der Funktion $F_{2.7}$.

2.4 Die Punkte $(1|f_{2.7}(1))$ und $(2|f_{2.7}(2))$ müssen durch eine Strecke verbunden werden und mit senkrechten Strecken und der t-Achse zu einem Trapez ergänzt werden.

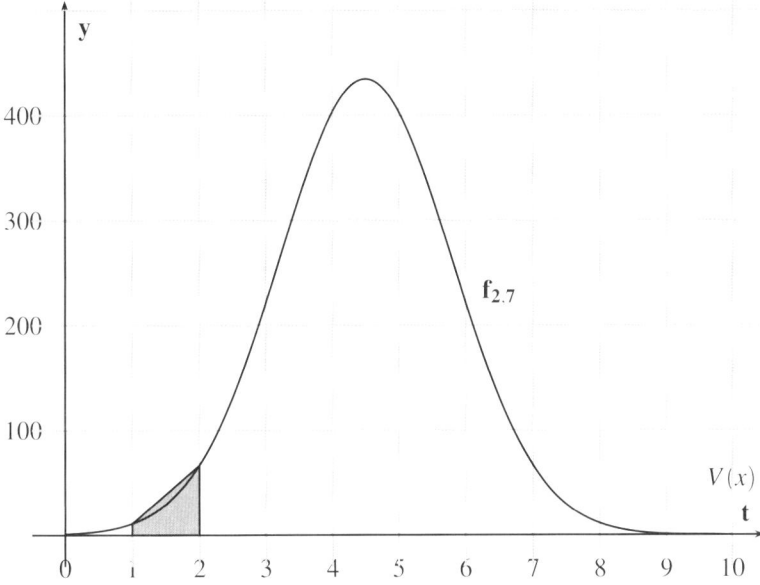

Der Mittelwert der Bakterienanzahl über den zweiten Tag des Beobachtungszeitraums soll durch den Flächeninhalt A des eingezeichneten Trapezes genähert werden.

$$\begin{aligned} A &= \frac{1}{2}\,(g_1 + g_2)\cdot h \\ &= \frac{1}{2}\,(f_{2.7}(1) + f_{2.7}(2))\cdot (2-1) \\ &\approx \frac{1}{2}\,(11{,}02 + 66{,}69)\cdot 1 \\ &= 38{,}855 \approx 38{,}9 \end{aligned}$$

Die mittlere Anzahl an Bakterien am zweiten Tag des Beobachtungszeitraum beträgt näherungsweise 38900 Bakterien. Da durch das Trapezverfahren ohnehin eine Näherung stattfindet, stellt die Rundung auf 100 für die Anzahl der Baktieren keine Ungenauigkeit dar.

frv.tv/ce

2.5 In der Aufgabe muss das bestimmte Integral $\int_1^2 f_{2,7}\,\mathrm{d}t$ mit Hilfe der Integraltaste in den Taschenrechner eingegeben werden.

$$\int_1^2 e^{2,7\cdot t - 0,3\cdot t^2}\,\mathrm{d}t \approx 32{,}437$$

Die mittlere Bakterienanzahl am zweiten Tag des Beobachtungszeitraum beträgt ca. 32437 Bakterien.

2.6 Dem Bild in Material 3 lässt sich entnehmen, dass die Trapezfläche bei einem rechtsgekrümmten Graphenabschnitt kleiner als die Fläche unter dem Graphen ist. Bei einem linksgekrümmten ist sie hingegen größer, wie bspw. der Trapezfläche in der Lösung zu Aufgabenteil 2.4 zu entnehmen ist. Der Flächeninhalt des Trapezes kann somit nur in einem Intervall, das in Teilen links- und rechtsgekrümmt ist, mit dem tatsächlichen Flächeninhalt unter der Kurve übereinstimmen. Ein solches Intervall muss um eine Wendestelle herum liegen, da sich an einer solchen Stelle das Krümmungsverhalten des Graphen ändert. Der Graph von $f_{2,7}$ besitzt genau zwei Wendestellen, um die solche Intervalle gelegt werden können.

Es verbleibt zu begründen, weshalb als Intervallbreite 1 gewählt werden kann. Hierfür nimmt man eine feste Intervallbreite 1 an und bewegt Intervalle solcher Breite über eine Wendestelle von einem linksgekrümmten Bereich in einen rechtsgekrümmten. Befindet sich das Intervall vollständig im linksgekrümmten Bereich ist die Differenz der Trapezfläche zur tatsächlichen positiv. Wandert nun das Intervall über die Wendestelle, wird dieser positive Wert stetig kleiner. Da außerdem der Betrag des negativen Werts im rechtsgekrümmten von 0 aus stetig größer wird, muss es ein Intervall geben, an dem sich die beiden Werte aufheben. In diesem Intervall entspricht der Inhalt der Trapezfläche dem exakten Wert für das Integral und somit auch dem Mittelwert m.

3.1 Der Definitionsbereich einer Wurzelfunktion wird dadurch beschränkt, dass das Argument der Wurzel nicht negativ sein darf. Zur Bestimmung des Definitionsbereiches muss somit die (Un)-Gleichung $1 - x^2 \geq 0$ gelöst werden.

$$1 - x^2 \geq 0 \implies 1 \geq x^2 \implies 1 \geq |x|$$

Die Zahlen x, deren Betrag kleinergleich 1 ist, entsprechen genau dem in der Aufgabe vorgegebenen Intervall $[-1;1]$.

3.2 Da es sich bei der Tablette um einen rotationssymmetrischen Körper handelt, entspricht deren Volumen dem Volumen des Rotationskörpers, der entsteht, wenn der Graph der Funktion $h(x)$ um die x-Achse rotiert wird. Die allgemeine Formel für das Volumen V eines solchen Rotationskörpers lautet $V = \pi \cdot \int_a^b h(x)^2\,\mathrm{d}x$. In dem vorliegenden Fall ergeben sich die Integrationsgrenzen durch den in Aufgabe 3.1 bestimmten Definitionsbereich.

$$V = \pi \cdot \int_{-1}^{1} \left(0{,}5 \cdot \sqrt{1 - x^2}\right)^2 \mathrm{d}x$$

$$= \pi \cdot \int_{-1}^{1} 0{,}25 \cdot \left(1 - x^2\right) \mathrm{d}x$$

$$= 0{,}25\pi \cdot \int_{-1}^{1} 1 - x^2 \mathrm{d}x$$

$$= 0{,}25\pi \cdot \left(\left[x - \frac{1}{3}x^3\right]_{-1}^{1}\right)$$

$$= 0{,}25\pi \cdot \left(\frac{2}{3} - \left(-\frac{2}{3}\right)\right)$$

$$= \frac{1}{4}\pi \cdot \frac{4}{3}$$

$$= \frac{1}{3}\pi \approx 1{,}047$$

Das Volumen der Tablette beträgt ca. $1{,}047\,\mathrm{cm}^3$. Da in einem hundertstel Kubikzentimeter der Tablette $2\,\mathrm{mg}$ des Antibiotikums vorhanden sind, sind es in einer vollständigen Tablette $2 \cdot 100\,\frac{\mathrm{mg}}{\mathrm{cm}^3} \cdot 1{,}047\,\mathrm{cm}^3 \approx 209\,\mathrm{mg}$.

Abitur 2020 – Aufgabe C1 (WTR/GTR/CAS)

1.1 Zur Darstellung einer Ebene in Parameterform benötigt man einen Stützvektor, der vom Ursprung zu einem Punkt auf der Ebene führt, sowie zwei Richtungsvektoren, die zwei verschiedene Richtungen innerhalb der Ebene auszeichnen. Als Stützvektor kann im vorliegenden Fall bspw. der Vektor $\overrightarrow{OP}$ gewählt werden, für die Richtungsvektoren die Verbindungsvektoren der Punkte P und Q bzw. P und R.

$$E : \vec{x} = \overrightarrow{OP} + r \cdot \overrightarrow{PQ} + s \cdot \overrightarrow{PR} = \begin{pmatrix} 13 \\ 11 \\ 6 \end{pmatrix} + r \cdot \begin{pmatrix} -2 \\ 2 \\ 0 \end{pmatrix} + s \cdot \begin{pmatrix} -3 \\ -1 \\ -1 \end{pmatrix} ; \ r, s \in \mathbb{R}$$

frv.tv/ru

Die Koeffizienten in der <u>Koordinatenform</u> entsprechen den Komponenten eines Normalenvektors der Ebene. Da das Vektorprodukt der beiden Richtungsvektoren einen Vektor liefert, der senkrecht auf diesen beiden steht, erhält man auf diesem Weg einen möglichen Normalenvektor $\vec{n}$.

$$\vec{n} = \overrightarrow{PQ} \times \overrightarrow{PR} = \begin{pmatrix} -2 \\ 2 \\ 0 \end{pmatrix} \times \begin{pmatrix} -3 \\ -1 \\ -1 \end{pmatrix} = \begin{pmatrix} 2 \cdot (-1) - 0 \cdot (-1) \\ 0 \cdot (-3) - (-2) \cdot (-1) \\ (-2) \cdot (-1) - 2 \cdot (-3) \end{pmatrix} = \begin{pmatrix} -2 \\ -2 \\ 8 \end{pmatrix}$$

Die Koordinatengleichung besitzt bis zu dieser Stelle die Form $E : -2x - 2y + 8z = d$. Um den Wert für d zu bestimmen, kann man einen beliebigen Punkt der Ebene in die Gleichung einsetzen. Einsetzen der Koordinaten von R führt zu

$$-2 \cdot 10 - 2 \cdot 10 + 8 \cdot 5 = -40 + 40 = 0$$

Es ergibt sich die Koordinatengleichung $E : -2x - 2y + 8z = 0$

Der Ursprung hat die Koordinaten $(0|0|0)$. Setzt man diese in die linke Seite einer beliebigen Koordinatenform ein, ergibt sich als Ergebnis immer 0. Koordinatengleichungen, deren rechte Seite (wie im vorliegenden Fall) 0 ist, beinhalten somit immer den Koordinatenursprung.

1.2 Da der Spiegel in der Ebene E liegt und die Deckenfläche horizontal (also parallel zur x-y-Ebene) im Raum liegt, kann zur Lösung der Aufgabe der Winkel zwischen der Ebene E und der x-y-Ebene bestimmt werden. Zur konkreten Berechnung benötigt man Normalenvektoren der beiden Ebenen, da diese zueinander denselben Winkel einschließen wie die Ebenen.

Einen Normalenvektor $\vec{n}$ der Ebene E kennt man aus Aufgabe 1.1 und ein Normalenvektor

$\overrightarrow{n_{xy}}$ der x-y-Ebene zeigt in Richtung der z-Achse; also bspw. $\begin{pmatrix} 0 \\ 0 \\ 1 \end{pmatrix}$.

$$\cos(\alpha) = \frac{\vec{n} \cdot \overrightarrow{n_{xy}}}{|\vec{n}| \cdot |\overrightarrow{n_{xy}}|}$$

$$= \frac{\begin{pmatrix} -2 \\ -2 \\ 8 \end{pmatrix} \cdot \begin{pmatrix} 0 \\ 0 \\ 1 \end{pmatrix}}{\left| \begin{pmatrix} -2 \\ -2 \\ 8 \end{pmatrix} \right| \cdot \left| \begin{pmatrix} 0 \\ 0 \\ 1 \end{pmatrix} \right|}$$

$$= \frac{(-2) \cdot 0 + (-2) \cdot 0 + 8 \cdot 1}{\sqrt{(-2)^2 + (-2)^2 + 8^2} \cdot \sqrt{0^2 + 0^2 + 1^2}}$$

$$= \frac{8}{\sqrt{72}}$$

$$\alpha = \arccos \frac{8}{\sqrt{72}} \approx 19{,}47°$$

Der Winkel, um den der Spiegel gegenüber der Decke geneigt ist, beträgt ca. 19,47°.

Hinweis: Sie können den Winkel zwischen den beiden Normalenvektoren auch mit der entsprechenden Funktionalität des Taschenrechners bestimmen.

2.1 Da eine Kugel in allen Raumrichtungen gleich weit von ihrem Mittelpunkt entfernt ist, ist der nächstgelegene Punkt der Ebene E zur Diskokugel gleichzeitig der nächstgelegene zu deren Mittelpunkt M. Zur Bestimmung dieses Punktes kann man durch den Punkt M eine Gerade g_{Lot} senkrecht zur Ebene E erstellen. Deren Schnittpunkt mit der Ebene E (der Lotfußpunkt L) ist der gesuchte nächstgelegene Punkt.

$$g_{\text{Lot}} : \vec{x} = \overrightarrow{OM} + r \cdot \frac{1}{2} \vec{n} = \begin{pmatrix} 17 \\ 17 \\ 4 \end{pmatrix} + r \cdot \begin{pmatrix} -1 \\ -1 \\ 4 \end{pmatrix} ; r \in \mathbb{R}$$

Als Richtungsvektor der Geraden wurde die Hälfte des Normalenvektors $\vec{n}$ aus Aufgabenteil 1.1 gewählt, da dessen Koordinaten betragsmäßig kleiner, aber immer noch ganzzahlig sind.

Zur Bestimmung des Schnittpunktes mit der Ebene E werden die Komponenten der Gerade in die entsprechenden Variablen der Koordinatenform der Ebene eingesetzt. Für die Rechnung wird das Kontrollergebnis aus der Aufgabe 1.1 verwendet.

$$-(17 - r) - (17 - r) + 4(4 + 4r) = 0$$
$$-17 + r - 17 + r + 16 + 16r = 0$$
$$18r - 18 = 0$$
$$18r = 18$$
$$r = 1$$

Setzt man den berechneten Parameter $r = 1$ in die Geradengleichung von g_{Lot} ein, erhält man den Ortsvektor des gesuchten Punktes L.

$$\overrightarrow{OL} = \begin{pmatrix} 17 \\ 17 \\ 4 \end{pmatrix} + 1 \cdot \begin{pmatrix} -1 \\ -1 \\ 4 \end{pmatrix} = \begin{pmatrix} 16 \\ 16 \\ 8 \end{pmatrix} \implies L(16|16|8)$$

Da der Innenraum der Diskothek 6 m hoch ist, aber der Punkt L eine z-Koordinate mit dem Wert 8 besitzt, kann der Punkt L nicht auf dem Spiegel liegen, der sich vollständig im Innenraum der Diskothek befindet.

Ein alternativer Lösungsweg besteht darin, die Lotgerade g_{Lot} mit der Parameterform der Ebene E aus Aufgabenteil 1.1 gleichzusetzen.

$$\begin{pmatrix} 17 \\ 17 \\ 4 \end{pmatrix} + r \cdot \begin{pmatrix} -1 \\ -1 \\ 4 \end{pmatrix} = \begin{pmatrix} 13 \\ 11 \\ 6 \end{pmatrix} + s \cdot \begin{pmatrix} -2 \\ 2 \\ 0 \end{pmatrix} + t \cdot \begin{pmatrix} -3 \\ -1 \\ -1 \end{pmatrix}$$

Das hierdurch entstehende Gleichungssystem darf wegen des Operators „Bestimmen" mit dem Taschenrechner gelöst, womit dieser Lösungsweg kaum aufwändiger ist, als der zuerst vorgestellte.

$$\left. \begin{aligned} -r + 2s + 3t &= -4 \\ -r - 2s + t &= -6 \\ 4r \quad\quad + t &= 2 \end{aligned} \right\} \xRightarrow{TR} r = 1, s = 1{,}5, t = -2$$

Mittels des Parameters $r = 1$ ermittelt man den Punkt L analog zum ersten Lösungsweg. Allerdings kann man bei diesem zweiten Weg auch ohne die konkreten Koordinaten des Punktes L begründen, dass er nicht auf dem Spiegel liegt. Da die Richtungsvektoren von E das Spiegeldreieck aufspannen, müssten die Parameter s und t Werte im Intervall $[0; 0{,}5]$ annehmen, damit L im Dreieck liegen würde. Es liegen aber sowohl $s = 1{,}5$ als auch $t = -2$ außerhalb dieses Intervalls, weshalb die benötigte Bedingung verletzt ist.

2.2 Aus denselben Symmetriegründen wie in der vorigen Aufgabe 2.1 kann man zur Lösung
der Aufgabe den Punkt F auf der Geraden g_{Kante} durch P und Q mit dem kürzesten Abstand
zum Mittelpunkt M der Diskokugel bestimmen.

$$g_{\text{Kante}} : \vec{x} = \overrightarrow{OP} + s \cdot \overrightarrow{PQ} = \begin{pmatrix} 13 \\ 11 \\ 6 \end{pmatrix} + s \cdot \begin{pmatrix} -2 \\ 2 \\ 0 \end{pmatrix}$$

Von allen Vektoren, die von M auf die Gerade g_{Kante} führen, ist der Vektor $\overrightarrow{MF}$ derjeni-
ge, der senkrecht auf der Geraden steht, da hierdurch der kürzeste Abstand entsteht. Ein
beliebiger Vektor von M zu Geraden g_{Kante} lautet:

$$\overrightarrow{OP} + s \cdot \overrightarrow{PQ} - \overrightarrow{OM} = \begin{pmatrix} 13 \\ 11 \\ 6 \end{pmatrix} + s \cdot \begin{pmatrix} -2 \\ 2 \\ 0 \end{pmatrix} - \begin{pmatrix} 17 \\ 17 \\ 4 \end{pmatrix} = \begin{pmatrix} -4 - 2s \\ -6 + 2s \\ 2 \end{pmatrix}$$

Nun muss der Parameter s so bestimmt werden, dass die Orthogonalitätsbedingung erfüllt
ist; das Skalarprodukt mit dem Richtungsvektor der Geraden g_{Kante} muss also 0 sein.

$$\begin{pmatrix} -2 \\ 2 \\ 0 \end{pmatrix} \cdot \begin{pmatrix} -4 - 2s \\ -6 + 2s \\ 2 \end{pmatrix} = 0$$

$$-2 \cdot (-4 - 2s) + 2 \cdot (-6 + 2s) + 0 \cdot 2 = 0$$

$$8 + 4s - 12 + 4s = 0$$

$$8s - 4 = 0$$

$$8s = 4$$

$$s = \frac{1}{2}$$

Bevor man den zum Mittelpunkt M nächstgelegenen Punkt F auf der Geraden g_{Kante} durch
Einsetzen von s ermittelt, kann man bereits am Wert von s feststellen, dass sich dieser
Punkt wirklich auf der Kante zwischen P und Q befindet. Da der Richtungsvektor der
Geraden von P nach Q weist und der berechnete Parameter zwischen 0 und 1 liegt, muss
auch der zugehörige Punkt F zwischen P und Q liegen.

$$\overrightarrow{OF} = \begin{pmatrix} 13 \\ 11 \\ 6 \end{pmatrix} + \frac{1}{2} \cdot \begin{pmatrix} -2 \\ 2 \\ 0 \end{pmatrix} = \begin{pmatrix} 12 \\ 12 \\ 6 \end{pmatrix} \implies F(12|12|6)$$

Bei der abschließenden Abstandsbestimmung muss beachtet werden, dass man nicht den

Abstand von F zu M bestimmt, sondern den von F zur Diskokugel. Da die Kugel einen Durchmesser von einem halben Meter hat, muss vom Abstand von F zu M noch 0,25 m abgezogen werden.

$$d = \left| \overrightarrow{FM} \right| - 0{,}25 = \left| \begin{pmatrix} 5 \\ 5 \\ -2 \end{pmatrix} \right| - 0{,}25 = \sqrt{5^2 + 5^2 + (-2)^2} - 0{,}25 = \sqrt{54} - 0{,}25 \approx 7{,}10$$

Der kürzeste Abstand von der Diskokugel zum Spiegel beträgt ca. 7,1 m.

3.1 Ein Fixpunkt P einer Abbildung bleibt bei Anwendung einer Abbildung fest. Dies bedeutet im vorliegenden Fall, dass der Ortsvektor $\overrightarrow{OP} = \begin{pmatrix} x \\ y \\ z \end{pmatrix}$ eines Fixpunktes durch die Matrix S auf sich selbst abgebildet wird, also $S \cdot \overrightarrow{OP} = \overrightarrow{OP}$.

$$\frac{1}{9} \cdot \begin{pmatrix} 8 & -1 & 4 \\ -1 & 8 & 4 \\ 4 & 4 & -7 \end{pmatrix} \cdot \begin{pmatrix} x \\ y \\ z \end{pmatrix} = \begin{pmatrix} x \\ y \\ z \end{pmatrix}$$

Es verbleibt das entstehende Gleichungssystem zu lösen.

$$\begin{vmatrix} \frac{1}{9}(8x - 1y + 4z) = x \\ \frac{1}{9}(-x + 8y + 4z) = y \\ \frac{1}{9}(4x + 4y - 7z) = z \end{vmatrix} \implies \begin{vmatrix} 8x - 1y + 4z = 9x \\ -x + 8y + 4z = 9y \\ 4x + 4y - 7z = 9z \end{vmatrix} \implies \begin{vmatrix} -x - y + 4z = 0 \\ -x - y + 4z = 0 \\ 4x + 4y - 16z = 0 \end{vmatrix}$$

Betrachtet man sich die letzte Darstellung des Gleichungssystems, stellt man fest, dass hier bis auf Multiplikation mit einem konstanten Faktor drei Mal dieselbe Gleichung steht. Das Gleichungssystem ist somit unterbestimmt und als Lösung lässt sich eine der drei Gleichungen wählen. Die Gleichung $-x - y + 4z = 0$ entspricht genau der Koordinatenform der Ebene E aus Aufgabe 1.1. Alle Punkte der Ebene E bilden somit die Fixpunktmenge der Abbildung S.

3.2 Die vorgegebene Gleichung bedeutet, dass das zweimalige Anwenden der linearen Abbildung der Identität entspricht. Lineare Abbildungen, die diese Bedingung erfüllen, sind die Identität sowie Spiegelungen am Ursprung, an Ursprungsgeraden und Ebenen, die den Ursprung beinhalten. Aus der Aufgabe 3.1 weiß man, dass genau die Punkte der E aus Aufgabe 1.1 durch die Abbildung nicht verändert werden. Von den möglichen Abbildungen trifft dies nur auf die Spiegelung an der entsprechenden Ebene E zu.

4.1 Betrachtet man sich die Eckpunkte A bis D des Bildes, ist zu erkennen, dass es sich bei der Projektionsebene um die x-z-Ebene mit der Koordinatengleichung $y = 0$ handelt. Die Einheits- und Basisvektoren $\vec{e_x}$ und $\vec{e_z}$ werden somit auf sich selbst abgebildet und bilden die erste und dritte Spalte der Abbildungsmatrix W. Zur Angabe der vollständigen Matrix fehlt noch das Bild des zweiten Einheitsvektors.

Zur Bestimmung des Bildes des zweiten Einheitsvektors berechnet man den Schnittpunkt der Geraden $\vec{x} = \begin{pmatrix} 0 \\ 1 \\ 0 \end{pmatrix} + r \cdot \begin{pmatrix} 3 \\ -2 \\ -4 \end{pmatrix}$ mit der Wandebene $y = 0$. Als Stützvektor für die Gerade muss der zweite Einheitsvektor gewählt werden, da das Bild des zugehörigen Raumpunktes bei der Projektion auf die Wandebene gesucht ist.

$$1 - 2r = 0 \implies r = \frac{1}{2} \implies \overrightarrow{OP_y} = \begin{pmatrix} 0 \\ 1 \\ 0 \end{pmatrix} + \frac{1}{2} \cdot \begin{pmatrix} 3 \\ -2 \\ -4 \end{pmatrix} = \begin{pmatrix} 1{,}5 \\ 0 \\ -2 \end{pmatrix}$$

Die vollständige Abbildungsmatrix ist $W = \begin{pmatrix} 1 & 1{,}5 & 0 \\ 0 & 0 & 0 \\ 0 & -2 & 1 \end{pmatrix}$.

Anmerkung: Da die Abbildungsmatrix eine Nullzeile enthält, kann sie keine Inverse besitzen, was bei Projektionen grundsätzlich der Fall ist.

4.2 Zuerst ermittelt man mithilfe der Abbildungsmatrix W den Bildpunkt L' des Punktes L(4|2|6).

$$\overrightarrow{OL'} = W \cdot \overrightarrow{OL} = \begin{pmatrix} 1 & 1{,}5 & 0 \\ 0 & 0 & 0 \\ 0 & -2 & 1 \end{pmatrix} \cdot \begin{pmatrix} 4 \\ 2 \\ 6 \end{pmatrix} = \begin{pmatrix} 7 \\ 0 \\ 2 \end{pmatrix}$$

Die x-Koordinate 7 des Punktes L' ist kleiner als die kleinste x-Koordinate des Bildes an der Wand; diese hat den Wert 8. Der Laserstrahl fällt dementsprechend nicht auf das Bild.

Hinweis: Konnte man in der Aufgabe 4.1 keine Abbildungsmatrix erstellen, muss man eine Gerade durch L in Richtung von $\vec{v}$ mit der Wandebene $y = 0$ schneiden.

4.3 Durch das gegebene Gleichungssystem werden die Ortsvektoren $\vec{x}$ aller Punkte gesucht, die durch die Projektionsmatrix W auf den Ursprung projiziert werden. Alle diese Punkte liegen auf einer Ursprungsgeraden h, die in Richtung der Projektion, also des Vektors $\vec{v}$, verläuft.

$$h : \vec{x} = \begin{pmatrix} 0 \\ 0 \\ 0 \end{pmatrix} + s \cdot \begin{pmatrix} 3 \\ -2 \\ -4 \end{pmatrix} = s \cdot \begin{pmatrix} 3 \\ -2 \\ -4 \end{pmatrix}$$

5.1 In der Aufgabe wird nach den Anteilen der bisherigen Cocktails an dem neuen gefragt. Diese Anteile können als Bedeutung für die Variablen x_i des Gleichungssystems verwendet werden. Beispielsweise ist x_1 der Anteil des Cocktails 1 an dem neu zu kreierenden. Mit diesen Benennungen lassen sich zwei Gleichungen aus der Aufgabenstellung entnehmen:

$$0,1x_1 + 0,3x_2 + 0,4x_3 = 0,25$$
$$x_1 + \quad x_2 + \quad x_3 = 1$$

Die erste Gleichung gibt wieder, dass der Ananassaftanteil des neuen Cocktails 25% beträgt; die zweite Gleichung, dass der neue Cocktail zu 100% aus den ursprünglichen drei Cocktails besteht.

5.2 Der x_3-Komponente der Lösungen lässt sich direkt entnehmen, dass s nicht negativ werden darf, da sonst durch $0 + s$ ein negativer Wert entstünde. Da nur in der y-Komponente s mit einem negativen Wert multipliziert wird, muss diese Komponente für die obere Schranke von s verantwortlich sein.

$$0,75 - 1,5s \geq 0 \implies s \leq 0,5$$

Die untere Schranke 0 und die obere Schranke 0,5 führen auf das Intervall $[0;0,5]$, aus dem s gewählt werden darf.

5.3 Um die Kosten K des neuen Cocktails in Abhängigkeit von s zu erhalten, muss man die jeweilige Komponente x_i der Lösung mit ihrem zugehörigen Preis (Kosten für Cocktail i) multiplizieren und alle diese Werte aufsummieren. Durch dieses Vorgehen entsteht die Funktion

$$\begin{aligned} K(s) &= (0,25 + 0,5s) \cdot 3 + (0,75 - 1,5s) \cdot 5 + s \cdot 4 \\ &= 0,75 + 1,5s + 3,75 - 7,5s + 4s \\ &= -2s + 4,5 \end{aligned}$$

Dem Funktionsterm $-2s + 4,5$ kann man entnehmen, dass es sich bei K um eine monoton fallende lineare Funktion handelt. Das gesuchte Minimum wird deshalb am oberen Rand des Intervalls für s, dem Wert 0,5, angenommen.

Die Kosten für den neuen Cocktails erhält man durch Auswerten von K an der Stelle $s = 0,5$.

$$K(0,5) = -2 \cdot 0,5 + 4,5 = 3,5$$

Der neue Cocktail kostet 3,5€.

Die Einzelanteile der ursprünglichen Cocktails entsprechen den Komponenten des Lösungsvektors für $s = 0{,}5$.

$$\begin{pmatrix} 0{,}25 \\ 0{,}75 \\ 0 \end{pmatrix} + 0{,}5 \cdot \begin{pmatrix} 0{,}5 \\ -1{,}5 \\ 1 \end{pmatrix} = \begin{pmatrix} 0{,}5 \\ 0 \\ 0{,}5 \end{pmatrix}$$

Der neue Cocktail besteht hälftig aus den Cocktails 1 und 3. Cocktail 2 wird nicht verwendet.

Abitur 2020 – Aufgabe C2 (WTR/GTR/CAS)

1.1 Damit ein mehrstufiger Zufallsversuch als <u>Bernoullikette</u> aufgefasst werden kann, müssen zwei Bedingungen erfüllt sein:

- Jeder einzelne Versuch der Kette muss ein Bernoulliversuch sein, d.h. der Versuch darf nur zwei Ergebnisse besitzen. Diese Bedingung ist hier erfüllt, da jeder Besucher des Einkaufszentrums entweder Linkshänder ist oder nicht.

- Die Wahrscheinlichkeit für die beiden Ergebnisse muss für alle einzelnen Versuche gleich bleiben. Auch diese Bedingung ist im vorliegenden Fall erfüllt, wenn man davon ausgeht, dass alle Besucher unabhängig voneinander dieselbe Wahrscheinlichkeit haben, Linkshänder zu sein. Da die Anzahl der gefragten Personen im Vergleich zur Gesamtbevölkerung klein ist, ist die geforderte Unabhängigkeit in sehr guter Näherung erfüllt.

1.2 Das Ereignis E „Spätestens die dritte befragte Person ist Linkshänder" setzt sich aus drei Ergebnissen zusammen. Bereits die erste befragte Person könnte mit einer Wahrscheinlichkeit von $\frac{15}{100}$ ein Linkshänder sein. Trifft dieses Merkmal erst auf die zweite Person zu, musste die erste Rechtshänder sein, was zu einer Wahrscheinlichkeit von $\frac{85}{100} \cdot \frac{15}{100}$ für diesen Fall führt. Für den Fall, dass erst die dritte Person ein Linkshänder ist, kommt man mit denselben Überlegungen auf eine Wahrscheinlichkeit von $\left(\frac{85}{100}\right)^2 \cdot \frac{15}{100}$.

Als gesamte Wahrscheinlichkeit für E ergibt sich

$$P(E) = \frac{15}{100} + \frac{85}{100} \cdot \frac{15}{100} + \left(\frac{85}{100}\right)^2 \cdot \frac{15}{100} \approx 0{,}3859 = 38{,}59\%$$

1.3 Da in Aufgabenteil 1.1 erkannt wurde, dass es sich bei dem mehrstufigen Zufallsversuch um eine Bernoullikette handelt, bietet sich als Zufallsgröße X für die Ereignisse A und B

X : Anzahl der Linkshänder unter den Befragten

an, da diese Zufallsgröße binomialverteilt ist. Zur Bestimmung der Wahrscheinlichkeiten muss auf die Taschenrechnerfunktionen für die Binomialverteilung $B_{n;p}$ sowie die kumulierte Binomialverteilung $F_{n;p}$ zurückgegriffen werden, da die Wahrscheinlichkeit $p = 0{,}15$ nicht in den Tabellen der Formelsammlungen vorhanden ist.

$$P(A) = P(X = 10) = B_{70;0{,}15}(10) \approx 0{,}1332 = 13{,}32\%$$

Ereignis B („mindestens so viele Rechtshänder, wie zu erwarten") lässt sich alternativ als „höchstens so viele Linkshänder, wie zu erwarten" formulieren. Bevor diese Wahrscheinlichkeit bestimmt werden kann, muss die zu erwartende Anzahl an Linkshändern ermittelt werden; also der Erwartungswert $E(X)$ der binomialverteilten Zufallsgröße X.

$$E(X) = n \cdot p = 100 \cdot 0{,}15 = 15$$

Für die Wahrscheinlichkeit des Ereignisses B folgt:

$$P(B) = P(X \leq 15) = F_{100;0,15}(15) \approx 0{,}5683 = 56{,}83\%$$

Im Ereignis C wird das Auftreten der beiden Linkshänder auf aufeinanderfolgende Personen eingeschränkt, weshalb keine Binomialverteilung mehr vorliegt und die entsprechenden TR-Funktionen nicht mehr genutzt werden können. Stattdessen muss man berechnen, wie wahrscheinlich es ist zwei Links- und 48 Rechtshänder unter 50 Personen zu finden und wie viele Möglichkeiten es gibt, die zwei Linkshänder auf zwei aufeinanderfolgende Positionen der Kette zu verteilen.

Die Wahrscheinlichkeit für zwei Links- und 48 Rechtshänder beträgt $0{,}15^2 \cdot 0{,}85^{48}$. Die möglichen Positionierungen für zwei aufeinander folgende Linkshänder sind die Paare $(1,2), (2,3), \dots, (49,50)$, weshalb es insgesamt 49 Möglichkeiten gibt.

$$P(C) = 49 \cdot 0{,}15^2 \cdot 0{,}85^{48} \approx 0{,}0005 = 0{,}05\%$$

1.4 Bei dieser Aufgabe handelt es sich um einen typischen Fall einer sogenannten „3-mal-mindestens-Aufgabe". Die Wahrscheinlichkeit mindestens 1 Linkshänder zu befragen, soll größergleich 95% sein. Formal lässt sich dies mit der Zufallsgröße X aus Teilaufgabe 1.3 wie folgt formulieren: $P(X \geq 1) \geq 0{,}95$

Zur Berechnung muss das Gegenereignis von „mindestens 1", nämlich „höchtens 0", was dem Ereignis „gleich 0" entspricht, verwendet werden.

$$P(X \geq 1) \geq 0{,}95$$
$$1 - P(X = 0) \geq 0{,}95$$
$$-P(X = 0) \geq -0{,}05$$
$$P(X = 0) \leq 0{,}05$$
$$\binom{n}{0} \cdot 0{,}15^0 \cdot 0{,}85^n \leq 0{,}05$$
$$0{,}85^n \leq 0{,}05$$
$$n \geq \log_{0,85}(0{,}05) \approx 18{,}43$$

Achtung: Da der Logarithmus zur Basis 0,85 streng monoton fallend ist, muss das Ungleichheitszeichen bei dessen Anwendung umgedreht werden.

Die erste natürliche Zahl n, für die n größergleich 18,43 gilt, ist 19, weshalb mindestens 19 Personen befragt werden müssen.

2.1 Selbst, wenn es nicht explizit in der Aufgabenstellung gefordert wird, lohnt es sich, die für die Aufgabe relevanten Ereignisse zu benennen.

LL: Linkslutscher;   *RL*: Rechtslutscher;   *LH*: Linkshänder;   *RH*: Rechtshänder

Im zweiten Schritt müssen der Aufgabenstellung alle gegebenen Wahrscheinlichkeiten bzw. Häufigkeiten entnommen werden. Die Reihenfolge der folgenden Wahrscheinlichkeiten entspricht ihrem Auftauchen im Text.

$$P(RL) = \frac{9}{10}; \qquad P_{RL}(RH) = 1; \qquad P_{LL}(LH) = \frac{2}{3}$$

Die gegebenen Wahrscheinlichkeiten sind im Baumdiagramm fett hervorgehoben. Die übrigen Wahrscheinlichkeiten ergeben sich dadurch, dass sich die Wahrscheinlichkeiten in einem Teilbaum zu 1 aufsummieren. Da bspw. $P_{LL}(LH) = \frac{2}{3}$ gilt, muss aus diesem Grund auch $P_{LL}(RH) = 1 - \frac{2}{3} = \frac{1}{3}$ gelten.

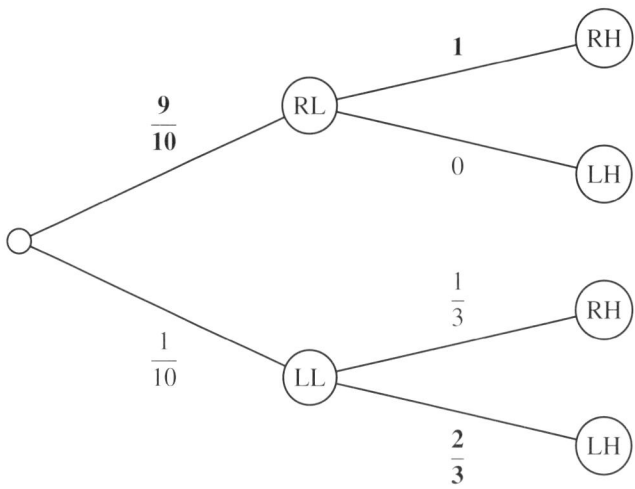

Beim Aufstellen der Vierfeldertafel ist zu bedenken, dass bedingte Wahrscheinlichkeiten in dieser Darstellungsform nicht direkt eingetragen werden können. Aufgrund des Spezialfalls, dass sich kein Rechtslutscher zu einem Linkshänder entwickelt, kann aber ohne Rechnung erkannt werden, dass $P(RL \cap LH) = 0$ gilt. Die linke Vierfeldertafel verdeutlicht, wie weit man mit dieser Überlegung und der Wahrscheinlichkeit $P(RL)$ aus dem Text durch Summenbildung in Zeilen und Spalten gelangen kann.

Eine „Und"-Wahrscheinlichkeit muss noch mittels der 1. Pfadregel berechnet werden, um die vollständige Tafel auf der rechten Seite erstellen zu können.

$$P(LL \cap LH) = P(LL) \cdot P_{LL}(LH) = \frac{1}{10} \cdot \frac{2}{3} = \frac{2}{30}$$

	LH	RH	
LL			$\frac{1}{10}$
RL	0	$\frac{9}{10}$	$\frac{9}{10}$
			1

	LH	RH	
LL	$\frac{2}{30}$	$\frac{1}{30}$	$\frac{1}{10}$
RL	0	$\frac{9}{10}$	$\frac{9}{10}$
	$\frac{2}{30}$	$\frac{28}{30}$	1

2.2 Die Aufgabenstellung fragt nach der Wahrscheinlichkeit, dass ein Kind Linkslutscher war, wenn man bereits weiß, dass dieses Kind Rechtshänder ist. Mit anderen Worten: Die Bedingung „Rechtshänder" (Ereignis RH) ist gegeben, weshalb es sich bei der gesuchten Wahrscheinlichkeit um $P_{RH}(LL)$ handelt. Diese Wahrscheinlichkeit lässt sich mit Hilfe des Satzes von Bayes bestimmen.

$$
\begin{aligned}
P_{RH}(LL) &= \frac{P_{LL}(RH) \cdot P(LL)}{P(RH)} \\
&= \frac{P_{LL}(RH) \cdot P(LL)}{P_{LL}(RH) \cdot P(LL) + P_{RL}(RH) \cdot P(RL)} \\
&= \frac{\frac{1}{3} \cdot \frac{1}{10}}{\frac{1}{3} \cdot \frac{1}{10} + 1 \cdot \frac{9}{10}} \\
&= \frac{\frac{1}{30}}{\frac{28}{30}} = \frac{1}{28}
\end{aligned}
$$

3.1 Im ersten Schritt bei der Entwicklung eines Hypothesentests muss die Nullhypothese festgelegt werden. Da die Forscher einen größeren Anteil als 15% Linkshänder annehmen, wird als Nullhypothese die gegenteilige Vermutung festgelegt.

Nullhypothese: $H_0 : p \leq 0{,}15$ Alternativhypothese: $H_1 : p > 0{,}15$

Die Befragung der 300 Personen kann als Bernoullikette der Länge $n = 300$ aufgefasst werden, weshalb für die Zufallsgröße X gilt:

X : Anzahl der Linkshänder unter den Befragten

Die Forderung in der Aufgabe, dass das Signifikanzniveau des Tests 2,5% sein soll, bedeutet, dass die Wahrscheinlichkeit für den Fehler 1. Art diesen Wert nicht überschreiten darf.

Der Fehler 1. Art entsteht dadurch, dass die Umfrage der Stichprobe eine Anzahl an Linkshändern im Verwerfungsbereichs des rechtsseitigen Tests liefert, obwohl die Nullhypothese bezogen auf die Gesamtbevölkerung richtig ist. Die Zufallsgröße nimmt in diesem Fall einen Wert größergleich dem kritischen Wert k an.

$$P(X \geq k) \leq 0{,}025$$
$$1 - P(X < k) \leq 0{,}025$$
$$-P(X < k) \leq -0{,}975$$
$$P(X < k) \geq 0{,}975$$
$$P(X \leq k - 1) \geq 0{,}975$$
$$F_{300;0,15}(k - 1) \geq 0{,}975$$

frv.tv/cl

Mit Hilfe des Taschenrechners muss nun bestimmt werden, für welchen Wert von $k - 1$ die Grenze 0,975 erreicht bzw. überschritten wird. Wie man den Werten $F_{300;0,15}(56) \approx 0{,}9655$ und $F_{300;0,15}(57) \approx 0{,}9755$ entnehmen kann, ist dies für $k - 1 = 57$ der Fall. Die kritische Zahl, also der erste Wert des Verwerfungsbereiches, ist damit $k = 58$.

Eine mögliche Formulierung der Entscheidungsregel im Sachzusammenhang lautet:

> Befinden sich unter den 300 befragten Personen 58 oder mehr Linkshänder, können die Forscher auf einem Signifikanzniveau von 2,5% und somit 97,5%-iger Sicherheit annehmen, dass der Anteil der Linkshänder in der Bevölkerung über 15% liegt.

3.2 Die allgemeine Bedeutung des Fehlers 2. Art ist, dass die Nullhypothese falsch ist, der Ausgang des Tests aber glauben lässt, sie wäre richtig. Im vorliegenden Sachzusammenhang würden die Forscher glauben, dass es maximal 15% Linkshänder in der Bevölkerung gibt, obwohl deren Anteil tatsächlich höher ist.

Da dieser tatsächlich höhere Wert in der Aufgabenstellung mit 18% angegeben wird, kann man auch die Wahrscheinlichkeit des Fehlers 2. Art bestimmen. Die Umfrage kann nun als Bernoullikette der Länge 300 mit der Einzelwahrscheinlichkeit $p = 0{,}18$ aufgefasst werden. Der kritische Wert k des Tests und damit der Annahme- und Verwerfungsbereich des Tests wurden in der vorigen Aufgabe bestimmt, so dass die gesuchte Wahrscheinlichkeit bestimmt werden kann.

$$P(X < 58) = P(X \leq 57) = F_{300;0,18}(57) \approx 0{,}7045 = 70{,}45\%$$

4.1 Die Intervalle der Reaktionszeiten sind jeweils 0,2 Sekunden lang, so dass sich für die Darstellung der Verteilung ein Histogramm anbietet, dessen Säulen diese Breite besitzen. Die Höhe der Säulen entspricht den jeweiligen Prozentanteilen.

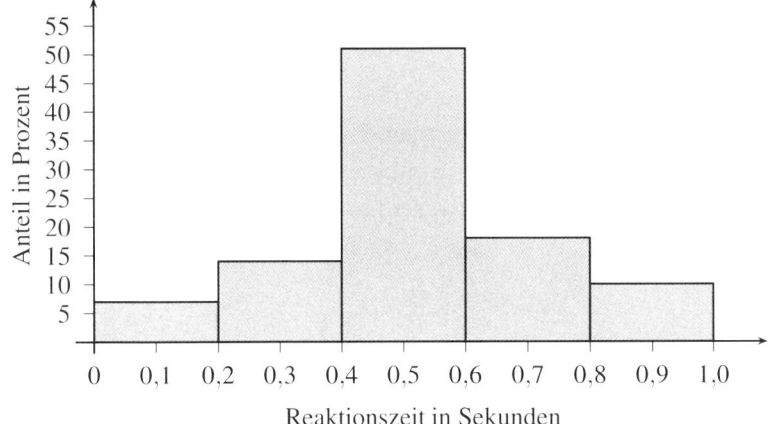

Die Formel für den Erwartungswert μ einer Zufallsgröße lautet $\sum_i z_i \cdot P(Z = z_i)$, wobei die Summe über alle Werte z_i läuft, die die Zufallsgröße Z annehmen kann. In der Aufgabenstellung wird beschrieben, dass man für diese Werte die Mitten der Intervalle $(0,1; 0,3; \dots)$ verwenden kann.

$$\mu = \sum_i z_i \cdot P(Z = z_i)$$
$$= 0,1 \cdot 0,07 + 0,3 \cdot 0,14 + 0,5 \cdot 0,51 + 0,7 \cdot 0,18 + 0,9 \cdot 0,1$$
$$= 0,52$$

Da in die Formel für die Standardabweichung $\sigma = \sqrt{\sum_i (z_i - \mu)^2 \cdot P(Z = z_i)}$ der Erwartungswert μ eingeht, sollte man mit dem Kontrollergebnis 0,52 rechnen, falls man nicht auf dasselbe Ergebnis für μ gekommen ist. In einem ersten Schritt sollte man der Übersichtlichkeit halber den Radikanden $V(Z)$, die sogenannte Varianz der Verteilung, der benötigten Wurzel berechnen.

$$V(Z) = \sum_i (z_i - \mu)^2 \cdot P(Z = z_i)$$
$$= (0,1 - 0,52)^2 \cdot 0,07 + (0,3 - 0,52)^2 \cdot 0,14 + (0,5 - 0,52)^2 \cdot 0,51$$
$$+ (0,7 - 0,52)^2 \cdot 0,18 + (0,9 - 0,52)^2 \cdot 0,1$$
$$= 0,0396$$

Zur Bestimmung der Standardabweichung muss noch die Wurzel gezogen werden.

$$\sigma = \sqrt{V(Z)} = \sqrt{0{,}0396} \approx 0{,}199$$

frv.tv/ry

4.2 Einer Normalverteilung muss eine kontinuierliche Zufallsgröße zu Grunde liegen. Dies ist im vorliegenden Fall erfüllt, da die Reaktionszeit alle Werte des stetigen Zeitintervalls $[0\,\mathrm{s};1\,\mathrm{s}]$ annehmen kann.

Im vorigen Aufgabenteil hat man erkannt, dass der Erwartungswert der Verteilung ca. 0,52 beträgt. Dieser Wert fällt in das Intervall, das das Maximum der Zufallsgröße liefert. Somit ist auch die Bedingung erfüllt, dass der Erwartungswert das Maximum einer Normalverteilung darstellt, soweit dies mit der vorhandenen Diskretisierung auf fünf Teilintervalle möglich ist.

Außerdem ist der grafischen Darstellung der Verteilung näherungsweise eine Symmetrie um das Maximum der Verteilung zu entnehmen, wobei sich die Werte monoton fallend den beiden Intervallgrenzen nähern, wie es für die Glockenkurve einer Normalverteilung notwendig ist.

Zusammengenommen kann man die Zufallsgröße
Z : gemessene Reaktionszeit der Versuchspersonen in Sekunden
als normalverteilt ansehen.

frv.tv/cn

4.3 Der Operator „Bestimmen" erlaubt es, die gesuchten Wahrscheinlichkeiten mit dem Taschenrechner zu ermitteln. Hierbei müssen dem Taschenrechner im entsprechenden Menü die untere und obere Grenze des betrachteten Intervalls sowie der Erwartungswert 0,52 und die Standardabweichung 0,199 übergeben werden.

Bei Ereignis D muss außerdem beachtet werden, dass die untere Grenze implizit 0 Sekunden beträgt.

$$P(D) = P(Z \leq 0{,}45) \approx 0{,}3580$$

Bei Ereignis E entstehen die untere und die obere Grenze dadurch, dass man vom Erwartungswert eine halbe Standardabweichung abzieht bzw. eine halbe Standardabweichung zu diesem hinzuaddiert.

$$P(E) = P\left(0{,}52 - \frac{1}{2} \cdot 0{,}199 \leq Z \leq 0{,}52 + \frac{1}{2} \cdot 0{,}199\right)$$
$$= P(0{,}4205 \leq Z \leq 0{,}6195)$$
$$\approx 0{,}3829$$
$$= 38{,}29\%$$

2 Abitur 2021

Abitur 2021 – Aufgabe B1 (WTR)

1.1 Betrachtet man die drei Graphen, stellt man fest, dass nur der Graph A nicht durch den Ursprung geht. Da $v_2(0) = 4{,}5$ gilt, muss somit der Graph A zur Funktion v_2 gehören.

Das sinnvollste Kriterium zur Unterscheidung zwischen den Graphen B und C ist deren Grenzwertverhalten für $t \to \infty$. Da der Term $\mathrm{e}^{-0{,}4 \cdot t}$ für $t \to \infty$ gegen 0 geht, besitzt die Funktion v_1 entsprechend den Grenzwert 5. Sie muss somit zum Graphen C gehören. Für Graph B verbleibt nach Ausschlussverfahren die Funktion v_3.

1.2 Da alle Graphen vollständig im positiven Bereich verlaufen, kann zur Berechnung des Flächeninhalts A der Wert des Integrals von v_1 im Intervall $[0; 10]$ betrachtet werden. Wegen des Operators „Berechnen" muss dieser Wert unter Angabe einer Stammfunktion errechnet werden.

$$
\begin{aligned}
A &= \int_0^{10} 5 \cdot \left(1 - \mathrm{e}^{-0{,}4 \cdot t}\right) \, \mathrm{d}t \\[2mm]
&= \left[5 \cdot \left(t + \frac{1}{0{,}4} \cdot \mathrm{e}^{-0{,}4 \cdot t}\right)\right]_0^{10} \\[2mm]
&= 5 \cdot \left(10 + \frac{1}{0{,}4} \cdot \mathrm{e}^{-0{,}4 \cdot 10}\right) - 5 \cdot \left(0 + \frac{1}{0{,}4} \cdot \mathrm{e}^{-0{,}4 \cdot 0}\right) \\[2mm]
&= 5 \cdot \left(10 + \frac{1}{0{,}4} \cdot \mathrm{e}^{-4}\right) - \frac{5}{0{,}4} \\[2mm]
&\approx 37{,}73
\end{aligned}
$$

Der Inhalt der Fläche beträgt ca. 37,73 FE.

1.3 Extremstellen können sich nur an Nullstellen der Ableitung einer Funktion befinden. Aus diesem Grund muss in dieser Aufgabe die mögliche Anzahl der Lösungen der Gleichung $v_2'(t) = 0$ untersucht werden. In einem ersten Schritt muss also die Ableitung v_2' bestimmt werden.

$$
\begin{aligned}
v_2'(t) &= 0 + (-0{,}5) \cdot \mathrm{e}^{-0{,}5 \cdot t} \cdot \left(t - 0{,}25 t^2\right) + \mathrm{e}^{-0{,}5 \cdot t} \cdot (1 - 0{,}5 t) \\[2mm]
&= \mathrm{e}^{-0{,}5 \cdot t} \cdot \left(-0{,}5 t + 0{,}125 t^2\right) + \mathrm{e}^{-0{,}5 \cdot t} \cdot (1 - 0{,}5 t) \\[2mm]
&= \mathrm{e}^{-0{,}5 \cdot t} \cdot \left(0{,}125 t^2 - t + 1\right)
\end{aligned}
$$

Nach dem Satz vom Nullprodukt können zur Lösung der Gleichung $v_2'(t) = 0$ die beiden Faktoren der Ableitung einzeln betrachtet werden. Da der Term $\mathrm{e}^{-0{,}5 \cdot t}$ für kein t 0 wird, liefert nur der zweite Faktor $0{,}125 t^2 - t + 1$ mögliche Nullstellen der Ableitung und somit mögliche Extremstellen.

Eine quadratische Gleichung wie $0{,}125t^2 - t + 1 = 0$ kann aber maximal zwei Lösungen besitzen, weshalb v_2 maximal zwei Extremstellen haben kann.

2.1 Die Grundidee des Formansatzes beruht auf der Tatsache, dass $F_k{}'(t) = f_k(t)$ ist. Kennt man also die grundsätzliche Form einer Stammfunktionenschar kann man diese ableiten und anschließend einen Koeffizientenvergleich mit der Funktionenschar vornehmen. In der Aufgabe ist die grundsätzliche Form $(a + b \cdot t) \cdot e^{-k \cdot t}$ für F_k bereits gegeben, weshalb man diese direkt unter Verwendung der Produkt- und der Kettenregel ableiten kann.

$$F_k{}'(t) = b \cdot e^{-k \cdot t} + (a + b \cdot t) \cdot (-k) \cdot e^{-k \cdot t} = (-b \cdot k \cdot t - a \cdot k + b) \cdot e^{-k \cdot t}$$

Der Vergleich mit der Funktionenschar $f_k(t) = 3 \cdot t \cdot e^{-k \cdot t}$ verdeutlicht, dass $-b \cdot k = 3$ und $a \cdot k + b = 0$ sein muss. Aus der ersten Gleichung folgt $b = -\frac{3}{k}$. Diesen Term kann man in die zweite Gleichung einsetzen und nach a auflösen.

$$-a \cdot k + b = 0 \implies -a \cdot k - \frac{3}{k} = 0 \implies -a \cdot k = \frac{3}{k} \implies a = -\frac{3}{k^2}$$

Einsetzen von a und b in die grundsätzliche Form für F_k liefert das in der Aufgabe gegebene Kontrollergebnis $F_k(t) = \left(-\frac{3}{k^2} - \frac{3}{k} \cdot t \right) \cdot e^{-k \cdot t}$.

2.2 Zur Ermittlung des Grenzwertes kann das Kontrollergebnis aus dem vorigen Aufgabenteil verwendet werden.

$$\lim_{x \to \infty} \int_0^x f_k(t) \, dt = \lim_{x \to \infty} \left[\left(-\frac{3}{k^2} - \frac{3}{k} \cdot t \right) \cdot e^{-k \cdot t} \right]_0^x$$

$$= \lim_{x \to \infty} \left[\left(-\frac{3}{k^2} - \frac{3}{k} \cdot x \right) \cdot e^{-k \cdot x} - \left(-\frac{3}{k^2} - \frac{3}{k} \cdot 0 \right) \cdot e^{-k \cdot 0} \right]$$

$$= \lim_{x \to \infty} \left[\left(-\frac{3}{k^2} - \frac{3}{k} \cdot x \right) \cdot e^{-k \cdot x} - \left(-\frac{3}{k^2} \right) \right]$$

$$= \lim_{x \to \infty} \left[\left(-\frac{3}{k^2} - \frac{3}{k} \cdot x \right) \cdot e^{-k \cdot x} \right] + \frac{3}{k^2}$$

Der verbleibende Grenzwert geht gegen 0, da $\lim\limits_{x \to \infty} e^{-k \cdot x} = 0$ gilt und der e-Term den ganzrationalen dominiert. Bei der Grenzwertbestimmung des e-Terms geht der Fakt ein, dass $k > 0$ gilt, womit $-k$ negativ sein muss.
Insgesamt gilt somit: $\lim\limits_{x \to \infty} \int_0^x f_k(t) \, dt = \dfrac{3}{k^2}$

2.3 Der Ansatz zur Bestimmung der Nullstellen lautet: $f_k(t) = 0$. Die Gleichung $3 \cdot t \cdot e^{-k \cdot t} = 0$ besitzt nach dem Satz vom Nullprodukt aber nur die Lösung $t = 0$, da der Faktor $e^{-k \cdot t}$ niemals 0 werden kann.

Zur Berechnung der Hochpunkte sucht man zuerst durch den Ansatz $f_k{}'(t) = 0$ die Stellen

t mit Steigung 0, da dort Hochpunkte vorliegen könnten. Die Ableitung $f_k{}'(t)$ muss wieder mittels Produkt- und Kettenregel bestimmt werden.

$$f_k{}'(t) = 3 \cdot e^{-k \cdot t} + 3 \cdot t \cdot (-k) \cdot e^{-k \cdot t} = (-3k \cdot t + 3)e^{-k \cdot t}$$

Nun kann die benötigte Gleichung gelöst werden.

$$f_k{}'(t) = 0$$
$$(-3k \cdot t + 3) \cdot e^{-k \cdot t} = 0; \qquad e^{-k \cdot t} \neq 0$$
$$-3k \cdot t + 3 = 0$$
$$-3k \cdot t = -3$$
$$t = \frac{1}{k}$$

Um sagen zu können, dass an der Stelle $t = \frac{1}{k}$ ein Hochpunkt vorliegt, muss noch die Bedingung $f_k{}''(t) < 0$ erfüllt sein; der Graph sich also an der betrachteten Stelle in einer Rechtskurve befinden. Für diesen Nachweis ist die zweite Ableitung in der Aufgabenstellung bereits gegeben. Diese wertet man nun an der Stelle $t = \frac{1}{k}$ aus.

$$f_k{}''\left(\frac{1}{k}\right) = \left(-6k + 3k^2 \cdot \frac{1}{k}\right) \cdot e^{-k \cdot \frac{1}{k}} = (-6k + 3k) \cdot e^{-1} = -3k \cdot e^{-1} < 0$$

Der abschließende Term ist negativ, da sowohl k als auch e^{-1} positiv sind.

Da in der Aufgabe die <u>Hochpunkte</u> gefragt sind, muss noch die y-Koordinate zur Stelle $t = \frac{1}{k}$ bestimmt werden.

$$f_k\left(\frac{1}{k}\right) = 3 \cdot \frac{1}{k} \cdot e^{-k \cdot \frac{1}{k}} = \frac{3}{k} e^{-1} = \frac{3}{e \cdot k}$$

Wie zur Kontrolle angegeben, liegen die Hochpunkte der Funktionenschar bei $H\left(\frac{1}{k} \,\middle|\, \frac{3}{e \cdot k}\right)$.

2.4 Bei einer <u>Ortskurve</u> muss die y-Koordinate der betrachteten Punkte in Abhängigkeit der t-Koordinate angegeben werden. Aus diesem Grund löst man die t-Koordinate nach dem Parameter (hier k) auf und ersetzt diesen dann in der y-Koordinate.

frv.tv/rq

$$t = \frac{1}{k} \implies k = \frac{1}{t} \implies y = \frac{3}{e \cdot k} = \frac{3}{e \cdot \frac{1}{t}} = \frac{3}{e} \cdot t$$

3.1 Zu Beginn des betrachteten Intervalls stehen die beiden Radfahrer R_B und R_C, da deren Graphen durch den Ursprung verlaufen. Radfahrer R_A besitzt allerdings bereits eine Geschwindigkeit von $4.5 \frac{m}{s}$.

Die Geschwindigkeiten von R_B und R_C steigen verständlicherweise nach dem Start, wobei R_C bis zu einer Grenzgeschwindigkeit von $5\,\frac{m}{s}$ stetig schneller wird. R_B hingegen wird nach einer maximalen Geschwindigkeit bis zum Ende des betrachteten Zeitraums durchgängig langsamer, wobei seine maximale Geschwindigkeit die höchste der drei betrachteten Radfahrer ist.

Tatsächlich wird auch R_A zu Beginn des Intervalls erst schneller, dann langsamer und nähert sich anschließend wieder schneller werdend einer Grenzgeschwindigkeit, die genau seiner Startgeschwindigkeit entspricht.

3.2 Da es sich bei den drei Graphen um Darstellungen von Geschwindigkeiten über der Zeit handelt, kann die Fläche unter den Graphen als Bestandsänderung und somit im vorliegenden Fall als die zurückgelegte Strecke interpretiert werden. Da der Graph von B im gesamten Intervall oberhalb von C liegt, hat R_B sicher eine größere Strecke als R_C zurückgelegt.

Da die Fläche zwischen A und B vom Start bis zum Schnittpunkt der beiden Graphen größer ist als vom Schnittpunkt bis $t = 6$ und A bis zum Schnittpunkt oberhalb von B verläuft, hat R_A eine noch größere Strecke als R_B zurückgelegt und führt das Feld an.

3.3 Die Änderungsrate einer Größe wird durch die Ableitung dieser Größe bestimmt. In dieser Aufgabe ist somit $v_1{}'(5)$ gesucht. Da der Operator „Bestimmen" lautet, kann dieser Wert mit dem Taschenrechner ermittelt werden. Es gilt: $v_1{}'(5) \approx 0{,}27$.

3.4 Wie in der Lösung zu Teilaufgabe 3.2 bereits beschrieben, gibt der orientierte Flächeninhalt unter dem Graphen die zurückgelegte Strecke s an, womit diese durch ein bestimmtes Integral über dem betrachteten Intervall ermittelt werden kann. Auch der Operator „Ermitteln" erlaubt den Einsatz des Taschenrechners: $s = \int_0^{16} v_3(t)\,dt \approx 62{,}16$.

Der Radfahrer legt eine Strecke von ca. $62{,}16\,m$ zurück.

Die Durchschnittsgeschwindigkeit $\bar{v}$ berechnet sich durch die zurückgelegte Strecke geteilt durch die benötigte Zeit: $\bar{v} \approx \frac{62{,}16}{16} \approx 3{,}88$

Die Durchschnittsgeschwindigkeit des Radfahrers beträgt ca. $3{,}88\,\frac{m}{s}$.

3.5 Da der Inhalt einer von Graphen eingeschlossenen Fläche gesucht ist, benötigt man zuerst die Schnittstellen der Graphen, um die Intervallgrenzen für das benötigte Integral der Differenzfunktion zu erhalten. Der Ansatz zur Bestimmung der Schnittstellen lautet $v_1(t) = v_3(t)$, woraus die Gleichung $5 \cdot \left(1 - e^{-0{,}4 \cdot t}\right) = 3t \cdot e^{-0{,}2 \cdot t}$ folgt. Dem Material ist zu entnehmen, dass unabhängig von den verwendeten Graphen maximal zwei Schnittstellen vorhanden sein können.

Hat man zu Beginn der Aufgabe B1 die Graphen B und C den Funktionen v_1 und v_3 richtig zugeordnet, kann die erste Schnittstelle $t_1 = 0$ direkt dem Material entnommen werden. Ansonsten müssen beide Schnittstellen mittels der SOLVE-Taste des Taschenrechners mit verschiedenen Startwerten ermittelt werden. Evtl. müssen hier mehrere Startwerte durchprobiert werden, bis zwei Lösungen gefunden sind.

Die Lösung, die auf jeden Fall nur mit dem Taschenrechner ermittelt werden kann, lautet $t_2 \approx 8{,}11$.

Ausgestattet mit den Intervallgrenzen kann man das Integral $\int_{0}^{8.11} v_3(t) - v_1(t)\,\mathrm{d}t$ ebenfalls mit dem Taschenrechner bestimmen.

$$\int_{0}^{8.11} v_3(t) - v_1(t)\,\mathrm{d}t = \int_{0}^{8.11} 5 \cdot \left(1 - \mathrm{e}^{-0{,}4 \cdot t}\right) - 3t \cdot \mathrm{e}^{-0.2 \cdot t}\,\mathrm{d}t \approx 7{,}62$$

Falls man den vorherigen Aufgaben nicht entnehmen konnte, welche der beiden Funktionsgraphen oberhalb des anderen verläuft, muss man den Wert des Integrals evtl. durch Betragsbildung noch positiv machen.

Durch die Differenzbildung bei der Integration berechnet man die Differenz der beiden durch die Radfahrer zurückgelegten Strecken. Dies lässt sich gut erkennen, wenn man das Integral in die Differenz zweier Integrale aufteilt.

$$\int_{0}^{8.11} v_3(t) - v_1(t)\,\mathrm{d}t = \int_{0}^{8.11} v_3(t)\,\mathrm{d}t - \int_{0}^{8.11} v_1(t)\,\mathrm{d}t$$

Die beiden Integrale auf der rechten Seite der Gleichung sind die jeweils zurückgelegten Strecken der beiden Radfahrer.

Da die Radfahrer zum Zeitpunkt $t = 0$ an derselben Position waren, heißt dies auch, dass die Radfahrer nach ca. $8{,}11\,\mathrm{s}$ ungefähr einen Abstand von $7{,}62\,\mathrm{m}$ haben. Konkret besitzt R_B zu dem Zeitpunkt, an dem beide Radfahrer gleich schnell sind, so viel Vorsprung vor R_C.

3.6 Hier wird für einen allgemeinen Zeitpunkt t_0 bestimmt, wie viel Strecke mehr der Radfahrer R_C mit der Geschwindigkeit v_1 als der Radfahrer R_B mit der Geschwindigkeit v_3 zurückgelegt hat. Wie bereits in der Lösung zum vorigen Aufgabenteil erkannt, entspricht dies bei gleicher Startposition auch dem Vorsprung des Radfahrers R_C. Somit lassen sich die drei Fälle, wie folgt, deuten:

Ist der Wert größer null, gibt er den Vorsprung des Radfahrer R_C vor dem Radfahrer R_B zum Zeitpunkt t_0 in Metern an.

Ist der Wert kleiner null, gibt er den Vorsprung des Radfahrer R_B vor dem Radfahrer R_C zum Zeitpunkt t_0 in Metern an.

Ist der Wert gleich null, liegen die Radfahrer R_C und R_B zum Zeitpunkt t_0 gleich auf.

Abitur 2021 – Aufgabe B2 (WTR)

1.1 Bei der Funktionenschar

$$f_{a;k}(x) = \underbrace{a \cdot x^2}_{u} \cdot \underbrace{e^{-k \cdot x}}_{v}$$

handelt es sich um ein Produkt zweier Funktionenscharen, weshalb in einem ersten Ableitungsschritt die Produktregel benötigt wird.

$$f_{a;k}'(x) = u' \cdot v + u \cdot v' = 2a \cdot x \cdot e^{-k \cdot x} + a \cdot x^2 \cdot \left(e^{-k \cdot x}\right)'$$

Da es sich bei dem Term $e^{-k \cdot x}$ um eine Verkettung mit innerem Term $-k \cdot x$ handelt, wird für die verbliebene Ableitung noch die Kettenregel benötigt.

$$\begin{aligned}
f_{a;k}'(x) &= 2a \cdot x \cdot e^{-k \cdot x} + a \cdot x^2 \cdot \left(e^{-k \cdot x}\right)' \\
&= 2a \cdot x \cdot e^{-k \cdot x} + a \cdot x^2 \cdot e^{-k \cdot x} \cdot (-k) \\
&= 2a \cdot x \cdot e^{-k \cdot x} - a \cdot k \cdot x^2 \cdot e^{-k \cdot x} \\
&= \left(2a \cdot x - a \cdot k \cdot x^2\right) \cdot e^{-k \cdot x} \\
&= a \cdot x \cdot (2 - k \cdot x) \cdot e^{-k \cdot x} \qquad \qquad \square
\end{aligned}$$

1.2 Da der Operator „Bestätigen" lautet, können die gegebenen x-Koordinaten von T und H direkt für die hinreichende Bedingung für Hoch- und Tiefpunkt verwendet werden. Bei beiden Formen von Extrema ist die Steigung 0, weshalb $f_{a;k}'(x) = 0$ gelten muss.

Tiefpunkt T: $f_{a;k}'(0) = a \cdot 0 \cdot (2 - k \cdot 0) \cdot e^{-k \cdot 0} = 0$

Hochpunkt H: $f_{a;k}'\left(\dfrac{2}{k}\right) = a \cdot \dfrac{2}{k} \cdot \left(2 - k \cdot \dfrac{2}{k}\right) \cdot e^{-k \cdot \frac{2}{k}} = \dfrac{2a}{k} \cdot (2 - 2) \cdot e^{-2} = \dfrac{2a}{k} \cdot 0 \cdot e^{-2} = 0$

Die hinreichende Bedingung für einen Tiefpunkt erfordert noch $f_{a;k}''(x) > 0$, für einen Hochpunkt $f_{a;k}''(x) < 0$.

Tiefpunkt T: $f_{a;k}''(0) = a \cdot (k^2 \cdot 0^2 - 4 \cdot k \cdot 0 + 2) \cdot e^{-k \cdot 0} = a \cdot 2 \cdot 1 = 2a > 0$

Hochpunkt H: $f_{a;k}''\left(\dfrac{2}{k}\right) = a \cdot \left(k^2 \cdot \left(\dfrac{2}{k}\right)^2 - 4 \cdot k \cdot \dfrac{2}{k} + 2\right) \cdot e^{-k \cdot \frac{2}{k}} = -2a \cdot e^{-2} < 0$

Es gilt, dass $2a > 0$ und $-2a \cdot e^{-2} < 0$, da $a > 0$ und $e^{-2} > 0$.

Nachdem bestätigt wurde, dass es sich um die jeweilig geforderten Extremstellen handelt, müssen noch die y-Koordinaten der Punkte durch Einsetzen der Stellen in $f_{a;k}$ berechnet werden.

Tiefpunkt: $f_{a;k}(0) = a \cdot 0^2 \cdot e^{-k \cdot 0} = 0 \implies \text{T}(0|0)$

Hochpunkt: $f_{a;k}\left(\dfrac{2}{k}\right) = a \cdot \left(\dfrac{2}{k}\right)^2 \cdot e^{-k \cdot \frac{2}{k}} = \dfrac{4a}{k^2} \cdot e^{-2} = \dfrac{4a}{k^2 \cdot e^2} \implies \text{H}\left(\dfrac{2}{k} \middle| \dfrac{4a}{k^2 \cdot e^2}\right)$

Durch einen festen k-Wert ist auch die x-Koordinate $\dfrac{2}{k}$ des Hochpunktes fest. Alle Punkte mit einem identischen x-Wert liegen auf einer Parallelen zur y-Achse. Da die y-Koordinate noch von *a* abhängig ist, werden auf dieser Parallelen auch verschiedene Punkte erreicht.

1.3 Wird der Parameter *a* fixiert, ist die Verbindung der *x*- und *y*-Koordinate der Hochpunkte über den Parameter *k* für die <u>Ortskurve</u> der Hochpunkte verantwortlich. Somit muss die *x*-Koordinate nach *k* aufgelöst werden und das Ergebnis in die *y*-Koordinate eingesetzt werden.

$$x = \frac{2}{k} \implies k = \frac{2}{x} \implies y = \frac{4a}{k^2 \cdot e^2} = \frac{4a}{\left(\frac{2}{x}\right)^2 \cdot e^2} = \frac{4a}{\frac{4}{x^2} \cdot e^2} = \frac{a}{e^2} \cdot x^2$$

Dies entspricht der in der Aufgabe vorgegebenen Parabelgleichung $p_a(x) = \frac{a}{e^2} \cdot x^2$.

Die Skizze für die Parabel $p_1(x) = \frac{1}{e^2} \cdot x^2$ kann auch ohne die vorherige Ortskurvenbestimmung im Material ergänzt werden, da man weiß, dass sie durch die Hochpunkte der Schar $f_{1;k}$ gehen muss.

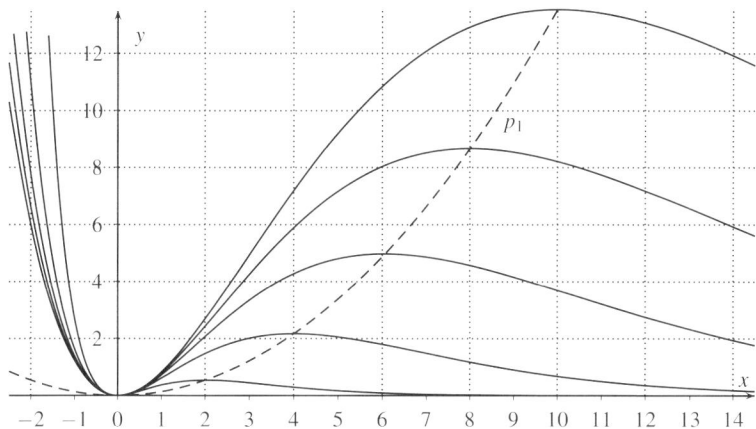

1.4 Aus der Aufgabenstellung zum Aufgabenteil 1.2 ist bekannt, dass die *x*-Koordinate der Hochpunkte $\frac{2}{k}$ ist. Diese Koordinate soll nun 10 sein, weshalb gilt:

$$\frac{2}{k} = 10 \implies k = \frac{2}{10} = \frac{1}{5} = 0.2$$

Als zweite Forderung lässt sich dem Aufgabentext $f_{a;k}(2) = 828$ entnehmen, woraus sich *a* bestimmen lässt. Beim Ersetzen von $f_{a;k}(2)$ durch den entsprechenden Funktionsterm kann direkt der bereits berechnete Wert 0.2 für *k* verwendet werden.

$$f_{a;0.2}(2) = 828$$
$$a \cdot 2^2 \cdot e^{-0.2 \cdot 2} = 828$$
$$a \cdot e^{-0.4} = 207$$
$$a = 207 \cdot e^{0.4} \approx 308.81$$

2.1 Die vier benötigten Summanden werden durch Auswertung der Funktion $f_{309;0,2}$ an den entsprechenden Stellen bestimmt. Beispielhaft hier für den ersten Summanden:

$$f_{309;0,2}(1) = 309 \cdot 1^2 \cdot e^{-0,2 \cdot 1} = 309 \cdot e^{-0,2} \approx 252,99$$

Als Summe S ergibt sich

$$S = f_{309;0,2}(1) + f_{309;0,2}(2) + f_{309;0,2}(3) + f_{309;0,2}(4)$$
$$\approx 252,99 + 828,52 + 1526,25 + 2221,48$$
$$\approx 4829$$

Um die prozentuale Abweichung von der tatsächlichen Verkaufszahl zu bestimmen, berechnet man zuerst die absolute Abweichung, also die Differenz des tatsächlichen und des Näherungswertes: $4892 - 4829 = 63$

Der Anteil dieser Abweichung bezogen auf den Grundwert 4892 ist

$$\frac{63}{4892} \approx 0,0129 = 1,29\%$$

und somit kleiner als 1,5%.

2.2.1 Der Operator „Bestimmen" erlaubt die Verwendung des Taschenrechners zur Ermittlung der Integralwerte. Es ergeben sich, ganzzahlig gerundet, die beiden Werte

$$\int_{0,5}^{4,5} f_{309;0,2}(x)\,dx = \int_{0,5}^{4,5} 309 \cdot x^2 \cdot e^{-0,2 \cdot x}\,dx \approx 4844$$

und

$$\int_{0}^{4} f_{309;0,2}(x)\,dx = \int_{0}^{4} 309 \cdot x^2 \cdot e^{-0,2 \cdot x}\,dx \approx 3663$$

2.2.2 Die Werte der Integrale liefern jeweils den Flächeninhalt der Fläche, die vom Graphen der Funktion im vorgegebenen Intervall mit der x-Achse eingeschlossen wird. Betrachtet man sich Abbildung A und das Intervall $[0;4]$ stellt man fest, dass das Integral in diesem Intervall vollständig unterhalb der Rechteckflächen liegt. Die Näherung durch das Integral wird somit deutlich zu klein.

Im Intervall $[0,5;4,5]$ hingegen liegt die durch das Integral ausgewertete Fläche teilweise oberhalb und teilweise unterhalb der zu nähernden Rechteckflächen. Selbst, wenn sich die beiden Teilflächen (links unterhalb des Rechtecks und rechts oberhalb des Rechtecks) betragsmäßig nicht perfekt aufheben, ergibt sich dennoch eine recht gute Näherung für die Summe der Rechteckflächen.

2.3 Die prinzipielle Form der Stammfunktion $F_{309;0,2}$ ist durch den Formansatz gegeben. Man kann nun diese ableiten und das Ergebnis mit der bekannten Funktion $f_{309;0,2}$ vergleichen, wodurch sich die unbekannten Parameter in $F_{309;0,2}$ bestimmen lassen.

$$
\begin{aligned}
F_{309;0,2}{}'(x) &= (2c_2 \cdot x + c_1) \cdot e^{-0,2 \cdot x} + \left(c_2 \cdot x^2 + c_1 \cdot x + c_0\right) \cdot e^{-0,2 \cdot x} \cdot (-0,2) \\
&= (2c_2 \cdot x + c_1) \cdot e^{-0,2 \cdot x} + \left(-0,2c_2 \cdot x^2 - 0,2c_1 \cdot x - 0,2c_0\right) \cdot e^{-0,2 \cdot x} \\
&= \left(2c_2 \cdot x + c_1 - 0,2c_2 \cdot x^2 - 0,2c_1 \cdot x - 0,2c_0\right) \cdot e^{-0,2 \cdot x} \\
&= \left(-0,2c_2 \cdot x^2 + (2c_2 - 0,2c_1) \cdot x + (c_1 - 0,2c_0)\right) \cdot e^{-0,2 \cdot x}
\end{aligned}
$$

Der Koeffizientenvergleich mit der Funktion $f_{309;0,2}(x) = 309 \cdot x^2 \cdot e^{-0,2 \cdot x}$ liefert die folgenden drei Gleichungen zur Bestimmung der Koeffizienten c_0 bis c_2.

$$
-0,2c_2 = 309; \qquad 2c_2 - 0,2c_1 = 0; \qquad c_1 - 0,2c_0 = 0
$$

Aus der ersten Gleichung folgt direkt $c_2 = \frac{309}{-0,2} = -1545$. Die weiteren Koeffizienten folgen durch schrittweises Berechnen.

$$
2c_2 - 0,2c_1 = 0 \implies 2 \cdot (-1545) - 0,2c_1 = 0 \implies -0,2c_1 = 3090 \implies c_1 = -15450
$$

und

$$
c_1 - 0,2c_0 = 0 \implies -15450 - 0,2c_0 = 0 \implies -0,2c_0 = 15450 \implies c_0 = -77250
$$

Die Stammfunktion lautet $F_{309;0,2}(x) = \left(-1545 \cdot x^2 - 15450 \cdot x - 77250\right) \cdot e^{-0,2 \cdot x}$

2.4 Mittels der Stammfunktion aus dem vorigen Aufgabenteil kann in einem ersten Schritt das betrachtete Integral ausgewertet werden.

$$
\begin{aligned}
\int_{14,5}^{u} f_{309;0,2}(x)\,dx &= F_{309;0,2}(u) - F_{309;0,2}(14,5) \\
&= \left(-1545 \cdot u^2 - 15450 \cdot u - 77250\right) \cdot e^{-0,2 \cdot u} - \left(-626111,25 \cdot e^{-2,9}\right) \\
&= \left(-1545 \cdot u^2 - 15450 \cdot u - 77250\right) \cdot e^{-0,2 \cdot u} + 34450,66
\end{aligned}
$$

In einem zweiten Schritt kann nun der Grenzwert für $u \to \infty$ betrachtet werden. Hierbei ist zu beachten, dass der Exponentialterm den quadratischen Term im ersten Summanden dominiert, weshalb dieser gegen 0 geht. Da der zweite Summand eine Konstante ist und nicht von u abhängig, kann er aus der Grenzwertbildung herausgenommen werden.

$$\lim_{u\to\infty}\int_{14{,}5}^{u} f_{309;0{,}2}(x)\,dx = \lim_{u\to\infty}\left((-1545\cdot u^2 - 15450\cdot u - 77250)\cdot \mathrm{e}^{-0{,}2\cdot u} + 34450{,}66\right)$$

$$= \lim_{u\to\infty}\left((-1545\cdot u^2 - 15450\cdot u - 77250)\cdot \mathrm{e}^{-0{,}2\cdot u}\right) + 34450{,}66$$

$$= 0 + 34450{,}66 \approx 34451 \qquad\qquad \square$$

Wie aus den vorherigen Aufgabenteilen bekannt ist, lässt sich das Integral $\int_{a}^{b} f_{309;0{,}2}(x)\,dx$ als gute Näherung für die Anzahl der verkauften Schuhpaare im Zeitintervall $[a;b]$ betrachten. Das Integral über das Intervall $[14{,}5;\infty)$ liefert somit die Anzahl aller Schuhpaare, die zukünftig noch verkauft werden. Da aktuell noch 36 000 Schuhpaare auf Lager sind und nur noch ca. 34 451 verkauft werden, müssen keine weiteren Schuhpaare produziert werden.

3.1 Nach der Summenregel kann jeder Summand des Funktionsterms von v einzeln abgeleitet werden, wobei für den Teilterm $\sin(0{,}1205\cdot x)$ im zweiten Summanden noch die Kettenregel benötigt wird.

$$V'(x) = 300 - 2000\cdot\cos(0{,}1205\cdot x)\cdot 0{,}1205 = 300 - 241\cdot\cos(0{,}1205\cdot x)$$

Der Kosinus einer Zahl liegt zwischen -1 und 1, womit auch der Term $\cos(0{,}1205\cdot x)$ Werte in diesem Intervall liefert. Da dieser Kosinusterm linear im Term von V' vorkommt, nimmt die Funktion V' auch ihren größten bzw. kleinsten Wert an, wenn man -1 respektive 1 für den Kosinusterm ersetzt.

$$300 - 241\cdot 1 = 59 \leq V'(x) \leq 541 = 300 - 241\cdot(-1)$$

Für die Erläuterung der Werte 59 und 541 muss beachtet werden, dass die Funktion V die Gesamtanzahl der verkauften Sommerschuhe liefert. Aus diesem Grund gibt die Ableitungsfunktion die Anzahl der verkauften Schuhe in den jeweiligen Wochen (die Änderung der Gesamtanzahl) an. Dies bedeutet, dass die Verkaufszahlen pro Woche für den Sommerschuh in den Grenzen von mindestens 59 und höchstens 541 pendeln.

3.2
$$\lim_{x\to\infty}\left(\frac{1}{x}\cdot V(x)\right) = \lim_{x\to\infty}\left(300 - \frac{2000\cdot\sin(0{,}1205\cdot x)}{x}\right) = 300 - 0 = 300$$

Da der Wert des Sinus betragsmäßig durch 1 nach oben begrenzt ist, wird der Zähler des Bruches betragsmäßig nie größer als 2000. Der Nenner geht aber gegen ∞ und somit der ganze Bruch gegen 0.

Weil es sich bei x um die Anzahl der Wochen und bei $V(x)$ um die Gesamtanzahl der verkauften Schuhe handelt, gibt der Quotient $\frac{V(x)}{x}$ die durchschnittlich pro Woche verkaufte Anzahl an Schuhe für die ersten x Wochen an.

Durch die Grenzwertbildung $x \to \infty$ wird somit die auf lange Sicht durchschnittlich pro Woche verkaufte Anzahl an Schuhen bestimmt.

Abitur 2021 – Aufgabe C1 (WTR/CAS)

1.1 Da es sich bei der Grundfläche um ein Quadrat handelt, also $\overrightarrow{AB} = \overrightarrow{DC}$ gilt, lässt sich der Ortsvektor $\overrightarrow{OC}$ des Punktes C durch die Vektorkette $\overrightarrow{OD} + \overrightarrow{AB}$ bestimmen.

$$\overrightarrow{OC} = \overrightarrow{OD} + \overrightarrow{AB} = \begin{pmatrix} -1,75 \\ 6 \\ 0 \end{pmatrix} + \begin{pmatrix} 0 \\ 3,5 \\ 0 \end{pmatrix} = \begin{pmatrix} -1,75 \\ 9,5 \\ 0 \end{pmatrix} \implies C(-1,75|9,5|0)$$

Der Flächeninhalt eines Quadrates, ist die Länge einer beliebigen Seite ins Quadrat.

$$\left| \overrightarrow{AB} \right|^2 = 0^2 + 3,5^2 + 0^2 = 12,25$$

Da eine Längeneinheit 10 m entspricht, entspricht eine Flächeneinheit $100\,\text{m}^2$, weshalb die Bodenfläche einen Flächeninhalt von $1225\,\text{m}^2$ besitzt.

1.2 Da die Ecke E eine positive x-Koordinate besitzt und dichter am Westturm liegt als F, muss sie mit der Ecke A eine Kante des Turms bilden. Durch die Differenz der beiden y-Koordinaten lässt sich erkennen, dass das Dach um $-3,1$ Einheiten in y-Richtung gegenüber dem Boden verschoben ist. Alle Punkte des Daches haben die z-Koordinate $11,4$ und die x-Koordinaten ändern sich vom Boden zum Dach nicht. Somit können die restlichen Punkte angegeben und der Turm in das Koordinatensystem eingezeichnet werden.

$$F(1,75|6,4|11,4) \qquad G(-1,75|6,4|11,4) \qquad H(-1,75|2,9|11,4)$$

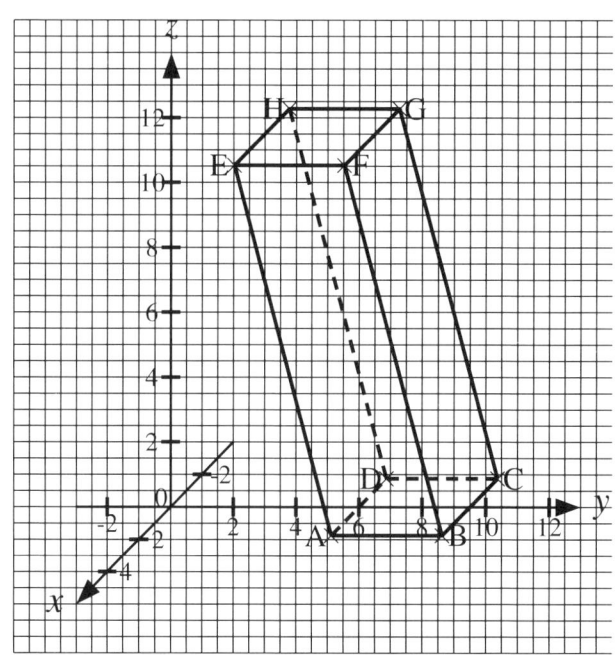

1.3 Die Neigung des Turms kann durch den Winkel zwischen dem Verbindungsvektor $\overrightarrow{AE}$ und dem Einheitsvektor $\vec{e_z}$ in Richtung der z-Achse beschrieben werden.

$$\cos\alpha = \frac{\overrightarrow{AE} \cdot \vec{e_z}}{\left|\overrightarrow{AE}\right| \cdot |\vec{e_z}|}$$

$$= \frac{\begin{pmatrix} 0 \\ -3{,}1 \\ 11{,}4 \end{pmatrix} \cdot \begin{pmatrix} 0 \\ 0 \\ 1 \end{pmatrix}}{\left|\begin{pmatrix} 0 \\ -3{,}1 \\ 11{,}4 \end{pmatrix}\right| \cdot \left|\begin{pmatrix} 0 \\ 0 \\ 1 \end{pmatrix}\right|}$$

$$= \frac{11{,}4}{\sqrt{(-3{,}1)^2 + 11{,}4^2} \cdot 1}$$

$$= \frac{11{,}4}{\sqrt{139{,}57}}$$

$$\alpha = \arccos\left(\frac{11{,}4}{\sqrt{139{,}57}}\right) \approx 15{,}21° \qquad \Box$$

2.1 In der Abbildungsmatrix einer linearen Abbildung, also auch einer Spiegelung, stehen in den Spalten die Bilder der Basisvektoren. Weil es sich in der Aufgabe um eine Spiegelung an der x-z-Ebene handelt und die Punkte $(1|0|0)$ und $(0|0|1)$ in dieser Ebene liegen, werden der erste und der dritte Basisvektor auf sich selbst abgebildet.

Nur der zweite Basisvektor wird durch die Spiegelung auf sein Negatives, also $\begin{pmatrix} 0 \\ -1 \\ 0 \end{pmatrix}$,

abgebildet. Als Spiegelmatrix ergibt sich $S = \begin{pmatrix} 1 & 0 & 0 \\ 0 & -1 & 0 \\ 0 & 0 & 1 \end{pmatrix}$

Hinweis: Da der Operator in der Aufgabe „Angeben" lautet, genügt es, ohne Begründung die Matrix zu notieren.

2.2 Der Ortsvektor des Bildpunktes A' ergibt sich durch Matrix-Vektor-Multiplikation mit der Spiegelmatrix S und dem Ortsvektor des Punktes A.

$$\overrightarrow{OA'} = S \cdot \overrightarrow{OA} = \begin{pmatrix} 1 & 0 & 0 \\ 0 & -1 & 0 \\ 0 & 0 & 1 \end{pmatrix} \cdot \begin{pmatrix} 1{,}75 \\ 6 \\ 0 \end{pmatrix} = \begin{pmatrix} 1{,}75 \\ -6 \\ 0 \end{pmatrix} \implies A'(1{,}75|-6|0)$$

Alternativ könnte man auch argumentieren, dass nur die y-Koordinate eines Punktes bei der Spiegelung an der x-z-Ebene das Vorzeichen wechselt.

Der Abstand der Punkte A und A' bestimmt den Abstand der beiden Türme auf dem Boden, wobei beachtet werden muss, dass eine Längeneinheit im Koordinatensystem 10 m in der Realität entsprechen.

$$\left|\overrightarrow{AA'}\right| = \left|\begin{pmatrix} 0 \\ -12 \\ 0 \end{pmatrix}\right| = 12$$

Die beiden Türme sind auf dem Boden 120 m voneinander entfernt.

3 Da die Türme in Ost-West-Richtung geneigt sind und in Nord-Süd-Richtung breiter als 3 m sind, müssen nur die y-Koordinaten der Eckpunkte des Aufzugsschachts beachtet werden. Nur diese könnten über die Stockwerke hinweg aus dem Gebäude hinausführen. Die y-Koordinate des Eckpunktes A lautet 6. Da der Schacht 3 m breit ist, befinden sich zwei Ecken des Schachtes bei $y = 6{,}3$.

Die y-Koordinate der Punkte F und G beträgt jeweils 6,4 und es gilt: $6{,}3 < 6{,}4$. Somit bleibt der Aufzugschacht auch noch in der Dachebene innerhalb des Quadrates EFGH und entsprechend über alle Stockwerke hinweg innerhalb des Gebäudes.

4 Der Mittelpunkt der Bodenfläche des Ostturms liegt genau in der Mitte zwischen den Punkten B und D. Seine Koordinaten lauten $\left(\frac{1{,}75 + (-1{,}75)}{2} \middle| \frac{9{,}5 + 6}{2} \middle| \frac{0 + 0}{2}\right) = (0|7{,}75|0)$. Die Koordinaten des Mittelpunkts des Westturms entstehen durch Spiegelung an der x-z-Ebene und lauten $(0|-7{,}75|0)$. Der Abstand dieser beiden Punkte und somit die Länge jeder der drei Seiten des geforderten gleichseitigen Dreiecks ist $7{,}75 - (-7{,}75) = 15{,}5$.

Alle Punkte, die auf dem Boden gleich weit von den beiden Mittelpunkten entfernt sind, liegen aus Symmetriegründen auf der x-Achse. Ein allgemeiner Punkt auf der x-Achse ist $P(x|0|0)$. Die x-Koordinate muss so gewählt werden, dass der Abstand zu den Punkten $(0|\pm 7{,}75|0)$ ebenfalls 15,5 beträgt. Durch Anwendung des Satzes von Pythagoras folgt

$$x^2 + 7{,}75^2 = 15{,}5^2$$
$$x^2 = 15{,}5^2 - 7{,}75^2$$
$$x^2 = 180{,}1875$$
$$x \approx \pm 13{,}42$$

Da der gesuchte Punkt für den Obelisken auf dem südlichen Vorplatz liegen soll und die x-Achse nach Süden zeigt, ist die positive der beiden Lösungen die gesuchte.
Der Obelisk war somit an der Position $(13{,}42|0|0)$ geplant.

5.1 Die Uhrzeit 13.30 Uhr korrespondiert mit dem Wert 0 für den Parameter t. Einsetzen des Wertes 0 für t in den Vektor $\vec{v}$ liefert die Richtung der Sonnenstrahlen zum Zeitpunkt 13.30 Uhr: $\vec{v} = \begin{pmatrix} -1 \\ 0 \\ -1{,}2 \end{pmatrix}$

Diese Richtung schließt mit dem Normalenvektor $\begin{pmatrix} 0 \\ 0 \\ 1 \end{pmatrix}$ der x-y-Ebene folgenden Winkel ein:

$$\alpha = \arccos\left(\frac{\left| \begin{pmatrix} -1 \\ 0 \\ -1{,}2 \end{pmatrix} \cdot \begin{pmatrix} 0 \\ 0 \\ 1 \end{pmatrix} \right|}{\left| \begin{pmatrix} -1 \\ 0 \\ -1{,}2 \end{pmatrix} \right| \cdot \left| \begin{pmatrix} 0 \\ 0 \\ 1 \end{pmatrix} \right|} \right) = \arccos\left(\frac{1{,}2}{\sqrt{(-1)^2 + (-1{,}2)^2}} \right) \approx 39{,}81°$$

Der Winkel zum Erdboden beträgt entsprechend $90° - 39{,}81° = 50{,}19°$.

Die Spitze des Obelisken befindet sich 93 m oberhalb des Mittelpunktes seiner Grundfläche; also 9,3 Einheiten in Richtung der z-Achse ausgehend von dem Punkt $(13{,}42|0|0)$. Der Ortsvektor des so entstehenden Punktes ist der Stützvektor der Schattengerade g_s, deren Richtung durch die Richtung der Sonnenstrahlen gegeben ist.

$$g_s : \vec{x} = \begin{pmatrix} 13{,}42 \\ 0 \\ 9{,}3 \end{pmatrix} + r \cdot \begin{pmatrix} -1 \\ 0 \\ -1{,}2 \end{pmatrix} ; r \in \mathbb{R}$$

Gesucht ist der Schnitt dieser Geraden mit dem Boden; also der Ebene $z = 0$. Hierfür setzt man die z Komponente der Geraden in die Ebenengleichung ein und löst nach r auf.

$$9{,}3 + r \cdot (-1{,}2) = 0 \quad \Longrightarrow \quad -1{,}2r = -9{,}3 \quad \Longrightarrow \quad r = 7{,}75$$

Als Ortsvektor und für die Koordinaten des Schattenpunktes S ergeben sich durch Einsetzen des errechneten Werts für den Parameter r:

$$\overrightarrow{OS} = \begin{pmatrix} 13{,}42 \\ 0 \\ 9{,}3 \end{pmatrix} + 7{,}75 \cdot \begin{pmatrix} -1 \\ 0 \\ -1{,}2 \end{pmatrix} = \begin{pmatrix} 5{,}67 \\ 0 \\ 0 \end{pmatrix} \quad \Longrightarrow \quad S(5{,}67|0|0)$$

Hinweis: Bei Verwendung des in der Aufgabenstellung gegebenen Ersatzpunktes P* entsteht die Lösung $S(5{,}75|0|0)$.

5.2 In den Spalten einer Matrix befinden sich die Koordinaten der Bilder der Basisvektoren. Da es sich bei dem Schattenwurf um eine Projektion auf die x-y-Ebene handelt, werden die ersten beiden Basisvektoren $\begin{pmatrix} 1 \\ 0 \\ 0 \end{pmatrix}$ und $\begin{pmatrix} 0 \\ 1 \\ 0 \end{pmatrix}$ auf sich selbst abgebildet. Somit muss nur das Bild des dritten Basisvektors $\begin{pmatrix} 0 \\ 0 \\ 1 \end{pmatrix}$ bestimmt werden, um die vollständige Matrix angeben zu können.

Im Unterschied zur Aufgabe 5.1 ergibt sich nun wegen des Parameters t eine Geradenschar der Form $\vec{x} = \begin{pmatrix} 0 \\ 0 \\ 1 \end{pmatrix} + s \cdot \begin{pmatrix} -1+0{,}2t \\ 0{,}5t \\ -1{,}2+0{,}2t \end{pmatrix}$, die mit der Ebene $z = 0$ geschnitten werden muss.

Analog zur Aufgabe 5.1 muss hierfür die z-Komponente der Geradenschar in die Ebenengleichung eingesetzt werden.

$$1 + s \cdot (-1{,}2+0{,}2t) = 0 \quad \Longrightarrow \quad s \cdot (-1{,}2+0{,}2t) = -1 \quad \Longrightarrow \quad s = \frac{1}{1{,}2-0{,}2t}$$

Zur Bestimmung des Bildpunktes von $(0|0|1)$ muss der Term für s in die Gleichung der Geradenschar eingesetzt werden.

$$\begin{pmatrix} 0 \\ 0 \\ 1 \end{pmatrix} + \frac{1}{1{,}2-0{,}2t} \cdot \begin{pmatrix} -1+0{,}2t \\ 0{,}5t \\ -1{,}2+0{,}2t \end{pmatrix} = \begin{pmatrix} \dfrac{-1+0{,}2t}{1{,}2-0{,}2t} \\ \dfrac{0{,}5t}{1{,}2-0{,}2t} \\ 0 \end{pmatrix}$$

Da der Parameter t nur Werte zwischen 0 und 2 annehmen kann, wird der auftauchende Nenner niemals 0, womit sich abschließend als Abbildungsmatrix M für den Schattenwurf

$$M = \begin{pmatrix} 1 & 0 & \dfrac{-1+0{,}2t}{1{,}2-0{,}2t} \\ 0 & 1 & \dfrac{0{,}5t}{1{,}2-0{,}2t} \\ 0 & 0 & 0 \end{pmatrix}$$

ergibt.

Abitur 2021 – Aufgabe C2.1 (WTR/CAS)

1.1 Die gegebene Gleichung ist eine Anwendung der Formel von Bernoulli. Als mathematisches Modell wird somit eine <u>Bernoullikette</u> und die daraus folgende Binomialverteilung zugrunde gelegt. Dieses Modell ist gerechtfertigt, da ein Korn entweder gekeimt oder nicht gekeimt hat. Außerdem ist die Wahrscheinlichkeit, dass ein beliebiges Korn gekeimt hat, aufgrund der großen Saatmenge auf einem Feld als gleichbleibend anzunehmen.

Die Wahrscheinlichkeit, dass ein Korn keimt, beträgt 0,95. Somit ist der Faktor $0{,}95^{55}$ die Wahrscheinlichkeit dafür, dass 55 Körner gekeimt haben. Analog hierzu ist $0{,}05^5$ die Wahrscheinlichkeit, dass 5 Körner nicht gekeimt haben. Der Binomialkoeffizient $\binom{60}{55}$ gibt die Anzahl der Möglichkeiten an, wie 55 aus 60 Körnern ausgewählt werden können.

Insgesamt berechnet die Formel die Wahrscheinlichkeit, dass bei einer Stichprobe von 60 Körnern 55 gefunden werden, die gekeimt haben. Mit Hilfe des Taschenrechners bestimmt sie sich zu

$$\binom{60}{55} \cdot 0{,}95^{55} \cdot 0{,}05^5 \approx 0{,}1016 = 10{,}16\%$$

1.2 Zur Bestimmung der gesuchten Wahrscheinlichkeiten muss zuerst eine Zufallsgröße festgelegt werden. Betrachtet man Ereignis E_1 bietet sich

X: Anzahl der Körner, die nicht gekeimt haben

an. Mit dieser binomialverteilten Zufallsgröße ergibt sich für E_1:

$$P(E_1) = P(X \le 4) = F_{80;0,05}(4) \approx 0{,}6289 = 62{,}89\%$$

Bei der Bearbeitung des Ereignisses E_2 muss man sich klarmachen, dass die erwartete Anzahl an gekeimten Körnern dem Erwartungswert $E(X)$ der zugehörigen Binomialverteilung entspricht. Dieser berechnet sich zu

$$E(X) = n \cdot p = 80 \cdot 0{,}05 = 4$$

Eine Abweichung um höchstens 2 ergibt das Intervall $[2;6]$ für die Zufallsgröße X. Es folgt:

$$\begin{aligned} P(E_2) &= P(2 \le X \le 6) \\ &= P(X \le 6) - P(X \le 1) \\ &= F_{80;0,05}(6) - F_{80;0,05}(1) \\ &\approx 0{,}8947 - 0{,}0861 \\ &= 0{,}8086 = 80{,}86\% \end{aligned}$$

Zur Bestimmung der Wahrscheinlichkeiten in dieser Teilaufgabe kann wiederum der Taschenrechner (kumulierte Binomialverteilung) verwendet werden.

1.3.1 Der Landwirt wählt als Nullhypothese für den Signifikanztest $H_0 : p \geq 0,95$ in der Hoffnung, diese verwerfen zu können. Der Verwerfungsbereich für H_0 befindet sich auf der linken Seite der Verteilung, weshalb es sich um einen linksseitigen Test handelt. Der Binomialverteilung, die durch das Entnehmen der 250 Körner entsteht, liegt die Zufallsgröße

X: Anzahl der gekeimten Körner

zugrunde.

Ein Signifikanzniveau von 5% bedeutet, dass die Wahrscheinlichkeit für den Fehler 1. Art diesen Wert nicht übersteigen darf. Der Fehler 1. Art entsteht, wenn die Stichprobe im (hier linksseitigen) Verwerfungsbereich landet, obwohl die Nullhypothese tatsächlich korrekt ist. Wegen des linksseitigen Verwerfungsbereichs muss der Wert für die Zufallsgröße X also kleinergleich dem kritischen Wert k sein.

$$P(X \leq k) = F_{250;0,95}(k) \leq 0,05$$

Der Taschenrechner liefert die beiden Werte

$$F_{250;0,95}(231) \approx 0,047 \qquad \text{und} \qquad F_{250;0,95}(232) \approx 0,079,$$

denen man entnehmen kann, dass der kritische Wert $k = 231$ ist. Die Entscheidungsregel lässt sich, wie folgt, formulieren.

> Finden sich in einer Stichprobe von 250 Körnern 231 oder weniger gekeimte, kann man mit einer Sicherheit von 95% (Signifikanzniveau 5%) davon ausgehen, dass die Keimwahrscheinlichkeit geringer als 95% ist.

Der Fehler 2. Art ist allgemein, dass man die Nullhypothese annimmt, obwohl sie falsch ist. Im vorliegenden Fall würde der Landwirt also glauben, dass die Keimwahrscheinlichkeit mindestens 95% beträgt, obwohl sie tatsächlich niedriger ist.

1.3.2 Es ist die Wahrscheinlichkeit gesucht, dass man im Annahmebereich der Nullhypothese aus Aufgabenteil 1.3.1 landet, obwohl die Keimwahrscheinlichkeit 90% beträgt. Nach der entwickelten Entscheidungsregel ist der Annahmebereich das Intervall $[232; 250]$.

$$P(X \geq 232) = 1 - P(X \leq 231) = 1 - F_{250;0,9}(231) \approx 1 - 0,9192 = 0,0808 = 8,08\%$$

Die Zufallsgröße ist identisch zum vorigen Aufgabenteil und für die Bestimmung von $F_{250;0,9}(231)$ muss erneut der Taschenrechner verwendet werden.

Wenn das Signifikanzniveau erhalten bleiben soll, ist die einzige Schraube, an der man drehen kann, um die Wahrscheinlichkeit für den Fehler 2. Art zu verringern, die Stichprobengröße. Die Lösung besteht somit darin, eine größere Anzahl an Körnern zu testen.

2.1 In der Aufgabe werden zwei Merkmale der Körner betrachtet: die Sorte und die Frage, ob es gekeimt hat. Zur Bearbeitung bietet es sich an, die Merkmale/Ereignisse mit Buchstaben zu belegen.

$$A: \text{Korn der Sorte A} \qquad K: \text{Korn hat gekeimt}$$

Das Ereignis $\overline{A}$ korrespondiert hierbei mit dem Fakt, dass ein Korn der Sorte B entnommen wurde.

Mit den so benannten Merkmalen ist in der Aufgabe die bedingte Wahrscheinlichkeit $P_K(\overline{A})$ gesucht, die mittels des Satzes von Bayes berechnet werden kann.

$$
\begin{aligned}
P_K(\overline{A}) &= \frac{P\left(\overline{A}\right) \cdot P_{\overline{A}}(K)}{P(K)} \\
&= \frac{P\left(\overline{A}\right) \cdot P_{\overline{A}}(K)}{P\left(\overline{A}\right) \cdot P_{\overline{A}}(K) + P(A) \cdot P_A(K)} \\
&= \frac{0{,}15 \cdot 0{,}9}{0{,}15 \cdot 0{,}9 + 0{,}85 \cdot 0{,}95} \\
&= \frac{0{,}135}{0{,}9425} \\
&\approx 0{,}1432 = 14{,}32\%
\end{aligned}
$$

2.2 Die Wahrscheinlichkeit $P\left(\overline{K}\right)$, dass ein Korn nicht gekeimt hat, ist die Wahrscheinlichkeit, dass ein Korn von Sorte A ist und nicht gekeimt hat, addiert zu der Wahrscheinlichkeit, dass ein Korn von Sorte B ist und nicht gekeimt hat.

$$
\begin{aligned}
P\left(\overline{K}\right) &= P\left(A \cap \overline{K}\right) + P\left(\overline{A} \cap \overline{K}\right) \\
&= P(A) \cdot P_A\left(\overline{K}\right) + P\left(\overline{A}\right) \cdot P_{\overline{A}}\left(\overline{K}\right) \\
&= 0{,}85 \cdot 0{,}05 + 0{,}15 \cdot 0{,}1 = 0{,}0575
\end{aligned}
$$

Die Wahrscheinlichkeit, dass ein beliebiges Korn nicht gekeimt, beträgt genau 5,75%.

2.3 Betrachtet man zuerst den Nenner, stellt man fest, dass der Anteil aller angefressenen Sämlinge (nämlich 20%) mit dem Faktor 0,9425 multipliziert wird. Dies ist aber genau die Gegenwahrscheinlichkeit zu den 5,75%, dass ein Korn nicht gekeimt hat und somit die Wahrscheinlichkeit, dass ein Korn gekeimt hat. Insgesamt gibt der Nenner also den Anteil aller gekeimten Körner und dann angefressenen Sämlinge an.

Im Zähler wird derselbe Gedanke auf die Sorte B beschränkt. Auf 15% der vorhandenen Fläche keimt die Sorte B mit einer Wahrscheinlichkeit von 0,9. Dieser Wert wird noch mit der Wahrscheinlichkeit, dass ein Sämling der Sorte B angefressen wird, multipliziert. Der Zähler liefert entsprechend den Anteil aller gekeimten Körner und dann angefressenen Sämlinge der Sorte B.

Der Quotient der beiden Terme liefert die Wahrscheinlichkeit, dass ein angefressener Sämling aus einem Korn der Sorte B gekeimt ist.

3 Eine normalverteilte Zufallsgröße ist durch ihren Mittelwert μ und ihre Standardabweichung σ eindeutig bestimmt. Im vorliegenden Fall gilt $\mu = 5\,\text{cm}$ und $\sigma = 1{,}5\,\text{cm}$. Aufgrund des Operators „Bestimmen" dürfen die gesuchten Wahrscheinlichkeiten mit dem Taschenrechner ermittelt werden.

frv.tv/cn

$$P(A) = P(|Y - 5| \le 1) = P(4 \le Y \le 6) \approx 0{,}4950 = 49{,}5\%$$

$$P(B) = P(|Y - 5| \ge 2) = P(Y \le 3) + P(Y \ge 7) \approx 0{,}0912 + 0{,}0912 = 18{,}24\%$$

frv.tv/ry

Da eine Normalverteilung eine Symmetrie bezüglich des Mittelwertes aufweist, lassen sich die beiden Wahrscheinlichkeiten auch durch die Ansätze $P(A) = 2 \cdot P(Y \ge 4)$ und $P(B) = 2 \cdot P(Y \le 3)$ erhalten.

4.1 Um die relativen Häufigkeiten in einem Säulendiagramm abtragen zu können, müssen zuerst die absoluten Häufigkeiten der einzelnen Intervalle durch die Stichprobengröße dividiert werden. Für das Intervall $[0;1)$ führt dies auf die relative Häufigkeit $\frac{60}{200} = 0{,}3$. Analoge Rechnungen und Überführen der entstehenden relativen Häufigkeiten in ein Säulendiagramm führen zu folgendem Ergebnis.

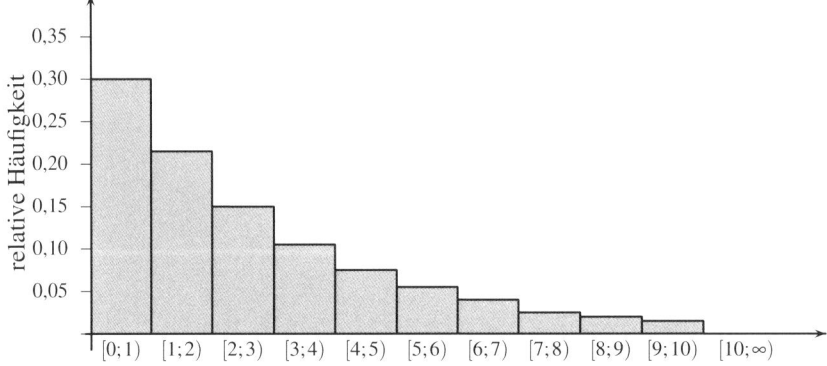

Abstand zwischen zwei benachbarten Körnern in cm

4.2 Eine Exponentialfunktion der Form $f(z) = a \cdot e^{-b \cdot z}$, $a, b > 0$ beschreibt einen exponentiellen Zerfall. Die wichtigsten Eigenschaften eines solchen Zerfalls sind, dass

- er ausgehend von einem Startwert streng monoton fallend ist.
- sich sein Graph für $z \to \infty$ asymptotisch der x-Achse, also dem Wert $y = 0$, annähert.

Betrachtet man das Säulendiagramm aus Aufgabenteil 4.1, erkennt man, dass diese Eigenschaften bei der Verteilung der Kornabstände gegeben sind. Eine solche Exponentialfunktion ist somit als Dichtefunktion für die Verteilung der Kornabstände geeignet.

4.3 Das Integral über eine Dichtefunktion liefert die Wahrscheinlichkeit ein Ergebnis im Integrationsintervall zu erhalten. Für das Integral $\int_0^u f(z)\,\mathrm{d}z$ also die Wahrscheinlichkeit einen Kornabstand kleinergleich u zu finden. Läuft der Wert u gegen unendlich, werden alle möglichen Kornabstände betrachtet, weshalb die zugehörige Wahrscheinlichkeit 100% sein muss. Daraus folgt, dass der Quotient $\frac{a}{b}$ den Wert 100% bzw. 1 haben muss, weshalb a und b gleich sein müssen.

Bei der Bestimmung der Werte für a und b erlaubt der Operator „Bestätigen", dass die angegebenen Werte für a und b in die Formel für die Intervallwahrscheinlichkeiten eingesetzt werden dürfen. Das Intervall $[0;1)$, dass verwendet werden soll und die Integralgrenzen bestimmt, ist durch die Aufgabe vorgegeben.

$$P(0 \le Z \le 1) = \int_0^1 f(z)\,\mathrm{d}z = \frac{0{,}36}{0{,}36} \cdot \left(1 - e^{-0{,}36 \cdot 1}\right) \approx 1 \cdot (1 - 0{,}6977) = 0{,}3023 = 30{,}23\%$$

Der durch das Modell entstehende Wert 30,23% für die relative Häufigkeit im Intervall $[0;1)$ passt gut zu dem tatsächlichen Wert 30%, der in der Lösung zu Teilaufgabe 4.1 beispielhaft berechnet wurde.

4.4 Die Zufallsgröße Z gibt den Abstand zwischen zwei benachbarten Körnern bei Drillsaat an. $P(0 \le Z \le 3)$ ist somit die Wahrscheinlichkeit, dass dieser Abstand zwischen 0 cm und 3 cm liegt. Mit einer Wahrscheinlichkeit von 66,55% findet man also zwei benachbarte Körner, die maximal 3 cm voneinander entfernt liegen.

Für den Vergleich mit dem tatsächlichen Wert aus der Häufigkeitsverteilung müssen die drei relativen Häufigkeiten für die Intervalle $[0;1), [1;2)$ und $[2;3)$ aufsummiert werden, da sie in Gänze das Intervall $[0;3)$ bilden.

$$\frac{60}{200} + \frac{43}{200} + \frac{30}{200} = \frac{133}{200} = 0{,}665 = 66{,}5\% \approx 66{,}55\%$$

Es lässt sich erkennen, dass der beobachtete Wert aus der Häufigkeitsverteilung gut durch das Integral $\int_0^3 f(z)\,\mathrm{d}z$ angenähert wird.

Abitur 2021 – Aufgabe C2.2 (WTR/CAS)

1.1 Die absoluten Häufigkeiten für Männer (321 474), Frauen (194 205) und deren Summe (515 679) können direkt dem Material entnommen werden und in die letzte Spalte der Vier-Felder-Tafel eingetragen werden.

Um die Anzahl der Männer mit Hochschul-/Fachhochschulreife zu ermitteln, muss der Wert 321 474 mit 24,9% multipliziert werden. Es ergibt sich 80 047,026. Als sinnvolle Rundung, wie sie in der Aufgabenstellung gefordert ist, bietet sich eine Rundung auf ganze Zahlen an, wodurch der Wert 80 047 entsteht. Auf analogem Weg entsteht der Wert 67 972 für die Anzahl der Frauen mit Hochschul-/Fachhochschulreife und somit insgesamt 148 019 für alle Personen mit Hochschul-/Fachhochschulreife. Diese Werte füllen die erste Spalte der Vier-Felder-Tafel

Die Werte der mittleren Spalte erhält man, indem man den jeweiligen Wert der ersten Spalte von dem der dritten subtrahiert. Als Ergebnis entsteht die folgende Vier-Felder-Tafel:

	H	$\overline{H}$	Σ
W	67 972	126 233	194 205
$\overline{W}$	80 047	241 427	321 474
Σ	148 019	367 660	515 679

1.2 In der Aufgabe ist eine bedingte Wahrscheinlichkeit gesucht. Es ist bekannt, dass es sich bei der eingeladenen Person, um eine Person mit Hochschul-/Fachhochschulreife handelt. Unter dieser Bedingung ist die Wahrscheinlichkeit gesucht, dass eine männliche Person eingeladen wurde.

Umformuliert lautet die Frage, wie wahrscheinlich es ist, eine der 80 047 männlichen Personen aus allen 148 019 Personen mit Hochschul-/Fachhochschulreife auszuwählen. Mit den in Aufgabenteil 1.1 eingeführten Bezeichungen für die Merkmale ergibt sich als Lösung

$$P_H\left(\overline{W}\right) = \frac{80\,047}{148\,019} \approx 0{,}5408 = 50{,}48\%$$

1.3 In einem ersten Schritt kann man die Einzelwahrscheinlichkeiten sowohl für eine weibliche Person als auch eine Person mit Hochschul-/Fachhochschulreife bestimmen.

$$P(W) = \frac{194\,205}{515\,679} \qquad P(H) = \frac{148\,019}{515\,679}$$

In beiden diesen Fällen sind weibliche Personen mit Hochschul-/Fachhochschulreife beinhaltet, weshalb man diesen Anteil doppelt zählt, wenn man die Summe der beiden Einzelwahrscheinlichkeiten bildet. Zur Bestimmung des Endergebnisses muss deshalb die Wahrscheinlichkeit für eine Frau mit Hochschul-/Fachhochschulreife einmal von der Summe abgezogen werden.

$$P(W \cup H) = P(W) + P(H) - P(W \cap H)$$
$$= \frac{194\,205}{515\,679} + \frac{148\,019}{515\,679} - \frac{67\,972}{515\,679}$$
$$= \frac{274\,252}{515\,679}$$
$$\approx 0{,}5318 = 53{,}18\%$$

1.4 Bei $P_{\overline{H}}(W)$ handelt es sich um eine bedingte Wahrscheinlichkeit, die analog zu der in Aufgabenteil 1.2 bestimmt werden kann. Wie groß ist also der Anteil der Frauen, wenn man nur die Personen ohne Hochschul-/Fachhochschulreife betrachtet? $P(W)$ hingegen ist der Anteil der Frauen an allen Personen.

$$P_{\overline{H}}(W) = \frac{126\,233}{367\,660} \approx 0{,}3433 \qquad P(W) = \frac{194\,205}{515\,679} \approx 0{,}3766$$

Man erkennt, dass die beiden Wahrscheinlichlichkeiten nicht identisch sind, weshalb die Merkmale W und $\overline{H}$ stochastisch abhängig sind.

Im Sachzusammenhang bedeutet dies, dass die Merkmale „Geschlecht" und „höherer Schulabschluss" nicht stochastisch unabhängig sind.

1.5 Da jedes Ergebnis, wie 5 Personen aus 50 ausgewählt werden können, gleichwahrscheinlich ist, lässt sich die gesuchte Wahrscheinlichkeit durch die LaPlace-Formel

$$p = \frac{\text{Anzahl der günstigen Ergebnisse}}{\text{Anzahl aller Ergebnisse}}$$

berechnen.

Für die Anzahl aller Ergebnisse muss man bestimmen, auf wie viele Arten man 5 Elemente aus 50 auswählen kann, wenn deren Reihenfolge irrelevant ist. Diesen Wert liefert der Binomialkoeffizient $\binom{50}{5}$. Für die günstigen Fälle, muss man sowohl 4 Frauen aus 30 auswählen $\left(\binom{30}{4} \text{ Möglichkeiten} \right)$ als auch 1 Mann aus 20 $\left(\binom{20}{1} \text{ Möglichkeiten} \right)$. Alle diese jeweiligen Fälle können noch miteinander kombiniert werden, womit sich als Endergebnis ergibt:

$$P(\text{„4 weibliche Personen"}) = \frac{\binom{30}{4} \cdot \binom{20}{1}}{\binom{50}{5}} = \frac{27\,404 \cdot 20}{2\,118\,760} \approx 0{,}2587 = 25{,}87\%$$

1.6 Überträgt man den Multiple-Choice-Test in ein Urnenmodell, entspricht er dem achtmaligen Ziehen aus einer Urne mit vier Kugeln, wobei die Kugeln zurückgelegt werden und jeweils nur eine Kugel günstig ist. Es handelt sich somit um eine Bernoullikette der Länge 8 mit Einzelerfolgswahrscheinlichkeit $p = \frac{1}{4}$. Die Wahrscheinlichkeit, hierbei 7 Erfolge zu erzielen, liefert die Bernoulliformel.

$$P(\text{„7 richtige Antworten“}) = \binom{8}{7} \cdot \left(\frac{1}{4}\right)^7 \cdot \left(\frac{3}{4}\right)^1 \approx 0{,}0004 = 0{,}04\%$$

1.7 In der vorliegenden Aufgabe wird Ziehen mit einem Griff betrachtet. Der Bewerber zieht ohne Beachtung der Reihenfolge 2 Aufgaben aus einem Pool von n Aufgaben. Diese Anzahl kann wieder durch den Binomialkoeffizienten, also $\binom{n}{2}$, bestimmt werden. Zur Berechnung von n muss der Binomialkoeffizient auf seine Definition zurückgeführt werden.

$$\binom{n}{2} = \frac{n!}{2! \cdot (n-2)!} == \frac{n \cdot (n-1) \cdot (n-2) \cdot \ldots \cdot 1}{2 \cdot 1 \cdot (n-2) \cdot \ldots \cdot 1} = \frac{n \cdot (n-1)}{2}$$

Dieser Term soll 435 liefern, was auf eine quadratische Gleichung führt. Diese darf aufgrund des Operators „Berechnen" nicht mit dem Gleichungs-Menü des Taschenrechners gelöst werden.

$$\frac{n \cdot (n-1)}{2} = 435$$
$$n \cdot (n-1) = 870$$
$$n^2 - n - 870 = 0$$
$$n_{1/2} = \frac{1}{2} \pm \sqrt{\frac{1}{4} + 870}$$
$$= \frac{1}{2} \pm \frac{59}{2}$$

Eine negative Zahl ist für eine Anzahl nicht sinnvoll, weshalb sich $\frac{1}{2} + \frac{59}{2} = 30$ Fragen im Pool befinden.

2.1 Man kann pro Ereignis eine eigene Zufallsgröße wählen. Dass diese binomialverteilt sind, ist bereits durch die Aufgabenstellung gegeben. Die zugehörigen Einzelwahrscheinlichkeiten p sind dem Ringdiagramm im Material zu entnehmen.

<u>Ereignis A:</u> $p = 0{,}274$ $n = 15$

Zufallsgröße X: Anzahl der Männer mit Hauptschulabschluss

$$P(A) = P(X = 4) = B_{15;0{,}274}(4) \approx 0{,}2272 = 22{,}72\%$$

Ereignis B: $p = 0{,}411$ $n = 100$

Zufallsgröße Y: Anzahl der Männer mit mittlerem Schulabschluss

$$P(B) = P(Y < 50) = P(Y \le 49) = F_{100;0,411}(49) \approx 0{,}9553 - 95{,}53\%$$

Ereignis C: $p = 1 - 0{,}249 - 0{,}022 = 0{,}729$ $n = 200$

Zufallsgröße Z: Anzahl der Männer ohne Hochschul-/Fachhochschulreife und ohne Auslandsabschluss

$$
\begin{aligned}
P(C) &= P(142 \le Z \le 153) \\
&= P(Z \le 153) - P(Z \le 141) \\
&= F_{200;0,729}(153) - F_{200;0,729}(141) \\
&\approx 0{,}8910 - 0{,}2450 = 0{,}6460 = 64{,}60\%
\end{aligned}
$$

Zur Bestimmung der Werte für die (kumulierten) Binomialverteilungen muss jeweils der Taschenrechner eingesetzt werden.

2.2 Es fällt auf, dass der Wert 0,249 und auch dessen Gegenwahrscheinlichkeit 0,751 aus dem Ringdiagramm der Männer zur zehnten Potenz genommen werden. Ein hierzu passendes Zufallsexperiment ist das zehnmalige Wählen eines Mannes aus denen, die im Jahr 2017 neu einen Ausbildungsvertrag abgeschlossen haben.

Zur Angabe des Ereignisses sollte man die einzelnen Teilterme betrachten. $0{,}249^{10}$ ist die Wahrscheinlichkeit, dass alle 10 gewählten Männer eine Hochschul-/Fachhochschulreife besitzen und $0{,}751^{10}$ die Wahrscheinlichkeit, dass alle 10 gewählten Männer keine Hochschul-/Fachhochschulreife besitzen. Die Summe liefert die Wahrscheinlichkeit, dass entweder alle oder keiner der 10 Männer die Hochschul-/Fachhochschulreife besitzen. Da dieser Wert von 1 subtrahiert wird, ist das Gegenereignis hiervon gesucht.

> In der Wahl der 10 Männer besitzen weder alle noch keiner eine Hochschul-/Fachhochschulreife; aus beiden Kategorien muss somit mindestens 1 Mann gewählt werden.

2.3 Das Ereignis, dass die

Zufallsgröße X: Anzahl der Männer mit Hauptschulabschluss

größergleich 1 ist, soll eine Wahrscheinlichkeit von mindestens 0,8 besitzen, was auf den Ansatz $P(X \ge 1) \ge 0{,}8$ führt. Mit Hilfe der Gegenwahrscheinlichkeit lässt sich dann der

Wert für n bestimmen.

$$P(X \geq 1) \geq 0{,}8$$
$$1 - P(X = 0) \geq 0{,}8$$
$$P(X = 0) \leq 0{,}2$$
$$(1 - 0{,}274)^n \leq 0{,}2$$
$$0{,}726^n \leq 0{,}2$$
$$n \geq \log_{0{,}726}(0{,}2) \approx 5{,}03$$

Da n ganzzahlig und größergleich 5,03 sein muss, müssen mindestens 6 Männer befragt werden.

3.1 Bei dem vorliegenden Hypothesentest handelt es sich um einen rechtsseitigen Signifikanz-test. Mit der Nullhypothese H_0: $p \leq 0{,}4$ liegt der Verwerfungsbereich auf der rechten Seite der zugehörigen Binomialverteilung. Dieser Binomialverteilung liegt die Zufallsgröße
X: Anzahl der Auszubildenden mit Hochschul-/Fachhochschulreife mit Ausbildungsver-trag im Bereich Industrie und Handel
zugrunde.

Aufgrund des vorgegebenen Signifikanzniveaus soll die Wahrscheinlichkeit des Fehlers 1. Art (Stichprobe landet im Verwerfungsbereich, obwohl die Nullhypothese stimmt) 10% nicht überschreiten. Mit dem kritischen Wert k als erstem Wert im Verwerfungsbereich führt dies auf den Ansatz $P(X \geq k) \leq 0{,}1$. Dieser wird solange umgeformt, bis k mittels des Taschenrechners bestimmt werden kann.

$$P(X \geq k) \leq 0{,}1$$
$$1 - P(X \leq k - 1) \leq 0{,}1$$
$$-P(X \leq k - 1) \leq -0{,}9$$
$$P(X \leq k - 1) \geq 0{,}9$$
$$F_{150;0{,}4}(k - 1) \geq 0{,}9$$

frv.tv/cl

Der Taschenrechner zeigt, dass $k - 1 = 68$ (und somit $k = 69$) der erste Wert ist, bei dem die Wahrscheinlichkeit 90% überschritten wird. Für $k - 1 = 67$ liefert $F_{150;0{,}4}(67)$ noch den Wert $0{,}8939 < 0{,}9$. Die Entscheidungsregel lässt sich, wie folgt, formulieren.

> Befinden sich unter den 150 befragten Auszubildenden mit Hochschul-/Fach-hochschulreife 69 oder mehr, die einen Ausbildungsvertrag im Bereich Indus-trie und Handel abgeschlossen haben, geht man davon aus, dass der entspre-chende Anteil auf über 40% gestiegen ist.

3.2 Die allgemeine Definition des Fehlers 2. Art ist, dass man fälschlicherweise annimmt, dass die Nullhypothese korrekt ist, obwohl dies nicht der Fall ist. Übertragen auf den Sachzusammenhang:

> Man geht davon aus, dass der Anteil an Auszubildenden mit Hochschul-/Fachhochschulreife, die einen Ausbildungsvertrag im Bereich Industrie und Handel abgeschlossen haben, weiterhin bei maximal 40% liegt, obwohl er inzwischen über diesen Wert gestiegen ist.

Für den Fehler 2. Art soll gelten, dass er maximal dreimal so groß ist wie der Fehler 1. Art. Konkret bedeutet dies, dass die Wahrscheinlichkeit, dass man im Annahmebereich der Nullhypothese ($X \leq 68$) landet, im vorliegenden Fall kleinergleich $3 \cdot 0{,}1 = 0{,}3$ sein soll.

Formal: $P(X \leq 68) = F_{150;p}(68) \leq 0{,}3$

Nun muss mittels des Taschenrechners der Wert für p solange eingegrenzt werden, bis $P(X \leq 68)$ den geforderten Wert erreicht. Es bietet sich an, die geforderten drei Nachkommastellen schrittweise zu ermitteln. Bspw. gilt:

$$F_{150;0{,}4}(68) \approx 0{,}9210 \qquad \text{und} \qquad F_{150;0{,}5}(68) \approx 0{,}1442$$

Somit weiß man bereits, dass die erste Nachkommastelle für die gesuchte Wahrscheinlichkeit 4 sein muss.

Führt man dieses Eingrenzungsverfahren fort, erhält man abschließend

$$F_{150;0{,}478}(68) \approx 0{,}3008 \qquad \text{und} \qquad F_{150;0{,}479}(68) \approx 0{,}2923$$

Der zur Alternativhypothese gehörige tatsächliche Anteil p_1 müsste mindestens $0{,}479$ sein.

3 Abitur 2022

Abitur 2022 – Aufgabe B1 (WTR)

1.1 Zur Untersuchung des Verhaltens der Funktionenschar für $t \to +\infty$ müssen die beiden Faktoren der Funktionenschar betrachtet werden. Der Faktor $a \cdot t$ ist ein linearer Term in t, der in Abhängigkeit des Vorzeichens von a gegen plus oder minus Unendlich läuft. Der Exponentialterm $e^{-0{,}25 \cdot t}$ geht für $t \to +\infty$ gegen 0, da der Exponent für immer größere Werte von t immer kleiner wird.

Insgesamt folgt hiermit

$$\lim_{t \to \infty} \left(f_a(t) \right) = \lim_{t \to \infty} \left(a \cdot t \cdot e^{-0{,}25 \cdot t} \right) = 0$$

Der gesuchte Grenzwert ist 0, da der Exponentialterm das Produkt dominiert und somit den Grenzwert bestimmt.

1.2 Wie bereits der Teilaufgabe 1.1 zu entnehmen ist, besteht der Funktionsterm aus einem Produkt zweier Faktoren, weshalb zur Bestimmung der Ableitung die Produktregel verwendet werden muss. Für die beiden Faktoren gilt

$$u(t) = a \cdot t \implies u'(t) = a; \qquad v(t) = e^{-0{,}25 \cdot t} \implies v'(t) = -0{,}25 \cdot e^{-0{,}25 \cdot t}$$

Der Vorfaktor $-0{,}25$ in der Ableitung von v entsteht durch die Kettenregel. Es ist die Ableitung des inneren Terms $-0{,}25 \cdot t$ der Verkettung.

Insgesamt ergibt sich

$$\begin{aligned} f_a{}'(t) &= u'(t) \cdot v(t) + u(t) \cdot v'(t) \\ &= a \cdot e^{-0{,}25 \cdot t} + a \cdot t \cdot (-0{,}25) \cdot e^{-0{,}25 \cdot t} \\ &= a \cdot (1 - 0{,}25t) \cdot e^{-0{,}25 \cdot t} \\ &= a \cdot \left(-\frac{1}{4}t + 1 \right) \cdot e^{-0{,}25 \cdot t} \end{aligned}$$

Das Vorgehen zum Nachweis der zweiten Ableitung ist identisch. Der Exponentialterm bleibt dabei gleich. Lediglich der ganzrationale Term hat sich geändert und lautet nun $a \cdot \left(-\frac{1}{4}t + 1 \right)$

Somit ergibt sich erneut mittels Produkt- und Kettenregel das Kontrollergebnis.

$$f_a''(t) = -\frac{1}{4}a \cdot e^{-0.25 \cdot t} + a \cdot \left(-\frac{1}{4}t + 1\right) \cdot \left(-\frac{1}{4}\right) \cdot e^{-0.25 \cdot t}$$

$$= -\frac{1}{4}a \cdot e^{-0.25 \cdot t} + a \cdot \left(\frac{1}{16}t - \frac{1}{4}\right) \cdot e^{-0.25 \cdot t}$$

$$= a \cdot \left(-\frac{1}{4} + \frac{1}{16}t - \frac{1}{4}\right) \cdot e^{-0.25 \cdot t}$$

$$= a \cdot \left(\frac{1}{16}t - \frac{1}{2}\right) \cdot e^{-0.25 \cdot t}$$

1.3 Bei einem Extrempunkt handelt es sich um ein Maximum oder ein Minimum. In beiden Fällen besitzt der Graph an dieser Stelle eine waagrechte Tangente, deren Steigung den Wert 0 besitzt. Aus diesem Grund muss zur Bestimmung des Punktes die Nullstelle der ersten Ableitung berechnet werden.

$$f_a'(t) = 0$$

$$a \cdot \left(-\frac{1}{4}t + 1\right) \cdot e^{-0.25 \cdot t} = 0; \quad a \cdot e^{-0.25 \cdot t} \neq 0$$

$$-\frac{1}{4}t + 1 = 0$$

$$-\frac{1}{4}t = -1$$

$$t = 4$$

Zur Bestimmung der y-Koordinate des Extrempunktes E muss die Funktionenschar f_a an der Stelle 4 ausgewertet werden.

$$f_a(4) = a \cdot 4 \cdot e^{-0.25 \cdot 4} = 4a \cdot e^{-1} = \frac{4}{e} \cdot a \implies E\left(4 \,\bigg|\, \frac{4}{e} \cdot a\right)$$

Die Entscheidung, ob es sich um einen Hoch- oder Tiefpunkt handelt, lässt sich über das Krümmungsverhalten der Funktion treffen. Zur Bestimmung des Krümmungsverhaltens muss die Stelle 4 in die zweite Ableitung eingesetzt werden.

$$f_a''(4) = a \cdot \left(\frac{1}{16} \cdot 4 - \frac{1}{2}\right) \cdot e^{-0.25 \cdot 4} = a \cdot \left(\frac{1}{4} - \frac{1}{2}\right) \cdot e^{-1} = -\frac{1}{4}a \cdot e^{-1}$$

Da $e^{-1} > 0$ ist, ist der gesamte Term negativ, falls a positiv ist und umgekehrt.

Ist also a positiv, ist die zweite Ableitung an der Stelle 4 negativ und der Graph der Funktion f_a ist in einer Rechtskurve. Der Extrempunkt E ist ein Hochpunkt.

Ist hingegen a negativ, ist die zweite Ableitung an der Stelle 4 positiv und der Graph der

Funktion f_a ist in einer Linkskurve. Der Extrempunkt E ist ein Tiefpunkt.

1.4 Dem Graphen in Material 1 lässt sich entnehmen, dass der Hochpunkt bei $(4|4)$ liegt. Diese Information kann mit dem Ergebnis der vorigen Aufgabe verglichen werden, nämlich dass der Extrempunkt E die Koordinaten $\left(4 \left| \dfrac{4}{e} \cdot a\right.\right)$ besitzt. Gleichsetzen der beiden y-Koordinaten führt auf

$$\frac{4}{e} \cdot a = 4 \implies 4 \cdot a = 4e \implies a = e$$

Dieser Wert für a kann in die allgemeine Gleichung eingesetzt werden. Anschließend muss der Funktionsterm umgeformt werden, bis er der in der Aufgabe vorgegebenen Form entspricht.

$$\begin{aligned}
g(t) &= f_e(t) \\
&= e \cdot t \cdot e^{-0,25 \cdot t} \\
&= t \cdot e^1 \cdot e^{-0,25 \cdot t} \\
&= t \cdot e^{1-0,25 \cdot t}
\end{aligned}$$

1.5 Eine Änderung des Krümmungsverhaltens liegt an einem Wendepunkt einer Funktion vor, da dort von einer Links- in eine Rechtskurve oder umgekehrt gewechselt wird. An einem Wendepunkt besitzt eine Funktion zudem entweder die größte oder die kleinste Steigung. In der 1. Ableitung der Funktion befindet sich dort deshalb entweder ein Hoch- oder ein Tiefpunkt.

Da es sich bei der Funktion g um die Ableitung ihrer Stammfunktion G handelt, müssen die Extrempunkte der Funktion g im Intervall $[2;6]$ gezählt werden. Dem Graphen in Material 1 lässt sich entnehmen, dass nur an der Stelle 4 ein Hochpunkt vorhanden ist. Es gibt folgerichtig auch nur eine Stelle, an der G ihr Krümmungsverhalten wechselt.

Die Aussage ist wahr!

1.6 Wie der Teilaufgabe 1.2 zu entnehmen ist, ist $G(t) = (m \cdot t + b) \cdot e^{1-0,25 \cdot t}$ eine sinnvolle Form für die Stammfunktion G von g. Wie nämlich an der ersten und zweiten Ableitung zu erkennen ist, bleibt der ganzrationale Anteil immer linear, also auch bei der Ableitung von der Stammfunktion G zur Funktion g, die auch eine Funktion der Funktionenschar f_a ist.

Ebenfalls wie in Aufgabenteil 1.2 werden für die Ableitung die Produkt- und die Kettenregel benötigt.

$$G'(t) = m \cdot e^{1-0{,}25 \cdot t} + (m \cdot t + b) \cdot (-0{,}25) \cdot e^{1-0{,}25 \cdot t}$$
$$= m \cdot e^{1-0{,}25 \cdot t} + (-0{,}25m \cdot t - 0{,}25b) \cdot e^{1-0{,}25 \cdot t}$$
$$= (m - 0{,}25m \cdot t - 0{,}25b) \cdot e^{1-0{,}25 \cdot t}$$
$$= (-0{,}25m \cdot t + m - 0{,}25b) \cdot e^{1-0{,}25 \cdot t}$$

Nun müssen die Parameter m und b so gewählt werden, dass der Funktionsterm von G' dem Funktionsterm von g, also $t \cdot e^{1-0{,}25 \cdot t}$ entspricht. Bedeutsam für den Vergleich sind nur die ganzrationalen Terme, da der Exponentialterm ohnehin bereits übereinstimmt.

$$-0{,}25m \cdot t + m - 0{,}25b = t = 1 \cdot t + 0$$

Der Vorfaktor bei t stimmt für $m = -4$ überein, da $(-0{,}25) \cdot (-4) = 1$ gilt. Setzt man diesen Wert für m in den absoluten Term ein, erhält man

$$m - 0{,}25b = -4 - 0{,}25b = 0 \implies -0{,}25b = 4 \implies b = -16$$

Einsetzen der Parameterwerte in den Formansatz liefert

$$G(t) = (-4t - 16) \cdot e^{1-0{,}25 \cdot t} = -4 \cdot (t + 4) \cdot e^{1-0{,}25 \cdot t}$$

1.7 In Material 1 ist zu erkennen, dass der Graph von g im gesamten Bereich von $t > 0$ im Positiven verläuft. Der Flächeninhalt A_k zwischen dem Graphen von g und der t-Achse von 0 bis zu einer festen oberen Grenze k berechnet sich daher durch das bestimmte Integral $\int_0^k g(t)\,dt$.

$$A_k = \int_0^k g(t)\,dt$$
$$= G(k) - G(0)$$
$$= -4 \cdot (k + 4) \cdot e^{1-0{,}25 \cdot k} - (-4) \cdot (0 + 4) \cdot e^{1-0{,}25 \cdot 0}$$
$$= -4 \cdot (k + 4) \cdot e^{1-0{,}25 \cdot k} + 4 \cdot 4 \cdot e^{1}$$
$$= -4 \cdot (k + 4) \cdot e^{1-0{,}25 \cdot k} + 16 \cdot e$$

Um den vollständigen Flächeninhalt A zu berechnen, der im ersten Quadranten von g und der t-Achse eingeschlossen wird, muss man die bisher feste obere Grenze k gegen ∞ laufen lassen.

$$A = \lim_{k \to \infty} A_k$$

$$= \lim_{k \to \infty} \left(-4 \cdot (k+4) \cdot e^{1-0,25 \cdot k} + 16 \cdot e \right)$$

$$= \lim_{k \to \infty} \left(-4 \cdot (k+4) \cdot e^{1-0,25 \cdot k} \right) + 16 \cdot e$$

$$= 0 + 16 \cdot e$$

$$= 16e$$

Der Grenzwert des ersten Summanden ist 0, da der Exponentialterm gegen 0 läuft und das Produkt dominiert. Es wiederholt sich hier die Argumentation aus Teilaufgabe 1.1.

1.8 Das Intervall $[2;8]$ besitzt eine Breite von 6, weshalb durch das Sehnentrapezverfahren drei Sehnentrapeze der Streifenbreite 2 entstehen.

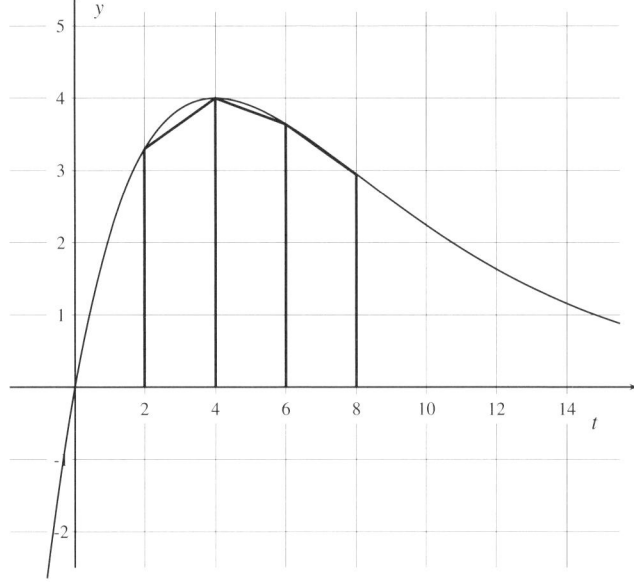

Die Höhe der drei Trapeze im Bild entspricht der Streifenbreite 2. Die Längen der parallelen Seiten erhält man durch die Auswertung der Funktion g an den Stellen $2,4,6$ und 8. Setzt man in der Flächeninhaltsformel für ein Trapez $A_T = \dfrac{h \cdot (a+c)}{2}$ die entsprechenden

Werte ein, folgt für den Naherungswert A_S durch das Sehnentrapezverfahren

$$A_S = 2 \cdot \frac{g(2)+g(4)}{2} + 2 \cdot \frac{g(4)+g(6)}{2} + 2 \cdot \frac{g(6)+g(8)}{2}$$
$$= g(2) + g(4) + g(4) + g(6) + g(6) + g(8)$$
$$= g(2) + 2 \cdot g(4) + 2 \cdot g(6) + g(8)$$
$$\approx 3{,}297 + 2 \cdot 4 + 2 \cdot 3{,}639 + 2{,}943$$
$$= 21{,}518$$

Für die Näherung mit der Keplerschen Fassregel müssen die Parameter a und b aus der Formel in Material 3 durch 2 und 8 ersetzt werden. Als Näherungswert A_K ergibt sich

$$A_K = \frac{8-2}{6} \cdot \left(g(2) + 4 \cdot g\left(\frac{2+8}{2}\right) + g(8) \right)$$
$$= 1 \cdot (g(2) + 4 \cdot g(5) + g(8))$$
$$\approx 3{,}297 + 4 \cdot 3{,}894 + 2{,}943$$
$$= 21{,}816$$

Um die Güte der Näherungen beurteilen zu können, muss zuerst der genaue Wert des Flächeninhalts A durch das Integral $\int_2^8 g(t)\,\mathrm{d}t$ bestimmt werden. Da keine Berechnung dieses Wertes gefordert ist, kann das Integral in den Taschenrechner eingegeben werden. Für den Vergleich ist es sinnvoll auch dieses Ergebnis auf drei Nachkommastellen zu runden.

$$A = \int_2^8 g(t)\,\mathrm{d}t = \int_2^8 t \cdot e^{1-0{,}25 \cdot t}\,\mathrm{d}t \approx 21{,}911$$

Beide Näherungswerte sind als gut einzuschätzen, da sie weniger als 2% vom tatsächlichen Wert A abweichen. Hierbei ist die Näherung durch die Keplersche Fassregel noch genauer als die durch das Sehnentrapezverfahren.

2.1 Die Änderungsrate wird mittels der ersten Ableitung berechnet. Soll diese ein Extremum besitzen, muss die zweite Ableitung an der entsprechenden Stelle 0 sein. Gesucht ist also ein t mit $k''(t) = 0$. Da sich k nur um einen konstanten Summanden von g unterscheidet, gilt $k''(t) = g''(t)$, womit g'' bzw. f_c'' zur Lösung der Gleichung verwendet werden kann.

Die Funktion $f_e{}''$ ist bereits aus Aufgabenteil 1.2 bekannt.

$$f_e{}'' = 0$$

$$e \cdot \left(\frac{1}{16}t - \frac{1}{2}\right) \cdot e^{-0,25 \cdot t} = 0$$

$$\left(\frac{1}{16}t - \frac{1}{2}\right) \cdot e^{1-0,25 \cdot t} = 0; \quad e^{1-0,25 \cdot t} > 0$$

$$\frac{1}{16}t - \frac{1}{2} = 0$$

$$\frac{1}{16}t = \frac{1}{2}$$

$$t = 8$$

Da in der Aufgabenstellung bereits gegeben ist, dass die Änderungsrate ein Extremum besitzt, kann auf die hinreichende Bedingung verzichtet werden. Da wegen der Aufgabenstellung außerdem keine Randwertbetrachtung erforderlich ist, folgt, dass die Änderungsrate der (Gesamt-)Konzentration des Wirkstoffs acht Stunden nach der intravenösen Injektion ein Extremum aufweist.

2.2 Um eine durchschnittliche Konzentration über einen Zeitraum zu erhalten, müssen die aufsummierten Konzentrationen über diesen Zeitraum durch die Länge des Zeitraums geteilt werden. Eine kontinuierliche Aufsummierung der Konzentration über die ersten acht Stunden wird durch das Integral $\int_0^8 k(t)\,dt$ geleistet. Dividiert durch den Zeitraum von acht Stunden, ergibt sich

$$\frac{1}{8}\int_0^8 k(t)\,dt = \frac{1}{8}\int_0^8 1 + t \cdot e^{1-0,25 \cdot t}\,dt$$

$$= \frac{1}{8}\left[t - 4 \cdot (t+4) \cdot e^{1-0,25 \cdot t}\right]_0^8$$

$$= \frac{1}{8}\left[8 - 4 \cdot (8+4) \cdot e^{1-0,25 \cdot 8} - \left(0 - 4 \cdot (0+4) \cdot e^{1-0,25 \cdot 0}\right)\right]$$

$$= \frac{1}{8}\left[8 - 48 \cdot e^{-1} - \left(-4 \cdot 4 \cdot e^{1}\right)\right]$$

$$= \frac{1}{8}\left[8 - 48 \cdot e^{-1} + 16 \cdot e\right]$$

$$\approx \frac{1}{8} \cdot 33,83$$

$$\approx 4,23$$

Weil der Operator „Berechnen" lautet, muss die Stammfunktion K von k angegeben werden. Da aber $k(t) = 1 + g(t)$ gilt, folgt $K(t) = t + G(t)$, und $G(t)$ kann direkt aus Aufgabenteil 1.6 übernommen werden.

Die durchschnittliche Konzentration in den ersten 8 h nach Zuführung der zweiten Dosis beträgt ca. 4,23 mg/l.

2.3 Um feststellen zu können, ob die Konzentration mindestens 14 h den Wert von 2 mg/l erreicht, müssen die beiden Zeitpunkte bestimmt werden, an denen die Funktion k den Wert 2 besitzt. Da der Graph von k eine Verschiebung um 1 Einheit nach oben ausgehend vom Graphen von g ist, lässt sich dem Graphen in Material 1 entnehmen, dass die Konzentration zwischen diesen beiden Zeitpunkten oberhalb von 2 bleibt. Man sucht somit die Lösungen der Gleichung

$$k(t) = 1 + t \cdot e^{1 - 0.25 \cdot t} = 2$$

Diese Gleichung lässt sich analytisch nicht lösen, weshalb auf den Taschenrechner zurückgegriffen werden muss. Für die numerische Lösung einer solchen Gleichung mit dem Taschenrechner werden Startwerte benötigt. Dem Graphen im Material sollte man hierfür die ungefähren Stellen entnehmen, an denen g den Wert 1 liefert. Die Stellen sind ungefähr 0,5 und 15. Diese Startwerte führen auf die Lösungen $t_1 \approx 0{,}41$ und $t_2 \approx 14{,}77$ für die Gleichung $k(t) = 2$.

Die Konzentration bleibt $t_2 - t_1 = 14{,}77 - 0{,}41 = 14{,}36$ Stunden oberhalb von 2 mg/l, womit die 14 Stunden überschritten sind und die Medikamentengabe den Bedingungen genügt.

Abitur 2022 – Aufgabe B2 (WTR)

1.1 Nullstellen sind Stellen, an denen eine Funktion bzw. eine Funktionenschar den Wert 0 zurückliefert. Somit muss die Gleichung $f_b(t) = 0$ gelöst werden. Da die Faktoren $\frac{1}{100}$, b und $e^{-0,02t}$ niemals 0 werden, muss für die Lösung der Gleichung nur der quadratische Term betrachtet werden.

$$0,5t^2 + 2t = 0$$

$$0,5t \cdot (t + 4) = 0$$

Der erste Faktor wird 0 für $t_1 = 0$ und der zweite für $t_2 = -4$.

1.2 Der Parameter b ist ein Faktor in der Berechnung des Funktionswertes von f_b. Die Multiplikation des Funktionswertes mit einem bestimmten Faktor, hier dem Faktor b, entspricht der Streckung des zugehörigen Graphen mit demselben Faktor in Richtung der y-Achse.

Die notwendige Bedingung für das Vorliegen eines Extrempunktes ist $f_b{}'(t) = 0$, da so die Stellen mit Steigung 0 gefunden werden können, an denen ein Hoch- oder Tiefpunkt vorliegen kann. Somit muss in einem ersten Schritt die Ableitung von f_b gebildet werden. Zur Bestimmung der Ableitung muss auf die Produkt- und die Kettenregel zurückgegriffen werden. Zur Vereinfachung der Rechnung lohnt es sich, den konstanten Faktor $\frac{1}{100}b$ auszuklammern.

$$f_b{}'(t) = \frac{1}{100} \cdot b \cdot \left[(t+2) \cdot e^{-0,02t} - 0,02 \cdot \left(0,5t^2 + 2t\right) \cdot e^{-0,02t} \right]$$

$$= \frac{1}{100} \cdot b \cdot \left[(t+2) \cdot e^{-0,02t} + \left(-0,01t^2 - 0,04t\right) \cdot e^{-0,02t} \right]$$

$$= \frac{1}{100} \cdot b \cdot \left(t + 2 - 0,01t^2 - 0,04t\right) \cdot e^{-0,02t}$$

$$= \frac{1}{100} \cdot b \cdot \left(-0,01t^2 + 0,96t + 2\right) \cdot e^{-0,02t}$$

Nun können die Nullstellen der Ableitung $f_b{}'$ berechnet werden.

$$f_b{}'(t) = 0$$

$$\frac{1}{100} \cdot b \cdot \left(-0,01t^2 + 0,96t + 2\right) \cdot e^{-0,02t} = 0; \quad \frac{1}{100} \cdot b \cdot e^{-0,02t} > 0$$

$$-0,01t^2 + 0,96t + 2 = 0$$

$$t^2 - 96t - 200 = 0$$

$$t_{1/2} = 48 \pm \sqrt{48^2 + 200}$$

$$\approx 48 \pm 50,04$$

$$t_1 \approx 98,04 \quad \text{und} \quad t_2 \approx -2,04$$

Als hinreichende Bedingung für das Vorliegen eines Extrempunktes kann als Ergänzung die Auswertung der zweiten Ableitung an den berechneten Stellen betrachtet werden. Durch das Wissen über das Krümmungsverhalten kann eine Entscheidung hinsichtlich eines Hoch- oder Tiefpunkts gefällt werden. Die zweite Ableitung $f_b{}''$ ist hierfür bereits in der Aufgabenstellung vorgegeben.

$$f_b{}''(t_1) = \left(\frac{1}{100}\right)^3 \cdot \left(2 \cdot 98{,}04^2 - 392 \cdot 98{,}04 + 9200\right) \cdot b \cdot e^{-0{,}02 \cdot 98{,}04} \approx -0{,}01b < 0$$

Der Graph von f_b ist an der Stelle t_1 rechtsgekrümmt, weshalb hier ein Hochpunkt vorliegt.

$$f_b{}''(t_2) = \left(\frac{1}{100}\right)^3 \cdot \left(2 \cdot (-2{,}04)^2 - 392 \cdot (-2{,}04) + 9200\right) \cdot b \cdot e^{-0{,}02 \cdot (-2{,}04)} \approx 0{,}01b > 0$$

Der Graph von f_b ist an der Stelle t_2 linksgekrümmt, weshalb hier ein Tiefpunkt vorliegt.

Da die Extrempunkte und nicht nur die Extremstellen gesucht sind, darf nicht vergessen werden, die zu t_1 und t_2 gehörigen y-Koordinaten zu berechnen.

$$f_b(t_1) = f_b(98{,}04) = \frac{1}{100} \cdot \left(0{,}5 \cdot 98{,}04^2 + 2 \cdot 98{,}04\right) \cdot b \cdot e^{-0{,}02 \cdot 98{,}04} \approx 7{,}04b$$

Der Hochpunkt liegt bei H$(98{,}04 | 7{,}04b)$.

$$f_b(t_2) = f_b(-2{,}04) = \frac{1}{100} \cdot \left(0{,}5 \cdot (-2{,}04)^2 + 2 \cdot (-2{,}04)\right) \cdot b \cdot e^{-0{,}02 \cdot (-2{,}04)} \approx -0{,}02b$$

Der Tiefpunkt liegt bei T$(-2{,}04 | -0{,}02b)$.

1.3 Zur Bestimmung des Grenzwertverhaltens lohnt es sich, die beiden Faktoren der Funktionenschar zuerst einzeln zu betrachten. Der Faktor $\frac{1}{100}(0{,}5t^2 + 2t) \cdot b$ geht sowohl für $t \to -\infty$ als auch $t \to \infty$ gegen Unendlich. Dies liegt daran, dass der höchste auftauchende Exponent, der in einem ganzrationalen Term für den Grenzwert verantwortlich ist, gerade und der Wert b positiv ist.

Für den Exponentialterm gilt

$$\lim_{t \to -\infty} e^{-0{,}02t} = \infty \quad \text{und} \quad \lim_{t \to \infty} e^{-0{,}02t} = 0$$

Insgesamt ergibt sich für die beiden Grenzwerte:

$$\lim_{t \to -\infty} f_b(t) = \lim_{t \to -\infty} \frac{1}{100}\left(0{,}5t^2 + 2t\right) \cdot b \cdot e^{-0{,}02t} = \infty$$

$$\lim_{t \to \infty} f_b(t) = \lim_{t \to \infty} \frac{1}{100}\left(0{,}5t^2 + 2t\right) \cdot b \cdot e^{-0{,}02t} = 0$$

Das Ergebnis im zweiten Fall ist 0, da in einem Produkt eines ganzrationalen Terms und eines Exponentialterms der Exponentialterm dominiert.

2.1.1 Die im Text gegebene Bedingung bedeutet bezogen auf die Funktionenschar $f_b(60) = 17$, da 60 Minuten einer Stunde entsprechen.

$$f_b(60) = 17$$

$$\frac{1}{100}\left(0{,}5 \cdot 60^2 + 2 \cdot 60\right) \cdot b \cdot e^{-0{,}02 \cdot 60} = 17$$

$$\frac{96}{5} \cdot e^{-1{,}2} \cdot b = 17$$

$$b = \frac{85}{96} \cdot e^{1{,}2}$$

$$\approx 2{,}94$$

2.1.2 Um die Eingangsraten vergleichen zu können, müssen sie zuerst durch Auswertung der Funktion f an den entsprechenden Stellen bzw. Zeiten ermittelt werden. Da die t-Werte in Minuten angegeben werden, handelt es sich um die Stellen $t = 120$ (entspricht 2 Stunden) und $t = 480$ (entspricht 8 Stunden).

$$f(120) \approx 20{,}25 \qquad \text{und} \qquad f(480) \approx 0{,}24$$

Nach acht Stunden gehen pro Minute nur noch ca. 0,24 Anrufe ein. Das sind fast keine mehr und deutlich weniger als nach zwei Stunden, wo es noch mehr als 20 Anrufe pro Minute sind.

2.1.3 Da bei der Lösung nicht auf den Graphen im Material zurückgegriffen werden darf, muss der Hochpunkt auf einem anderen Weg bestimmt werden. Da die Funktion f gleich der Funktion f_3 der Funktionenschar f_b ist und für die Schar in Teilaufgabe 1.2 die Hochpunkte als Kontrollergebnis gegeben sind, kann dieses Kontrollergebnis für $b = 3$ auch hier verwendet werden.

Setzt man im Kontrollergebnis $b = 3$, erhält man H$(98{,}04|7{,}04 \cdot 3) =$ H$(98{,}04|21{,}12)$. Die maximale Eingangsrate beträgt somit 21,12 Anrufe pro Minute.

2.1.4 Die Krümmung des Graphen von f wechselt in einem Wendepunkt von einer Rechts- in eine Linkskrümmung. An einem Wendepunkt besitzt der Graph keine Krümmung, weshalb $f''(t) = 0$ gelten muss. Da der Operator der Aufgabe „Bestimmen" ist, kann die in der folgenden Rechnung auftauchende quadratische Gleichung mit dem Taschenrechner gelöst werden.

$$f''(t) = 0$$

$$3 \cdot \left(\frac{1}{100} \right)^3 \cdot (2t^2 - 392t + 9200) \cdot e^{-0.02t} = 0; \quad 3 \cdot \left(\frac{1}{100} \right)^3 \cdot e^{-0.02t} > 0$$

$$2t^2 - 392t + 9200 = 0$$

$$t_1 \approx 27{,}06 \qquad \text{und} \qquad t_2 \approx 168{,}74$$

Der Operator „Bestimmen" erlaubt es ebenfalls, dem Graphen zu entnehmen, dass der größere der beiden t-Werte zum Wechsel zwischen Rechts- und Linkskrümmung führt. Der gesuchte Wert ist somit $t_2 \approx 168{,}74$.

Im Sachzusammenhang bedeutet dies, dass nach ca. 169 Minuten die Anzahl der Anrufe pro Minute bei der Spendenaktion am stärksten sinkt.

2.1.5   Betrachtet man sich dem Graphen im Material, ist zu erkennen, dass im vorgegebenen Intervall $[40; 240]$ kein lokales Minimum vorliegt. Der minimale Funktionswert kann deshalb nur an einem der beiden Intervallränder angenommen werden. Die Berechnung der beiden Funktionswerte liefert

$$f(40) = 11{,}86 \qquad \text{und} \qquad f(240) \approx 7{,}23$$

Die gesuchte Rate liegt am rechten Rand und beträgt ungefähr 7,23 Anrufe pro Minute.

Alternativ kann auch durch Verweis auf den Graphen begründet werden, dass der rechte Rand tiefer liegt als der linke.

2.2.1   Leitet man die gesuchte Stammfunktion F ab, so erhält man die Funktion f. Zur Bestimmung eines vernünftigen Formansatzes muss man sich klarmachen, dass bei der Ableitung eines Produkt eines ganzrationales Terms mit einem Exponentialterm der Grad der ganzrationalen Funktion nicht größer werden kann, falls der Exponent des Exponentialterms linear ist. In diesem Fall entsteht durch die innere Ableitung des exponentiellen Faktor lediglich ein weiterer konstanter Faktor, wie auch in der folgenden Ableitung zu sehen ist.

Als Formansatz für F entsteht somit: $F(t) = \underbrace{(a \cdot t^2 + b \cdot t + c)}_{u} \cdot \underbrace{e^{-0.02t}}_{v}$

Ableiten der allgemeinen Form für F mittels Produkt- und Kettenregel führt auf

$$
\begin{aligned}
F'(t) &= u' \cdot v + u \cdot v' \\
&= (2a \cdot t + b) \cdot e^{-0,02t} + (a \cdot t^2 + b \cdot t + c) \cdot (-0,02) \cdot e^{-0,02t} \\
&= (2a \cdot t + b) \cdot e^{-0,02t} + (-0,02a \cdot t^2 - 0,02b \cdot t - 0,02c) \cdot e^{-0,02t} \\
&= (-0,02a \cdot t^2 + (2a - 0,02b) \cdot t + b - 0,02c) \cdot e^{-0,02t}
\end{aligned}
$$

Im letzten Schritt wurden die Summanden nach Potenzen von t sortiert, um einen Vergleich mit der gegebenen Funktion f zu ermöglichen. Im letzten Schritt müssen nun noch die Parameter für a, b und c so bestimmt werden, dass die Ableitung der allgemeinen Stammfunktion mit der konkreten Funktion f übereinstimmen.

Der Vergleich der Koeffizienten von F' und f führt auf die drei Gleichungen

$$
-0,02a = 0,015; \qquad 2a - 0,02b = 0,06; \qquad b - 0,02c = 0
$$

Die Gleichungen können in der angegebenen Reihenfolge verwendet werden, um jeweils einen weiteren Parameter zu berechnen, der dann in die folgenden Gleichungen eingesetzt werden kann.

1. Schritt: $-0,02a = 0,015 \implies a = -0,75$

2. Schritt: $2a - 0,02b = 2 \cdot (-0,75) - 0,02b = 0,06 \implies -0,02b = 1,56 \implies b = -78$

3. Schritt: $b - 0,02c = -78 - 0,02c = 0 \implies -0,02c = 78 \implies c = -3900$

Einsetzen der berechneten Parameter in den Formansatz führt auf das gegebene Kontrollergebnis.

2.2.2 Bei der Berechnung (Operator „Berechnen") eines Integrals muss eine Stammfunktion bestimmt werden und die Differenzbildung beim Einsetzen der Intervallgrenzen erkennbar sein. Die Stammfunktion wurde im vorigen Aufgabenteil bestimmt, so dass sie direkt unter dem Namen F angesprochen werden kann.

$$
\begin{aligned}
50 \cdot \int_0^{480} f(t)\,dt &= 50 \cdot (F(480) - F(0)) \\
&= 50 \cdot ((-0,75 \cdot 480^2 - 78 \cdot 480 - 3900) \cdot e^{-0,02 \cdot 480} - (-3900) \cdot e^0) \\
&= 50 \cdot (-14,50 - (-3900)) \\
&\approx 194275
\end{aligned}
$$

Hinweis: Die zweite Zeile der Rechnung ist nicht unbedingt nötig, da die korrekte Differenzbildung bereits der ersten Zeile zu entnehmen ist.

Das Integral über die Rate der Anrufer in einem bestimmten Zeitraum liefert die Anzahl der Anrufer in diesem Zeitraum. Somit ergibt der Term $50 \cdot \int_{0}^{480} f(t)\,dt$ die mit 50 multiplizierte Anzahl der Anrufer in den ersten 480 Minuten.

Da jeder Anrufer 50 € spendet und die Telefonhotline für 8 Stunden (also 480 Minuten) erreichbar ist, entspricht das Ergebnis des Terms den insgesamt eingenommenen Spenden. Die Spendenaktion bringt also 194275 € ein.

Hinweis: Da jeder Anrufer genau 50 € spendet, ist auch eine Spendensumme von 194250 € eine sinnvolle Antwort, da 194275 kein Vielfaches von 50 ist.

3.1 Die markierte Fläche bezeichnet den Bereich, in dem der Graph der Funktion f oberhalb der Geraden $y = 15$ verläuft. Innerhalb des zur markierten Fläche gehörigen Intervalls können nicht alle Anrufe angenommen werden, da mehr als 15 Anrufe pro Minute eingehen. Durch den Inhalt der Fläche wird wie in der vorigen Teilaufgabe die Anzahl von Anrufen gezählt. Da sich die Fläche aber vollständig oberhalb der Geraden $y = 15$ befindet, werden nur die Anrufe aufsummiert, die nicht direkt angenommen werden können und später automatisiert zurückgerufen werden müssen.

Zur Bestimmung des Flächeninhalts müssen in einem ersten Schritt die Grenzen des betrachteten Intervalls ermittelt werden, also die t-Werte, für die die Funktion f den Wert 50 annimmt. Zu lösen ist somit die Gleichung $f(t) = 0{,}03 \cdot \left(0{,}5t^2 + 2t\right) \cdot e^{-0{,}02t} = 15$. Diese Gleichung lässt sich nicht analytisch lösen, weshalb der numerische Gleichungslöser des wissenschaftlichen Taschenrechners zum Einsatz kommen muss. Da numerische Gleichungslöser immer nur eine Lösung angeben können, muss man für den linken und rechten Rand des Intervalls jeweils eine Berechnung durchführen. Die ungefähren Lösungen (ca. 50 und 170) kann man dem Material 2 entnehmen, so dass die Startwerte für die numerischen Berechnungen schon dicht an den Lösungen gewählt werden können. Der Taschenrechner liefert die Lösungen

$$t_1 \approx 50{,}4 \qquad \text{und} \qquad t_2 \approx 168{,}4$$

Der gesuchte Flächeninhalt A ergibt sich nun durch das Integral in den eben berechneten Grenzen weniger dem Rechteck unterhalb der Linie $y = 15$ in diesem Intervall. Aufgrund des Operators „Bestimmen" kann der Wert des Integrals direkt dem Taschenrechner entnommen werden.

frv.tv/ce

$$A = \int\limits_{t_1}^{t_2} f(t)\,dt - (t_2 - t_1) \cdot 15$$

$$= \int\limits_{50,4}^{168,4} f(t)\,dt - (168,4 - 50,4) \cdot 15$$

$$\approx 2233,35 - 1770$$

$$= 463,35$$

$$\approx 463$$

463 Anrufe können nicht direkt angenommen werden und müssen in die Rückruffunktion verschoben werden.

3.2 In der gegebenen Gleichung werden zwei Werte gleichgesetzt, die beide von dem unbekannten Zeitpunkt $k > 50$ abhängig sind. Mit Hilfe des Ansatzes in Zeile (1) kann somit dieser unbekannte Zeitpunkt bestimmt werden.

Der Aufbau der rechten Seite der Gleichung ist bereits aus früheren Teilaufgaben bekannt. Sie bestimmt die Anzahl der eingehenden Anrufe im Zeitraum von 50 bis k Minuten. Die linke Seite berechnet die maximal mögliche Anzahl an Telefonaten im gleichen Zeitraum. Hierbei ist zu beachten, dass es sich bei diesen Telefonaten sowohl um eingehende Anrufe als auch Rückrufe handeln kann.

Welche Bedeutung dieser Zeitpunkt k besitzt, lässt sich an einer Skizze verdeutlichen.

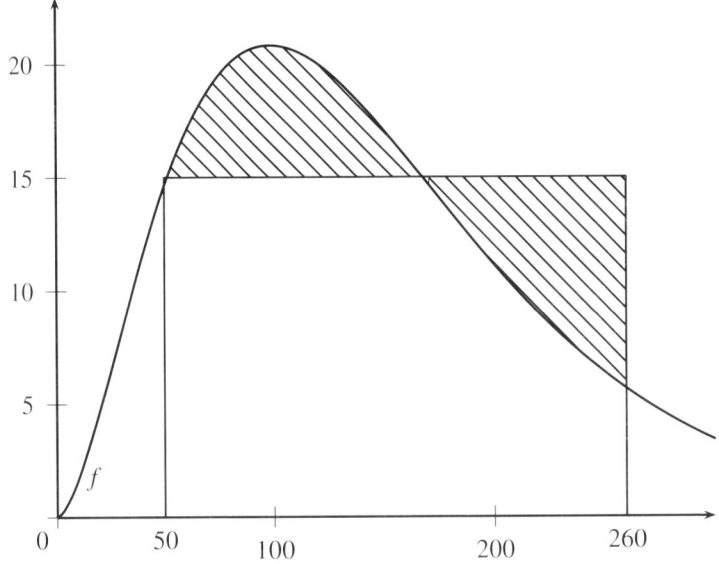

Die Anzahl der eingehenden Einrufe entspricht dem Flächeninhalt unter dem Graphen von f im Intervall $[50;k]$; die maximal möglichen Telefonate dem Flächeninhalt des eingezeichneten Rechtecks. Damit beide Flächeninhalte gleich groß sind, müssen die schraffierten Flächen gleich groß sein. Aus Teilaufgabe 3.1 ist bekannt, dass es sich bei der linken schraffierten Fläche um die Anzahl der notwendigen Rückrufe handelt. Im Zeitraum von 168 bis 260 Minuten werden zusätzlich zu den eingehenden Anrufen die benötigten Rückrufe getätigt. Zusammen dürfen diese aber nie 15 Anrufe überschreiten.

Die Bedeutung des Zeitpunkts $k = 260$ lässt sich abschließend in einem Satz, wie folgt, formulieren.

> Nach 260 Minuten sind nach Beginn der notwendigen Rückruffunktion alle bis zu diesem Zeitpunkt eingegangenen Anrufe bearbeitet worden; d.h. entweder direkt angenommen oder zurückgerufen worden.

Abitur 2022 – Aufgabe C1.1 (WTR)

1.1 Zwei Punkte liegen symmetrisch bezüglich einer Achse, wenn Sie beim Spiegeln an dieser Achse ineinander übergehen. Beim Spiegeln an der x_3-Achse ändert sich die x_3-Koordinate nicht und die beiden anderen Koordinaten wechseln ihr Vorzeichen. Da durch eine Spiegelung an der x_3-Achse nach diesen Regeln der Punkt $B(-11|11|28)$ auf $C(11|-11|28)$ (und umgekehrt) abgebildet wird, liegen die beiden Punkte B und C bezüglich der x_3-Achse symmetrisch zueinander.

1.2 Um die gesamte Länge L des Streckenzuges zu erhalten. müssen die Längen der Verbindungsvektoren der Eckpunkte des Saarpolygons addiert werden. $\left|\overrightarrow{AB}\right|$ liefert bspw. die Länge der Strecke $\overline{AB}$.

$$
\begin{aligned}
L &= \left|\overrightarrow{AB}\right| + \left|\overrightarrow{BC}\right| + \left|\overrightarrow{CD}\right| \\[4pt]
&= \left|\begin{pmatrix} -22 \\ 0 \\ 28 \end{pmatrix}\right| + \left|\begin{pmatrix} 22 \\ -22 \\ 0 \end{pmatrix}\right| + \left|\begin{pmatrix} -22 \\ 0 \\ -28 \end{pmatrix}\right| \\[4pt]
&= \sqrt{(-22)^2 + 28^2} + \sqrt{22^2 + (-22)^2} + \sqrt{(-22)^2 + (-28)^2} \\[4pt]
&\approx 35{,}61 + 31{,}11 + 35{,}61 \\[4pt]
&= 102{,}33
\end{aligned}
$$

Der Streckenzug besitzt in der Realität ca. eine Länge von 102,33 m.

frv.tv/ru

2.1 Für die <u>Parameterform</u> von E benötigt man einen Stütz- und zwei Richtungsvektoren. Der Stützvektor führt vom Ursprung auf die Ebene, womit hierfür der Ortsvektor von A gewählt werden kann. Die Richtungsvektoren sind zwei Vektoren, die die Ebene aufspannen, also nicht in die gleiche Richtung zeigen dürfen. Im vorliegenden Fall können die Verbindungsvektoren von A und B sowie A und C gewählt werden. Dem Bild in Material 2 ist zu entnehmen, dass diese beiden Vektoren nicht kollinear sind.

$$
E: \vec{x} = \overrightarrow{OA} + r \cdot \overrightarrow{AB} + s \cdot \overrightarrow{AC} = \begin{pmatrix} 11 \\ 11 \\ 0 \end{pmatrix} + r \cdot \begin{pmatrix} -22 \\ 0 \\ 28 \end{pmatrix} + s \cdot \begin{pmatrix} 0 \\ -22 \\ 28 \end{pmatrix} \ ; \ r, s \in \mathbb{R}
$$

Eine Möglichkeit die Koordinatenform einer Ebene aus der Parameterform zu erhalten, ist, aus den Gleichungen der drei Komponenten der Parameterform die Parameter zu eliminieren, so dass nur eine Gleichung in x_1, x_2 und x_3 übrig bleibt. Da in der vorliegenden Parameterform in jedem Richtungsvektor ein Eintrag 0 ist, können die Gleichungen der

x_1-und der x_2-Komponente nach r bzw. s aufgelöst werden.

$$x_1 = 11 - 22r \implies x_1 - 11 = -22r \implies -\frac{1}{22}x_1 + \frac{1}{2} = r$$

$$x_2 = 11 - 22s \implies x_2 - 11 = -22s \implies -\frac{1}{22}x_2 + \frac{1}{2} = s$$

Diese Terme für r und s können nun in die Gleichung der dritten Komponenten eingesetzt werden.

$$
\begin{aligned}
x_3 &= 0 + 28 \cdot r + 28 \cdot s \\
&= 28 \cdot \left(-\frac{1}{22}x_1 + \frac{1}{2}\right) + 28 \cdot \left(-\frac{1}{22}x_2 + \frac{1}{2}\right) \\
&= -\frac{28}{22}x_1 + 14 - \frac{28}{22}x_2 + 14 \\
&= -\frac{14}{11}x_1 - \frac{14}{11}x_2 + 28
\end{aligned}
$$

Bringt man die Terme in den Koordinaten x_1 bis x_3 auf eine Seite, erhält man eine Koordinatengleichung. Durchmultiplizieren der Gleichung mit 11 führt auf die ganzzahligen Koeffizienten des Kontrollergebnisses.

$$\frac{14}{11}x_1 + \frac{14}{11}x_2 + x_3 = 28 \implies 14x_1 + 14x_2 + 11x_3 = 308$$

2.2 Da die Normalenvektoren zweier Ebenen denselben Winkel einschließen wie die Ebenen selbst, kann mit der Winkelformel für zwei Vektoren auch der Winkel zwischen zwei Ebenen bestimmt werden. Den Normalenvektor für die Ebene E kann man den Koeffizienten der Koordinatenform entnehmen; also $\vec{n_E} = \begin{pmatrix} 14 \\ 14 \\ 11 \end{pmatrix}$. Die Normale auf die x_1-x_2-Ebene zeigt in Richtung der x_3-Achse, weshalb für diese Ebene der Einheitsvektor in Richtung der x_3-Achse gewählt werden kann: $\vec{e_z} = \begin{pmatrix} 0 \\ 0 \\ 1 \end{pmatrix}$. Setzt man diese beiden Vektoren in die

Winkelformel ein, erhält man

$$\cos \varphi = \frac{\vec{n_E} \circ \vec{e_z}}{|\vec{n_E}| \cdot |\vec{e_z}|}$$

$$= \frac{\begin{pmatrix} 14 \\ 14 \\ 11 \end{pmatrix} \circ \begin{pmatrix} 0 \\ 0 \\ 1 \end{pmatrix}}{\left| \begin{pmatrix} 14 \\ 14 \\ 11 \end{pmatrix} \right| \cdot \left| \begin{pmatrix} 0 \\ 0 \\ 1 \end{pmatrix} \right|}$$

$$= \frac{14 \cdot 0 + 14 \cdot 0 + 11 \cdot 1}{\sqrt{14^2 + 14^2 + 11^2} \cdot \sqrt{0^2 + 0^2 + 1^2}}$$

$$= \frac{11}{\sqrt{513}}$$

$$\approx 0{,}486$$

$$\varphi = \arccos 0{,}486 \approx 60{,}92°$$

Aufgrund der Symmetrie des Quaders, der in Material 2 zu sehen ist, ist die Ebene F genau so weit zur Bodenebene geneigt wie die Ebene E; allerdings in die entgegengesetzte Richtung. Zwischen den beiden Ebenen verbleibt somit als Winkel der flache Boden (180°) weniger 2-mal dem Winkel φ der Ebenen zum Boden.

Term: $180° - 2 \cdot \varphi$

2.3 Zur Verdeutlichung des betrachteten Volumens V_P hilft eine Skizze. An dieser lässt sich erkennen, dass man die Seite ARC als Grundseite G der Pyramide nutzen kann, die die Ebene E aus dem Quader „ausschneidet". Die Höhe h der Pyramide entspricht der Länge der Kante RB. Mit diesen Vorüberlegungen lässt sich der gefragte Anteil bestimmen.

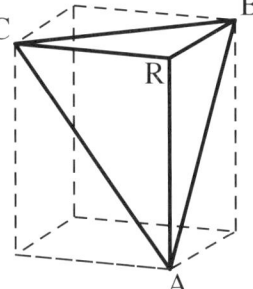

$$V_P = \frac{1}{3} \cdot G \cdot h = \frac{1}{3} \cdot \frac{1}{2} \cdot \left| \vec{RA} \right| \cdot \left| \vec{RC} \right| \cdot \left| \vec{RB} \right| = \frac{1}{6} \left| \vec{RA} \right| \cdot \left| \vec{RC} \right| \cdot \left| \vec{RB} \right| = \frac{1}{6} V_{Quader}$$

Der pyramidenförmige Teilkörper ist ein Sechstel so groß wie der vollständige Quader.

3.1 In Abb. 1 muss die horizontale Strecke mit der Strecke BC korrelieren, da nur so ein vollständiger Streckenzug entstehen kann. Aufgrund der Symmetrie der anderen beiden

Strecken bleibt dann als Blickrichtung nur die x_2-Achse; also $\begin{pmatrix} 0 \\ 1 \\ 0 \end{pmatrix}$.

Da in Abb. 2 nur zwei Strecken zu sehen sind, muss die Blickrichtung entlang einer der ursprünglichen Strecken des Polygons zeigen. Wiederum aufgrund der vorhandenen Symmetrie muss es die Richtung der Strecke BC sein. Ein möglicher Blickrichtungsvektor lautet $\frac{1}{22}\overrightarrow{BC} - \frac{1}{22}\begin{pmatrix} 22 \\ -22 \\ 0 \end{pmatrix} = \begin{pmatrix} 1 \\ -1 \\ 0 \end{pmatrix}$. Natürlich wäre auch $\overrightarrow{BC}$ selbst bereits eine korrekte Lösung.

Am einfachsten lässt sich die Betrachtung von oben zeichnen, wenn man die Punkte B und C senkrecht nach unten auf den Boden (die x_1-x_2-Ebene) projiziert. Nennt man die beiden entstehenden Punkte B' und C', ergibt sich das nebenstehende Bild.

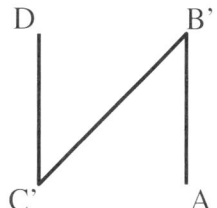

3.2 In I wird eine Strecke beschrieben, da der Parameter r der Gleichung nur Werte im Intervall $[0;1]$ annehmen kann. Für $r = 0$ erhält man den Ortsvektor von A, für $r = 1$ den Ortsvektor von B. $\overrightarrow{OQ}$ ist somit der Ortsvektor eines beliebigen Punktes auf der Strecke $\overline{AB}$. In II wird gefordert, dass der Verbindungsvektor $\overrightarrow{PQ}$ senkrecht auf der Strecke $\overline{AB}$ steht. Dies folgt daraus, dass das angegebene Skalarprodukt den Wert 0 hat. Somit ist auch $\overrightarrow{PQ}$ die kürzeste Verbindung von P zur Strecke $\overline{AB}$ und $\left|\overrightarrow{PQ}\right|$ der Abstand von P zu den drei Strecken. In III wird beschrieben, dass dieser Abstand zur Strecke $\overline{BC}$ den Wert $28 - h$ besitzt. Dies liegt daran, dass der Punkt P auf der x_3-Achse auf der Höhe h liegt. Zur Mitte der oberen Fläche des Quaders fehlen noch $28 - h$ Längeneinheiten.

Der Abstand zur Strecke $\overline{CD}$ muss nicht explizit betrachtet werden, da er aus Symmetriegrunden dem Abstand von P zur Strecke AB entspricht.

4.1 Der Startpunkt der Drohne wird durch den Zeitpunkt $t = 0$ beschrieben. Eingesetzt in die Geradengleichung erhält man den Ortsvektor $\begin{pmatrix} 8 \\ -10 \\ 0 \end{pmatrix} + 0 \cdot \begin{pmatrix} -3 \\ 1 \\ 4 \end{pmatrix} = \begin{pmatrix} 8 \\ -10 \\ 0 \end{pmatrix}$ des Punktes $(8| -10|0)$. Da dieser Punkt die x_3-Koordinate 0 besitzt, liegt er in der x_1-x_2-Ebene und somit auf dem Erdboden.

Je größer der t-Wert ausgehend von 0 wird, um so höher befindet sich die Drohne, da die x_3-Komponente des Richtungsvektors der Flugbahngeraden 4 und somit positiv ist. Da sich jede Sekunde die Höhe der Drohne um 4 m vergrößert, befindet sie sich im Steigflug.

Der Steigungswinkel der Drohne ist der Winkel zwischen dem Erdboden (x_1-x_2-Ebene) und der Flugbahngeraden g der Drohne. Der Formelsammlung lässt sich für den Winkel zwischen einer Ebene und einer Gerade die Formel

$$\sin \alpha = \frac{|\vec{n} \circ \vec{u}_g|}{|\vec{n}| \cdot |\vec{u}_g|}$$

entnehmen, wobei $\vec{n}$ der Normalenvektor der Ebene und $\vec{u}_g$ der Richtungsvektor der Geraden ist. Anwenden der Formel auf die Aufgabe führt zu

$$\sin \alpha = \frac{\left| \begin{pmatrix} 0 \\ 0 \\ 1 \end{pmatrix} \circ \begin{pmatrix} -3 \\ 1 \\ 4 \end{pmatrix} \right|}{\left| \begin{pmatrix} 0 \\ 0 \\ 1 \end{pmatrix} \right| \cdot \left| \begin{pmatrix} -3 \\ 1 \\ 4 \end{pmatrix} \right|}$$

$$= \frac{|0 \cdot (-3) + 0 \cdot 1 + 1 \cdot 4|}{\sqrt{0^2 + 0^2 + 1^2} \cdot \sqrt{(-3)^2 + 1^2 + 4^2}}$$

$$= \frac{4}{\sqrt{26}}$$

$$\alpha = \arcsin\left(\frac{4}{\sqrt{26}}\right)$$

$$\approx 51{,}67°$$

Der Steigungswinkel der Drohne beträgt ungefähr $51{,}67°$.

4.2 Die Seitenkante $\overline{AB}$ wird durch die Gleichung I aus Aufgabenteil 3.2 beschrieben. Um einen möglichen Schnittpunkt der Kante mit der Drohne zu berechnen, muss diese Gleichung mit der Geradengleichung von g gleichgesetzt werden, was auf ein Lineares Gleichungssystem führt.

$$\begin{pmatrix} 11 \\ 11 \\ 0 \end{pmatrix} + r \cdot \begin{pmatrix} -22 \\ 0 \\ 28 \end{pmatrix} = \begin{pmatrix} 8 \\ -10 \\ 0 \end{pmatrix} + t \cdot \begin{pmatrix} -3 \\ 1 \\ 4 \end{pmatrix} \implies \left| \begin{array}{r} -22r + 3t = -3 \\ 0r - 1t = -21 \\ 28r - 4t = 0 \end{array} \right.$$

Da die Untersuchung rechnerisch durchgeführt werden soll, muss dass Gleichungssystem per Hand gelöst werden. Günstigerweise ist der zweiten Gleichung direkt zu entnehmen, dass $t = 21$ gelten muss. Der Wert für t kann in die erste Gleichung eingesetzt werden, um r zu bestimmen.

$$-22r + 3 \cdot 21 = -3 \implies -22r + 63 = -3 \implies -22r = -66 \implies r = 3$$

Bereits in Aufgabenteil 3.2 war zu sehen, dass der Parameter r einen Wert im Intervall $[0; 1]$ besitzen muss, damit der zugehörige Punkt auf der Kante $\overline{AB}$ liegt. Da dies nicht der

Fall ist, kollidiert die Drohne nicht mit der Kante. Außerdem entfällt die Probe mit der dritten Gleichung des Gleichungssystem, da ein möglicher Widerspruch (Geraden wären windschief) zur selben Antwort führen würde.

4.3 In einer Sekunde legt die Drohne genau die Länge des Richtungsvektors von g in Metern zurück.

$$\left| \begin{pmatrix} -3 \\ 1 \\ 4 \end{pmatrix} \right| = \sqrt{(-3)^2 + 1^2 + 4^2} = \sqrt{26} \approx 5{,}1$$

Aus diesem Ergebnis folgt direkt, dass die Drohne eine Geschwindigkeit von $5{,}1\,\frac{m}{s}$ besitzt, die laut Aufgabenstellung noch in Kilometer pro Stunde umgerechnet werden muss.

$$5{,}1\,\frac{m}{s} = 5{,}1 \cdot 60\,\frac{m}{min} = 5{,}1 \cdot 60 \cdot 60\,\frac{m}{h} = 18360\,\frac{m}{h} = 18{,}36\,\frac{km}{h}$$

Die Drohne besitzt eine Geschwindigkeit von ungefähr 18,36 Kilometer pro Stunde.

4.4.1 Zur Festlegung einer Geraden genügen zwei Punkte. Als ersten Punkt lässt sich der Startpunkt der Drohne $(8|-10|0)$ nutzen, da sich dieser bereits auf der x_1-x_2-Ebene befindet. Um einen zweiten Punkt der Geraden zu erhalten, muss ein Schattenpunkt der Drohne auf dem Boden zu irgendeinem Zeitpunkt $t > 0$ bestimmt werden. Die angenehmste Wahl für einen Zeitpunkt ist $t = 1$. Einsetzen des Zeitpunkts $t = 1$ in die Flugbahngeraden g führt auf

$$\begin{pmatrix} 8 \\ -10 \\ 0 \end{pmatrix} + 1 \cdot \begin{pmatrix} -3 \\ 1 \\ 4 \end{pmatrix} = \begin{pmatrix} 5 \\ -9 \\ 4 \end{pmatrix}$$

Nach einer Sekunde befindet sich die Drohne an der Position $(5|-9|4)$. Der zugehörige Ortsvektor kann als Stützvektor für die Schattenwurfgerade h_S der Drohne zu diesem Zeitpunkt genutzt werden. Die Richtung des Schattens wird durch die Richtung der Sonnenstrahlen bestimmt, womit $\vec{v}$ der Richtungsvektor von h_S ist.

$$h_S : \vec{x} = \begin{pmatrix} 5 \\ -9 \\ 4 \end{pmatrix} + s \cdot \begin{pmatrix} 1 \\ 0 \\ -2 \end{pmatrix}$$

Damit die Schattenwurfgerade den Boden schneidet, muss die x_3-Komponente 0 betragen, was auf die Gleichung $4 - 2s = 0$ führt. Die Lösung dieser Gleichung ist $s = 2$. Zur Bestimmung des Schattenpunkts S selbst wird $s = 2$ in die Parameterform von h_S eingesetzt.

$$\vec{OS} = \begin{pmatrix} 5 \\ -9 \\ 4 \end{pmatrix} + 2 \cdot \begin{pmatrix} 1 \\ 0 \\ -2 \end{pmatrix} = \begin{pmatrix} 7 \\ -9 \\ 0 \end{pmatrix} \implies S(7|-9|0)$$

Die Schattengerade g' der Drohne auf dem Boden führt ausgehend vom Startpunkt der Drohne durch den Punkt S.

$$g': \vec{x} = \begin{pmatrix} 8 \\ -10 \\ 0 \end{pmatrix} + t \cdot \left(\begin{pmatrix} 7 \\ -9 \\ 0 \end{pmatrix} - \begin{pmatrix} 8 \\ -10 \\ 0 \end{pmatrix} \right) = \begin{pmatrix} 8 \\ -10 \\ 0 \end{pmatrix} + t \cdot \begin{pmatrix} -1 \\ 1 \\ 0 \end{pmatrix}, \, t \geq 0$$

Genau genommen ist die Schattengerade g' eigentlich eine Schattenhalbgerade, da die Drohne für die Zeiten $t < 0$ noch keinen Schatten wirft.

4.4.2   Die Strecke $\overline{BC}$ verläuft auf der Höhe von 28 Metern parallel zum Boden. Betrachtet man die Richtung der Sonnenstrahlen, stellt man fest, dass der Schattenverlauf beider Punkte pro 2 m in der Höhe um 1 Meter in Richtung der x_1-Koordinate verschoben werden. Da beide Punkte ursprünglich auf der gleichen Höhe sind und die beiden Schatten auf dem Boden um die gleiche Strecke verschoben sind, ist der Abstand der Schattenpunkte auf dem Boden derselbe wie der der Ausgangspunkte B und C.

4.4.3   Da die Punkte A und D bereits auf dem Boden sind, sind sie gleich ihrer Schattenpunkte. Die x_1- und die x_2-Koordinate von A sind 11. Dem Koordinatensystem in Material 4 ist zu entnehmen, dass dies auf den Punkt I zutrifft. Mit derselben Überlegung lässt sich begründen, dass G der Schattenpunkt von D sein muss, weil beide Koordinaten den Wert -11 besitzen.

Die x_2-Komponente der Sonnenstrahlrichtung ist 0, weshalb die Schattenpunkte von B und C nur in Richtung der x_1-Achse verschoben sind. B besitzt die x_2-Koordinate 11, die beim Schattenpunkt erhalten bleibt. I ist bereits der Schattenpunkt von A, weshalb J der Schattenpunkt von B sein muss, da es sich um die einzigen beiden Punkte mit x_2-Koordinate 11 handelt. Nach Ausschlussverfahren muss H der Schattenpunkt von C sein.

Abitur 2022 – Aufgabe C1.2 (WTR/CAS)

1.1 Zuerst muss man sich klarmachen, dass ein Viereck bereits dann ein Parallelogramm ist, wenn zwei gegenüberliegende Seiten parallel und gleichlang sind. Vektoriell bedeutet dies, dass die beiden Verbindungsvektoren zwischen den Eckpunkten dieser beiden Seiten identisch sind. Im vorliegenden Fall kann man bspw. die Seiten $\overline{EF}$ und $\overline{HC}$ wählen.

$$\overrightarrow{EF} = \begin{pmatrix} 2 \\ 0 \\ 2 \end{pmatrix} - \begin{pmatrix} 0 \\ 0 \\ 3 \end{pmatrix} = \begin{pmatrix} 2 \\ 0 \\ -1 \end{pmatrix} \quad \text{und} \quad \overrightarrow{HC} = \begin{pmatrix} 2 \\ 3 \\ 0 \end{pmatrix} - \begin{pmatrix} 0 \\ 3 \\ 1 \end{pmatrix} = \begin{pmatrix} 2 \\ 0 \\ -1 \end{pmatrix}$$

Die Vektoren $\overrightarrow{EF}$ und $\overrightarrow{HC}$ sind identisch, womit es sich bei dem Viereck um ein Parallelogramm handelt.

Um zu zeigen, dass es sich nicht um ein Rechteck handelt, genügt es <u>einen</u> Innenwinkel des Vierecks zu finden, der nicht 90° beträgt, da in einem Rechteck alle Innenwinkel 90° sein müssen. Vektoriell bedeutet dies, dass das Skalarprodukt der Verbindungsvektoren zweier anliegender Seiten nicht 0 sein darf, womit die beiden Vektoren keinen rechten Winkel einschließen.

Für die Rechnung benötigt man einen weiteren Verbindungsvektor. Hierfür kann man $\overrightarrow{EH} = \begin{pmatrix} 0 \\ 3 \\ -2 \end{pmatrix}$ verwenden. Das <u>Skalarprodukt</u> mit $\overrightarrow{EF}$ liefert:

frv.tv/rw

$$\overrightarrow{EH} \cdot \overrightarrow{EF} = \begin{pmatrix} 0 \\ 3 \\ -2 \end{pmatrix} \cdot \begin{pmatrix} 2 \\ 0 \\ -1 \end{pmatrix} = 0 \cdot 2 + 3 \cdot 0 + (-2) \cdot (-1) = 2 \neq 0$$

Es handelt sich also um kein Rechteck, da an der Ecke E kein rechter Winkel vorliegt.

1.2 Zur Darstellung der Parameterform einer Ebene benötigt man einen Stützvektor und zwei nicht kollineare Richtungsvektoren. Da man weiß, dass es sich bei dem Viereck EFCH um ein Parallelogramm handelt, kann der Ortsvektor eines Eckpunktes als Stützvektor und die Verbindungsvektoren jeweils zweier Punkte, die nicht parallele Seiten beschreiben, gewählt werden.

$$J: \vec{x} = \overrightarrow{OE} + r \cdot \overrightarrow{EF} + s \cdot \overrightarrow{EH} = \begin{pmatrix} 0 \\ 0 \\ 3 \end{pmatrix} + r \cdot \begin{pmatrix} 2 \\ 0 \\ -1 \end{pmatrix} + s \cdot \begin{pmatrix} 0 \\ 3 \\ -2 \end{pmatrix}; \; r,s \in \mathbb{R}$$

frv.tv/rz

Zur Bestimmung der Koordinatenform benötigen wir einen Normalenvektor $\vec{n} = \begin{pmatrix} n_1 \\ n_2 \\ n_3 \end{pmatrix}$ der Ebene. Einen solchen erhält man durch das <u>Vektorprodukt</u> zweier Vektoren, die Richtungen innerhalb der Ebene beschreiben. Ist bereits eine Parameterform gegeben, lassen sich die Richtungsvektoren verwenden.

$$\vec{n} = \vec{EF} \times \vec{EH} = \begin{pmatrix} 2 \\ 0 \\ -1 \end{pmatrix} \times \begin{pmatrix} 0 \\ 3 \\ -2 \end{pmatrix} = \begin{pmatrix} 0 \cdot (-2) - (-1) \cdot 3 \\ (-1) \cdot 0 - 2 \cdot (-2) \\ 2 \cdot 3 - 0 \cdot 0 \end{pmatrix} = \begin{pmatrix} 3 \\ 4 \\ 6 \end{pmatrix}$$

Die allgemeine Form einer Koordinatengleichung lautet $n_1 \cdot x + n_2 \cdot y + n_3 \cdot z = d$, woran zu erkennen ist, dass die Komponenten des Normalenvektors als Koeffizienten auftauchen. In der vorliegenden Aufgabe ergibt sich durch Einsetzen der Komponenten $3x + 4y + 6z = d$. Es verbleibt, d zu bestimmen.

Ein Punkt liegt auf der Ebene, wenn seine Koordinaten die Punktprobe mit der Koordinatenform erfüllen. Somit kann ein beliebiger Punkt der Ebene verwendet werden, um das unbekannte d zu bestimmen. Am einfachsten wählt man den Punkt, dessen Ortsvektor der Stützvektor der Parameterform ist. Einsetzen der Koordinaten von E liefert $3 \cdot 0 + 4 \cdot 0 + 6 \cdot 3 = 18$. Die gesuchte Gleichung lautet somit

$$J: 3x + 4y + 6z = 18$$

1.3 In dieser Aufgabe muss der Winkel zwischen zwei Ebenen berechnet werden. Da es sich bei dem Neigungswinkel gegenüber der x-y-Ebene um den kleineren der beiden möglichen Schnittwinkel handelt, kann die die entsprechende Formel aus der Formelsammlung verwendet werden.

$$\cos \alpha = \frac{|\vec{n_1} \cdot \vec{n_2}|}{|\vec{n_1}| \cdot |\vec{n_2}|}$$

Bei den Vektoren handelt es sich um die Normalenvektoren der beiden beteiligten Ebenen.

Im vorliegenden Fall ist $\vec{n_1} = \begin{pmatrix} 3 \\ 4 \\ 6 \end{pmatrix}$ der Normalenvektor der Ebene J und $\vec{n_2} = \begin{pmatrix} 0 \\ 0 \\ 1 \end{pmatrix}$ der

Normalenvektor der x-y-Ebene.

$$\cos\alpha = \frac{\left|\begin{pmatrix}3\\4\\6\end{pmatrix}\cdot\begin{pmatrix}0\\0\\1\end{pmatrix}\right|}{\left|\begin{pmatrix}3\\4\\6\end{pmatrix}\right|\cdot\left|\begin{pmatrix}0\\0\\1\end{pmatrix}\right|}$$

$$= \frac{|3\cdot0+4\cdot0+6\cdot1|}{\sqrt{3^2+4^2+6^2}\cdot\sqrt{0^2+0^2+1^2}}$$

$$= \frac{6}{\sqrt{61}}$$

Mittels Anwendung des Arkuskosinus bestimmt man abschließend den gesuchten Winkel.

$$\cos\alpha = \frac{6}{\sqrt{61}} \implies \alpha = \arccos\left(\frac{6}{\sqrt{61}}\right) \approx 39{,}8°$$

Die Ebene J ist um ca. 39,8° zur x-y-Ebene geneigt.

1.4 Jeder Punkt auf der y-Achse wird ausgehend vom Ursprung durch eine Verschiebung nur in Richtung dieser Achse erreicht. Ein Ortsvektor eines solchen Punktes hat somit in der x- und z-Komponente den Wert 0. Entsprechend gilt dies für die Koordinaten des Punktes. Setzt man in die Koordinatengleichung von J für x und z den Wert 0 ein, kann man nach y auflösen und hat alle Koordinaten von S_y bestimmt.

Der Eckpunkt E ist bereits Teil der Figur und muss nicht im Bild ergänzt werden. $S_x(6|0|0)$ befindet sich auf der x-Achse beim Skalenstrich 6 und $S_y(0|4{,}5|0)$ auf der y-Achse mittig zwischen den Skalenstrichen 4 und 5. Wenn man sich nicht verzeichnet hat, liegen diese Punkte auf der Verlängerung der Strecken $\overline{EF}$ und $\overline{EH}$, da diese zwei Kanten der Pyramide definieren. Abschließend darf nicht vergessen werden, die noch fehlende Kante $\overline{S_xS_y}$ zu zeichnen.

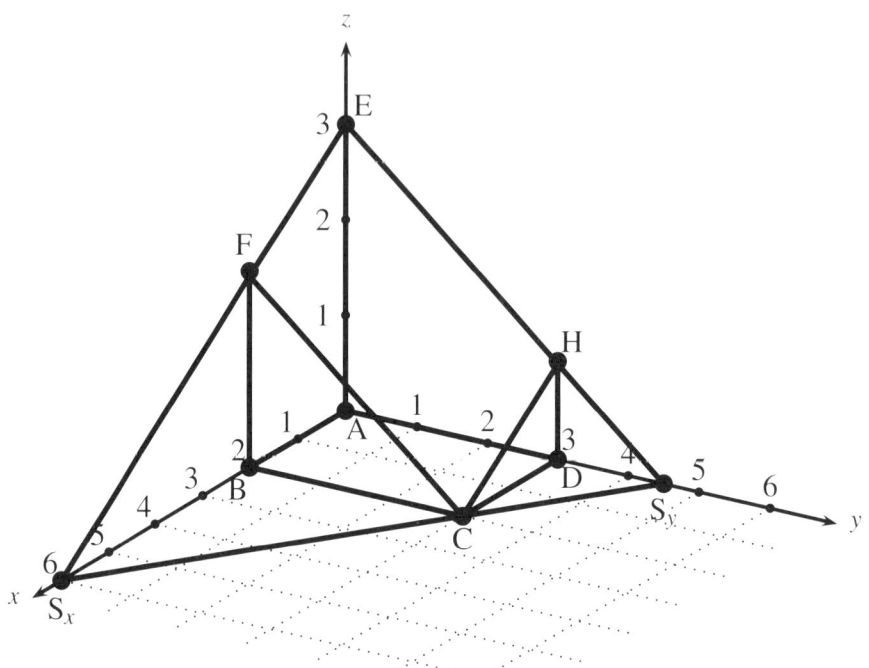

1.5 Das Volumen des Körpers K selbst lässt sich direkt nicht bestimmen. Schaut man sich aber das Bild in Teilaufgabe 1.4 an, stellt man fest, dass es sich bei den beiden Teilkörpern, die K zur Pyramide AS_xS_yE ergänzen, ebenfalls um Pyramiden handelt. Ebenso wie bei der Pyramide AS_xS_yE ergeben sich bei den kleineren Pyramiden die Höhen in Richtung der Koordinatenachsen, da die Grundflächen BCF und CDH parallel zu den Koordinatenebenen liegen.

Das Volumen V_K von K ergibt sich durch den Abzug der Volumina der beiden kleinen Pyramiden ($BCFS_x$ und $CDHS_y$) von der Pyramide AS_xS_yE.

Volumen V_1 der Pyramide AS_xS_yE:

$$V_1 = \frac{1}{3} \cdot \frac{1}{2} \cdot |\overrightarrow{AS_y}| \cdot |\overrightarrow{AE}| \cdot |\overrightarrow{AS_x}| = \frac{1}{6} \cdot 4{,}5 \cdot 3 \cdot 6 = 13{,}5$$

Volumen V_2 der Pyramide $BCFS_x$:

$$V_2 = \frac{1}{3} \cdot \frac{1}{2} \cdot |\overrightarrow{BC}| \cdot |\overrightarrow{BF}| \cdot |\overrightarrow{BS_x}| = \frac{1}{6} \cdot 3 \cdot 2 \cdot 4 = 4$$

Volumen V_3 der Pyramide $CDHS_y$:

$$V_3 = \frac{1}{3} \cdot \frac{1}{2} \cdot |\overrightarrow{DC}| \cdot |\overrightarrow{DH}| \cdot |\overrightarrow{DS_y}| = \frac{1}{6} \cdot 2 \cdot 1 \cdot 1{,}5 = 0{,}5$$

Zur Bestimmung des prozentualen Anteils von K an der gesamten Pyramide muss das

Volumen von K durch das Volumen der Pyramide AS_xS_yE dividiert werden.

$$\frac{V_K}{V_1} = \frac{V_1 - V_2 - V_3}{V_1} = \frac{13{,}5 - 4 - 0{,}5}{13{,}5} = \frac{9}{13{,}5} = \frac{2}{3} \approx 0{,}667 = 66{,}7\%$$

Der Anteil des Körpers K an der Pyramide AS_xS_yE beträgt ca. 66,7%.

1.6 Liegt eine Gerade in einer Ebene, so liegt auch jeder Punkt der Gerade in dieser Ebene. Dies bedeutet, dass für jeden Wert des Parameters t in der Geradengleichung g_a beim Einsetzen der Komponenten der Geradengleichung in die Koordinatengleichung der Ebene J eine wahre Aussage entstehen muss. Das Einsetzen der Komponenten von g_a in das Kontrollergebnis $3x + 4y + 6z = 18$ aus Teilaufgabe 1.2 liefert

$$3 \cdot (2t - 2at) + 4 \cdot 3at + 6 \cdot (3 - t - at) = 18$$
$$6t - 6at + 12at + 18 - 6t - 6at = 18$$
$$6t - 6t + 12at - 6at - 6at + 18 = 18$$
$$18 = 18$$

Die entstandene wahre Aussage $18 = 18$ ist unabhängig vom Parameter t, weshalb jeder Punkt aller Geraden der Schar g_a und somit auch jede Gerade der Schar in J liegt.

1.7 Wenn der Punkt C auf der Geradenschar liegt, bedeutet dies, dass der Ortsvektor von C durch die Gleichung der Geradenschar dargestellt werden kann, also

$$\overrightarrow{OC} = \begin{pmatrix} 2 \\ 3 \\ 0 \end{pmatrix} = \begin{pmatrix} 0 \\ 0 \\ 3 \end{pmatrix} + t \cdot \left(\begin{pmatrix} 2 \\ 0 \\ -1 \end{pmatrix} + a \cdot \begin{pmatrix} -2 \\ 3 \\ -1 \end{pmatrix} \right)$$

Betrachtet man jede Komponente der Vektoren einzeln, entstehen die folgenden drei Gleichungen

$$2 = 2t - 2at; \qquad 3 = 3at; \qquad 0 = 3 - t - at$$

Der zweiten Gleichung ist direkt zu entnehmen, dass at genau dem Wert 1 entspricht, was so in der ersten Gleichung ersetzt werden kann, um t zu berechnen.

$$2 = 2t - 2at = 2t - 2 \implies 4 = 2t \implies t = 2$$

Einsetzen des Wertes $t = 2$ in die Gleichung $at = 1$ liefert für a den Wert $\frac{1}{2}$.

Die dritte Gleichung muss als Probe verwendet werden, um sicher sagen zu können, dass C auf der Geraden der Schar liegt, die durch $a = \frac{1}{2}$ festgelegt wird.

$$0 = 3 - t - at \implies 0 = 3 - 2 - \frac{1}{2} \cdot 2 \implies 0 = 3 - 2 - 1 = 0 \checkmark$$

Um zu zeigen, dass die Gerade die gesamte Strecke $\overline{EC}$ enthält, genügt es zu zeigen, dass die Gerade die Punkte E und C enthält. Der Punkt E liegt auf der Geraden, da der Ortsvektor von E der Stützvektor der Geraden ist. Der Punkt C muss ebenfalls auf der Geraden liegen, da $a = \dfrac{1}{2}$ so gewählt wurde, dass diese Bedingung erfüllt ist.

1.8 Aus Aufgabenteil 1.6 ist bekannt, dass alle Geraden der Geradenschar in der Ebene J liegen. Da der Stützvektor aller Geraden der Ortsvektor von E ist, sind alle Geraden gesucht, die durch E und eine der beiden Strecken $\overline{CF}$ oder $\overline{CH}$ und somit durch das Parallelogramm verlaufen.

Aus der Aufgabe 1.7 ist bekannt, dass für den Wert $a = 0{,}5$ die Gerade durch E und C läuft. C ist für beide der Strecken $\overline{CF}$ und $\overline{CH}$ eine der beiden Ecken. Um nun alle möglichen Werte für a zu finden, müssen die verbleibenden Ecken F und H betrachtet werden.
Damit die Gerade entlang der Kante EF verläuft, muss der Richtungsvektor der Geradenschar so gewählt werden, dass er kollinear zum Vektor $\overrightarrow{EF}$ ist.

$$k \cdot \overrightarrow{EF} = k \cdot \begin{pmatrix} 2 \\ 0 \\ -1 \end{pmatrix} = \begin{pmatrix} 2 \\ 0 \\ -1 \end{pmatrix} + a \cdot \begin{pmatrix} -2 \\ 3 \\ -1 \end{pmatrix}$$

Man sieht sofort, dass diese Bedingung für $k = 1$ und $a = 0$ erfüllt ist.

Dieselbe Überlegung führt für Kante EH auf die Gleichung

$$k \cdot \overrightarrow{EH} = k \cdot \begin{pmatrix} 0 \\ 3 \\ -2 \end{pmatrix} = \begin{pmatrix} 2 \\ 0 \\ 1 \end{pmatrix} + a \cdot \begin{pmatrix} -2 \\ 3 \\ -1 \end{pmatrix}$$

In diesem Fall genügt ein Blick auf die x-Komponente des Vektors. Diese kann nur dann 0 werden, wenn $a = 1$ ist.

Aus den beiden Randfällen folgt, dass die geforderte Bedingung für alle Werte von a im Intervall $[0; 1]$ erfüllt ist.

1.9 Um die geometrische Bedeutung zu verstehen, muss man sich die Herkunft der beiden Vektoren in Zeile (I) klarmachen. Der erste Vektor ist genau der Richtungsvektor der Geradenschar g_a. Der zweite Vektor lässt sich am leichtesten der Lösungszeichnung aus Aufgabe 1.4 entnehmen. Es ist der Verbindungsvektor von S_x und S_y. Das Skalarprodukt dieser beiden Vektoren soll 0 sein, was geometrisch bedeutet, dass die Gerade für $a = \dfrac{8}{17}$ der Geradenschar und die Gerade durch S_x und S_y senkrecht zueinander verlaufen.

In Zeile (II) werden die Parameterformen dieser beiden Geraden gleichgesetzt, um deren Schnittpunkt zubestimmen. Für den Wert $t = \dfrac{51}{25}$ in der Parametergleichung von $g_{\frac{8}{17}}$ ergibt sich der gemeinsame Punkt der beiden betrachteten Geraden.

In der letzten Zeile wird der Abstand von E zu diesem Schnittpunkt und wegen der Orthogonalität auch zur Geraden durch S_x und S_y berechnet. Die geometrische Bedeutung des Ergebnisses lautet:

Der Abstand von E zur Geraden durch S_x und S_y beträgt ca. 4,69 LE.

2.1 Da die Stange senkrecht in der Oberfläche des Körpers (die Fläche EFCH) steckt, muss sich das Ende der Stange 3 Längeneinheiten in Richtung des negativen Normalenvektors $\begin{pmatrix} -3 \\ -4 \\ -6 \end{pmatrix}$ der Ebene J vom Punkt Q entfernt befinden. Es muss der negative Normalenvektor gewählt werden, da der Normalenvektor selbst von Q ausgehend nach oben, d.h. weg vom Körper K zeigt.

Um genau 3 Längeneinheiten in die geforderte Richtung gehen zu können, sollte man zuerst den Vektor dieser Richtung auf die Länge 1 normieren. Diese Normierung erreicht man dadurch, dass man den Vektor durch seine Länge teilt.

$$\vec{n_e} = \frac{1}{\sqrt{(-3)^2 + (-4)^2 + (-6)^2}} \cdot \begin{pmatrix} -3 \\ -4 \\ -6 \end{pmatrix} = \frac{1}{\sqrt{61}} \cdot \begin{pmatrix} -3 \\ -4 \\ -6 \end{pmatrix}$$

Um den Punkt zu finden, an dem die Stange endet, hängt man an den Ortsvektor des Punktes Q das Dreifache des normierten Vektors $\vec{n_e}$.

$$\overrightarrow{OQ} + 3 \cdot \vec{n_e} = \begin{pmatrix} 1,5 \\ 2 \\ 3 \end{pmatrix} + \frac{3}{\sqrt{61}} \cdot \begin{pmatrix} -3 \\ -4 \\ -6 \end{pmatrix} \approx \begin{pmatrix} 0,35 \\ 0,46 \\ 0,70 \end{pmatrix}$$

Der untere Eckpunkt der Stange befindet sich ungefähr am Punkt (0,35|0,46|0,70).

2.2 Da der Schattenvektor von Q nach H in dieselbe Richtung zeigen muss wie die einfallenden Sonnenstrahlen, kann der Vektor $\overrightarrow{QH} = \begin{pmatrix} -1,5 \\ 1 \\ -2 \end{pmatrix}$ direkt als Lösung verwendet werden.

2.3 Die Gerade g_S, die den Schattenverlauf des Punktes Q zum gegebenen Zeitpunkt beschreibt, besitzt als Stützvektor den Ortsvektor von Q, da der Schatten von diesem Punkt ausgeht. Als Richtungsvektor lässt sich die Richtung der einfallenden Strahlen verwenden, da der Schatten hinter dem Hindernis den geradlinigen Verlauf der Sonnenstrahlen davor fortsetzt.

$$g_S: \vec{x} = \overrightarrow{OQ} + r \cdot \vec{v} = \begin{pmatrix} 1,5 \\ 2 \\ 3 \end{pmatrix} + r \cdot \begin{pmatrix} -1,5 \\ 0 \\ -1 \end{pmatrix}$$

Da der Boden durch die x-y-Ebene dargestellt wird, muss die z-Koordinate der Schattengerade an der Stelle des Schattens am Boden den Wert 0 besitzen.

$$z = 0 \implies 3 - r = 0 \implies r = 3$$

Zur Bestimmung des konkreten Schattenpunkts Q' muss für r der Wert 3 in die Schattengerade eingesetzt werden.

$$\overrightarrow{OQ'} = \begin{pmatrix} 1{,}5 \\ 2 \\ 3 \end{pmatrix} + 3 \cdot \begin{pmatrix} -1{,}5 \\ 0 \\ -1 \end{pmatrix} = \begin{pmatrix} -3 \\ 2 \\ 0 \end{pmatrix} \implies Q'(-3|2|0)$$

Da für die letzte Aufgabe nicht nur der Schatten des Punkts Q, sondern der Schatten der ganzen Stange betrachtet wird, wird aus der Schattengerade eine Schattenebene E_S. Die Richtungsvektoren sind die Richtung der Sonnenstrahlen und die Richtung der Stange (Normalenvektor von J) selbst.

$$E_S: \vec{x} = \begin{pmatrix} 1{,}5 \\ 2 \\ 3 \end{pmatrix} + r \cdot \begin{pmatrix} -1{,}5 \\ 0 \\ -1 \end{pmatrix} + s \cdot \begin{pmatrix} -3 \\ -4 \\ -6 \end{pmatrix}$$

Der Normalenvektor wurde wieder negiert, damit er vom Punkt Q aus in Richtung der Stange zeigt.

Gesucht ist der Schnitt dieser Schattenwand mit der Kante $\overline{EH}$, für die deshalb noch eine Kantengerade g_K erstellt werden muss.

$$g_K: \vec{x} = \overrightarrow{OE} + t \cdot \overrightarrow{EH} = \begin{pmatrix} 0 \\ 0 \\ 3 \end{pmatrix} + r \cdot \begin{pmatrix} 0 \\ 3 \\ -2 \end{pmatrix}$$

Gleichsetzen der Parameterformen für die Schattenebene und die Kantengerade führt auf die Gleichung

$$\begin{pmatrix} 1{,}5 \\ 2 \\ 3 \end{pmatrix} + r \cdot \begin{pmatrix} -1{,}5 \\ 0 \\ -1 \end{pmatrix} + s \cdot \begin{pmatrix} -3 \\ -4 \\ -6 \end{pmatrix} = \begin{pmatrix} 0 \\ 0 \\ 3 \end{pmatrix} + t \cdot \begin{pmatrix} 0 \\ 3 \\ -2 \end{pmatrix}$$

Aus den drei Komponenten dieser vektoriellen Gleichung entstehen die drei Gleichungen eines Linearen Gleichungssystems, das wegen des Operators „Bestimmen" mit dem Taschenrechner (WTR) gelöst werden darf.

$$\left. \begin{array}{r} -1{,}5r - 3s \quad\quad = -1{,}5 \\ -4s - 3t = -2 \\ -r - \quad 6s + 2t = 0 \end{array} \right\} \overset{\text{WTR}}{\Longrightarrow} r = 0{,}9;\ s = 0{,}05;\ t = 0{,}6$$

Einsetzen von $t = 0{,}6$ in die Kantengerade g_K liefert den Schnittpunkt S von Kantengerade und Schattenebene.

$$\overrightarrow{OS} = \begin{pmatrix} 0 \\ 0 \\ 3 \end{pmatrix} + 0{,}6 \cdot \begin{pmatrix} 0 \\ 3 \\ -2 \end{pmatrix} = \begin{pmatrix} 0 \\ 1{,}8 \\ 1{,}8 \end{pmatrix} \Longrightarrow S(0|1{,}8|1{,}8)$$

Da sowohl die Stange als auch die Kante $\overline{EH}$ nicht unendlich ausgedehnt sind, muss noch gesichert werden, dass der berechnete Schattenpunkt wirklich auf der Kante liegt und durch die Stange entsteht.

Der Punkt liegt auf der Kante $\overline{EH}$, da der Wert 0,6 für den Parameter t zwischen 0 und 1 und der zugehörige Punkt auf der Geraden somit zwischen E und H liegt; also auf der Kante $\overline{EH}$. Der Wert 0,05 für den Parameter s zeigt, dass der Punkt, der für den Schatten verantwortlich ist, ein kurzes Stück von Q in senkrechter Richtung zu Körper K liegt und somit ein Teil der verankerten Stange ist.

Abitur 2022 – Aufgabe C2 (WTR/CAS)

1 N_1: Die Wahl des Menüs kann als dreistufiger Zufallsversuch aufgefasst werden. Die Anzahl aller möglichen Ergebnisse dieses Versuchs ist gleich der Anzahl aller möglichen Menüs. Nach der Produktregel der Kombinatorik gibt es $N_1 = 3 \cdot 4 \cdot 4 = 48$ mögliche Ausgänge. In der ersten Stufe des Versuchs können 3 Vorspeisen, in der zweiten 4 Hauptspeisen und in der dritten 4 Desserts gewählt werden.

N_2: In diesem Fall lässt sich Wahl als zweistufiger Versuch auffassen. In der ersten Stufe werden 2 aus 3 Vorspeisen gewählt, wofür es $\binom{3}{2}$ Möglichkeiten gibt. Anschießend gibt es 4 Möglichkeiten für die Wahl eines Desserts. Insgesamt: $N_2 = \binom{3}{2} \cdot 4 = 3 \cdot 4 = 12$

N_3: Die erste beschriebene Wahl entspricht dem Fall N_1, eingeschränkt auf vegetarische Gerichte. Mit dieser Einschränkung gibt es nur noch $2 \cdot 2 \cdot 4 = 16$ Möglichkeiten. Im zweiten Fall werden 2 aus 2 vegetarische Vorspeisen gewählt, weshalb es faktisch keine Wahl gibt. Anschließend wird 1 Hauptspeise aus 2 vegetarischen gewählt. Insgesamte Anzahl an Möglichkeiten für diese Wahl: $1 \cdot 2 = 2$. Da sich die beiden Wahlen gegenseitig ausschließen (entweder-oder), können die beiden Anzahlen zur Gesamtanzahl addiert werden. $N_3 = 16 + 2 = 18$

2.1 Damit ein mehrstufiger Zufallsversuch als <u>Bernoullikette</u> aufgefasst werden kann, müssen die folgenden beiden Bedingungen erfüllt sein.

- Ein einzelner Versuch in einer Stufe der Kette darf nur zwei Ergebnisse bzw. Ausgänge haben. Dies entspricht der Definition für einen Bernoulliversuch.

- Wird ein Bernoulliversuch mehrfach durchgeführt, müssen die Wahrscheinlichkeiten für die beiden Ergebnisse in jeder Stufe gleich bleiben.

2.2 Da in allen Ereignissen dieser Teilaufgabe eine Zufallsgröße so gewählt werden kann, dass Anzahlen von Besuchern gewählt werden, und man von einer Bernoullikette ausgehen darf, lässt sich zur Bestimmung der Wahrscheinlichkeiten die <u>Binomialverteilung</u> verwenden. Für die einzelnen Ereignisse werden deshalb im Folgenden die konkreten Zufallsgrößen sowie die Parameter p und n für die Binomialverteilung angegeben.

Ereignis A:

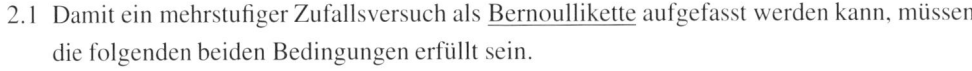

Zufallsgröße X: Anzahl der Vegetarier　　　　Parameter: $p = 0{,}3; n = 10$

$$P(A) = P(X = 4) = B(10;0{,}3;4) = \binom{10}{4} \cdot 0{,}3^4 \cdot 0{,}7^6 \approx 0{,}2001$$

Da es genau 4 Vegetarier geben soll, kann die Bernoulliformel zur Berechnung der Wahrscheinlichkeit verwendet werden.

Ereignis B:

Zufallsgröße X: Anzahl der Spaghettiwähler   Parameter: $p = 0{,}2; n = 50$

$$P(B) = P(X \leq 8) = F(50; 0{,}2; 8) \approx 0{,}3073$$

Hier soll die Anzahl der Besucher einen Wert kleinergleich 8 besitzen, weshalb direkt die kumulierte Binomialverteilung genutzt werden kann, deren Wert mit dem Taschenrechner bestimmt werden muss.

Ereignis C:

Zufallsgröße X: Anzahl der Schnitzelwähler   Parameter: $p = 0{,}35; n = 100$

$$
\begin{aligned}
P(C) &= P(30 \leq X \leq 40) \\
&= P(X \leq 40) - P(X \leq 29) \\
&= F(100; 0{,}35; 40) - F(100; 0{,}35; 29) \\
&\approx 0{,}8750 - 0{,}1236 \\
&= 0{,}7514
\end{aligned}
$$

Damit die kumulierte Binomialverteilung genutzt werden kann, muss die Wahrscheinlichkeit $P(30 \leq X \leq 40)$ auf die Differenz $P(X \leq 40) - P(X \leq 29)$ zurückgeführt werden, da die kumulierte Binomialverteilung nur Werte der Form $P(X \leq k)$ liefert.

Ereignis D:

Zufallsgröße X_1: Anzahl der Benutzer unter den ersten 4, die die Lachsröllchen wählen
Zufallsgröße X_2: Anzahl der Benutzer unter den letzten 16, die den kleinen Salat wählen

$$\text{Parameter: } p_1 = \frac{1}{3}; n_1 = 4 \qquad p_2 = \frac{1}{3}; n_2 = 16$$

$$P(D) = P(X_1 = 4) \cdot P(X_2 = 5) = B\left(4; \frac{1}{3}; 4\right) \cdot B\left(16; \frac{1}{3}; 5\right) \approx 0{,}0123 \cdot 0{,}2078 \approx 0{,}0026$$

Das Ereignis D kann als das Durchführen zweier Bernoulliketten hintereinander aufgefasst werden. Da es in der ersten Bernoullikette (Lachsröllchen) genau 4 Erfolge und in der zweiten (kleiner Salat) genau 5 Erfolge geben soll, können die Werte zweier Binomialverteilungen miteinander multipliziert werden. Wie in Ereignis A könnte man auch hier die Bernoulliformel nutzen. Alternativ gibt es aber auch die Möglichkeit, den Taschenrechner zur Bestimmung der Werte zu nutzen.

2.3.1 Da in dieser Teilaufgabe nur die Merkmale K und V betrachtet werden, lohnt es sich, die Wahrscheinlichkeiten aus dem Aufgabentext zu entnehmen, die sich auf diese beiden Merkmale beziehen.

$P(V) = 0{,}3$,   da es 30% Vegetarier gibt.

$P(K) = 0{,}25$,   da 25% aller Besucher die Käsespätzle wählen.

$P_V(K) = 0{,}5$,   da die beiden vegetarischen Gerichte unter den Vegetariern gleich beliebt sind.

Hiermit ergeben sich direkt die zugehörigen Gegenwahrscheinlichkeiten.

$$P(\overline{V}) = 1 - P(V) = 0{,}7; \quad P(\overline{K}) = 1 - P(K) = 0{,}75; \quad P_V(\overline{K}) = 1 - P_V(K) = 0{,}5$$

Das Ereignis E ist ein Und-Ereignis der beiden Ereignisse V und $\overline{K}$. Unter der Verwendung der Definition für die bedingte Wahrscheinlichkeit $P_B(A) = \dfrac{P(A \cap B)}{P(B)}$ und Umstellen der Formel nach der Und-Wahrscheinlichkeit folgt

$$P(E) = P(V \cap \overline{K}) = P(V) \cdot P_V(\overline{K}) = 0{,}3 \cdot 0{,}5 = 0{,}15$$

Ereignis F ist eine bedingte Wahrscheinlichkeit, da die Wahrscheinlichkeit für einen Vegetarier gesucht ist unter der Bedingung, dass die Person die Käsespätzle gewählt hat. Zu ihrer Berechnung kann der Satz von Bayes $P_B(A) = \dfrac{P(A) \cdot P_A(B)}{P(B)}$ genutzt werden.

$$P(F) = P_K(V) = \frac{P(V) \cdot P_V(K)}{P(K)} = \frac{0{,}3 \cdot 0{,}5}{0{,}25} = 0{,}6$$

Auch bei Ereignis G handelt es sich um eine bedingte Wahrscheinlichkeit, weshalb ebenfalls wieder der Satz von Bayes genutzt werden kann.

$$P(G) = P_{\overline{V}}(K) = \frac{P(K) \cdot P_K(\overline{V})}{P(\overline{V})}$$

Betrachtet man den Term auf der rechten Seite der Gleichung, stellt man fest, dass man die Wahrscheinlichkeit $P_K(\overline{V})$ nicht direkt dem Text entnehmen kann. Ein Vergleich mit den vorigen Ereignissen der Teilaufgabe zeigt aber, dass es die Gegenwahrscheinlichkeit von $P(F)$ ist, womit $P_K(\overline{V})$ durch $1 - P(F)$ ersetzt werden kann.

$$P(G) = \frac{P(K) \cdot P_K(\overline{V})}{P(\overline{V})} = \frac{P(K) \cdot (1 - P(F))}{P(\overline{V})} = \frac{0{,}25 \cdot (1 - 0{,}6)}{0{,}7} = \frac{0{,}25 \cdot 0{,}4}{0{,}7} = \frac{1}{7}$$

Ein alternativer Weg die gesuchten Wahrscheinlichkeiten zu bestimmen, besteht darin, zuerst eine vollständig ausgefüllte Vier-Felder-Tafel zu erstellen. Alle totalen Wahrscheinlichkeiten sind im Text gegeben. Eine Und-Wahrscheinlichkeit (hier bietet sich $P(E) = P(V \cap \overline{K})$ an) muss noch berechnet werden, wonach anschließend die verbleibenden Lücken in der Tafel über die Summen der Zeilen und Spalten gefüllt werden können. Es ergibt sich

	V	$\overline{V}$	
K	0,15	0,1	0,25
$\overline{K}$	0,15	0,6	0,75
	0,3	0,7	1

Die bedingten Wahrscheinlichkeiten, die nicht direkt aus der Vier-Felder-Tafel abzulesen sind, können alle durch eine Quotientenbildung (Und-Wahrscheinlichkeit geteilt durch totale) berechnet werden. Beispiel:

$$P(G) = \frac{P(K \cap \overline{V})}{P(\overline{V})} = \frac{0,1}{0,7} = \frac{1}{7}$$

2.3.2 Wenn die beiden Merkmale unabhängig sein sollen, müssen unter den Vegetariern genauso viele die Käsespätzle wählen wie unter den Nichtvegetariern. In Formelsprache übersetzt sich das, wie folgt: $P_V(K) = P_{\overline{V}}(K)$

$P_V(K)$ ist dem einführenden Text zu entnehmen und $P_{\overline{V}}(K)$ entspricht der im Aufgabenteil 2.3.1 bestimmten Wahrscheinlichkeit $P(G)$, so dass beide zum Vergleich benötigten Werte bereits bekannt sind.

$$P_V(K) = \frac{1}{2} \neq \frac{1}{7} = P_{\overline{V}}(K)$$

Die geforderte Gleichheit ist nicht erfüllt, weshalb die beiden Merkmale nicht stochastisch unabhängig sind.

Alternative Wege zum Nachweis für stochastische Unabhängigkeit wären im vorliegenden Fall bspw. die beiden Gleichungen

$$P_V(K) = P(K) \qquad \text{und} \qquad P(V \cap K) = P(V) \cdot P(K)$$

Natürlich führen auch diese Wege zum Ergebnis, dass die Merkmale stochastisch abhängig sind.

3.1 Um seine Vermutung, der Anteil der Vegetarier sei gestiegen, untermauern zu können, wählt der Betreiber als Nullhypothese die gegenteilige Annahme, um diese mit vorgegebener Sicherheit widerlegen zu können.

Formal: $H_0 \colon p \leq 0,3$

Da mit dieser Nullhypothese der Verwerfungsbereich des Tests von der Form $X \geq k$ ist, also auf der rechten Seite der Verteilung liegt, handelt es sich um einen rechtsseitigen Signifikanztest.

Die Umfrage unter den Gästen, ob sie Vegetarier sind, kann als Bernoulliversuch aufgefasst werden, da die Gäste unabhängig voneinander Vegetarier sind. Für die Binomialverteilung, die aus dieser Bernoullikette folgt, lautet die Zufallsgröße

X: Anzahl der Vegetarier unter den Befragten

Dass das Signifikanzniveau 5% betragen soll, bedeutet, dass der Test unter der gegebenen Hypothese $p \leq 0{,}3$ nur mit einer Wahrscheinlichkeit von kleinergleich 5% im Verwerfungsbereich dieser Nullhypothese landen soll. Da mit p und $n = 150$ beide Parameter der Binomialverteilung bekannt sind, kann mit dieser Forderung der rechtsseitige Verwerfungsbereich $[k; 150]$ der Nullhypothese bestimmt werden.

$$P(X \geq k) \leq 0{,}05$$
$$1 - P(X \leq k - 1) \leq 0{,}05$$
$$-P(X \leq k - 1) \leq -0{,}95$$
$$P(X \leq k - 1) \geq 0{,}95$$
$$F(150; 0{,}3; k - 1) \geq 0{,}95$$

Zur Bestimmung des Wertes von $k - 1$ muss das Listenmenü der kumulierten Binomialverteilung des wissenschaftlichen Taschenrechners (WTR) verwendet werden.

frv.tv/cl

$$\left. \begin{array}{l} F(150; 0{,}3; 53) \approx 0{,}9333 < 0{,}95 \\ F(150; 0{,}3; 54) \approx 0{,}9529 > 0{,}95 \end{array} \right\} \implies k - 1 = 54 \implies k = 55$$

Man stellt fest, dass erst für $k - 1 = 54$ die Wahrscheinlichkeit den benötigten Wert von 95% überschreitet, weshalb $k = 55$ der kleinste Wert im Verwerfungsbereich der Nullhypothese ist. Die Entscheidungsregel im Sachzusammenhang lautet entsprechend:

> Geben 55 oder mehr Befragte an, Vegetarier zu sein, kann der Kantinenbetreiber davon ausgehen, dass sich der Anteil der Vegetarier unter den Kantinenbesuchern erhöht hat.

Betrachtet man diese Entscheidungsregel und vergleicht sie mit der Anzahl der 57 Personen, die in der Befragung angegeben haben, Vegetarier zu sein, ist davon auszugehen, dass der Anteil der Vegetarier sich erhöht hat.

3.2 Der Formelsammlung kann man entnehmen, dass der Fehler 1. Art darin besteht, die Nullhypothese abzulehnen, obwohl sie richtig ist. Übertragen auf den vorliegenden Fall heißt das, dass der Kanntinenbetreiber glaubt, der Anteil an Vegetariern wäre gestiegen, obwohl er weiterhin bei 30% liegt. Der Kantinenbetreiber würde aufgrund des angeblichen Anstiegs an Vegetariern vermutlich mehr vegetarische Gerichte anbieten, die aber real keine vermehrte Nachfrage erfahren.

Beim Fehler 2. Art wird die Nullhypothese angenommen, obwohl sie nicht korrekt ist. Der Betreiber geht von keiner Erhöhung an Vegetariern unter den Besuchern der Kantine aus, obwohl eine solche Erhöhung stattgefunden hat. Da er sein Angebot an vegetarischen

Gerichten nicht erweitern würde, könnten nicht ausreichend vegetarische Gerichte für die tatsächlich erhöhte Anzahl an Vegetariern vorhanden sein.

3.3 Wie in Aufgabenteil 3.2 beschrieben, besteht der Fehler 2. Art darin, die Nullhypothese anzunehmen, obwohl sie nicht richtig ist. Zu dieser Fehlentscheidung gelangt man, wenn der Test im Annahmebereich der Nullhypothese landet, obwohl der Parameter p der zugrunde liegenden Binomialverteilung nicht dem Wert der Nullhypothese entspricht.

In der Aufgabe wird für den tatsächlichen Anteil der Vegetarier $p = 40\% = 0{,}4$ angegeben. Damit die Umfrage im Annahmebereich der Nullhypothese landet, dürfen maximal 54 der 150 befragten Personen angeben, Vegetarier zu sein. Die Wahrscheinlichkeit für den Fehler 2. Art ergibt sich durch $P(X \leq 54) = F(150; 0{,}4; 54)$. Der Taschenrecher liefert im Modus für die kumulierte Binomialverteilung den Wert 0,1799 für den Term $F(150; 0{,}4; 54)$. Die Wahrscheinlichkeit für den Fehler 2. Art beträgt somit ca. 17,99%.

3.4 Eine zentrale Eigenschaft von Binomialverteilungen besteht darin, dass die Verteilung mit größerem p nach rechts wandert. In dieser Aufgabe muss also das Maximum der rechten der beiden Verteilungen begründet werden. Betrachtet man sich die Verteilung, sieht man, dass dieses Maximum bei $X = 60$ liegt. Der zentrale Grund hierfür liegt in einer zweiten Eigenschaft von Binomialverteilungen, nämlich der, dass das Maximum am oder knapp neben dem Erwartungswert der Verteilung liegt.

Der Erwartungswert einer Binomialverteilung berechnet sich durch $n \cdot p$; im vorliegenden Fall $n \cdot p_1 = 150 \cdot 0{,}4$, was den abgelesenen Wert 60 liefert.

Aus Teilaufgabe 3.3 weiß man, dass der Annahmebereich der Nullhypothese in der Verteilung markiert werden muss und dieser das Intervall $[0; 54]$ umfasst. Es müssen die ersten 54 Balken der rechten Verteilung ausgezeichnet werden, wie im folgenden Diagramm zu sehen ist.

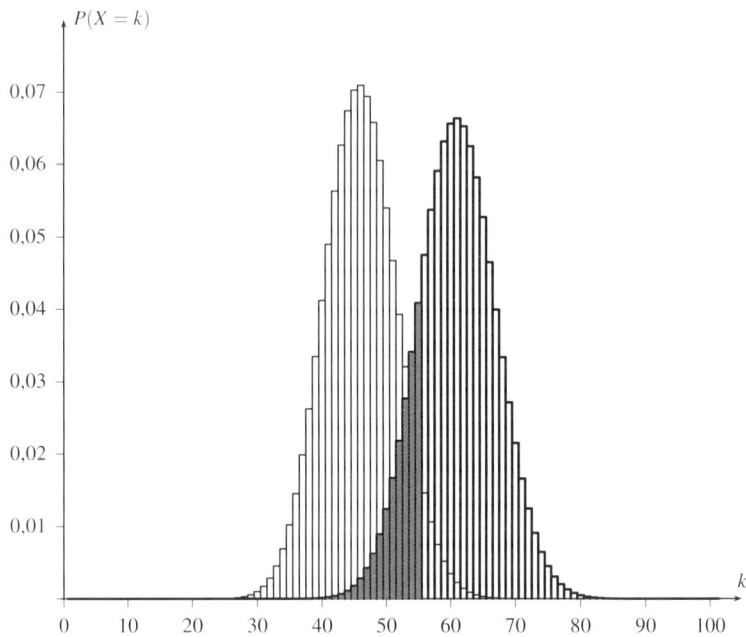

3.5 Bereits in Teilaufgabe 3.4 wurde darauf hingewiesen, dass größere p dazu führen, dass sich die Verteilung immer weiter nach rechts verschiebt. Die Wahrscheinlichkeiten für die Werte der Zufallsgröße X am linken Rand der Verteilung werden dabei immer kleiner. Da der Fehler 2. Art immer alle Werte von 0 bis 54 aufsummiert, die am linken Rand der Verteilung liegen, wird auch dieser Fehler mit zunehmendem p immer kleiner.

Beim Fehler 1. Art wird die Nullhypothese abgelehnt, obwohl sie richtig ist. In Teilaufgabe 3.1 wird dieser Fehler mit einer Wahrscheinlichkeit von höchstens 4,71 % begangen. Die Gegenwahrscheinlichkeit, also die Wahrscheinlichkeit H_0 zu behalten, beträgt dann mindestens 100 % − 4,71 % = 95,29 %. Diese Werte wurden in Teilaufgabe 3.1 für $p = 0,3$ bestimmt. Es verbleibt die Betrachtung der Werte $p < 0,3$.
Für diese kleineren Werte von p wird die Wahrscheinlichkeit, die Nullhypothese zu behalten, aber nur größer, da die Verteilung nach links wandert, womit der rechtsseitige Ablehnungsbereich kleiner und damit der Annahmebereich für H_0 größer wird.

Der Fehler 2. Art besteht darin, die Nullhypothese fälschlicherweise anzunehmen. Gilt aber $p \leq 0,3$ kann dies nicht passieren, da dieses Wahrscheinlichkeitsintervall genau der Nullhypothese entspricht. Eine richtige Hypothese kann nicht **fälschlicherweise** angenommen werden.

4 Abitur 2023

Abitur 2023 – Aufgabe B1 (WTR)

1.1 Multipliziert man die Eingangsrate (Personen) mit dem Zeitraum, in dem diese Eingangsrate gültig ist, erhält man die Anzahl der Personen die in diesem Zeitraum den Park betreten. Summiert man diese Anzahlen über den gesamten Zeitraum, in dem der Einlass geöffnet ist, erhält man die gesuchte Personenzahl.

Da die Eingangsrate eine sich stetig ändernde Größe besitzt, wird die benötigte Summe zu dem Integral $\int_0^8 f(t)\,dt$ über den gesamten Zeitraum, in dem die Eingangstore geöffnet sind.

$$\int_0^8 f(t)\,dt = \int_0^8 \left(12t^3 - 192t^2 + 768t\right) dt$$
$$= \left[3t^4 - 64t^3 + 384t^2\right]_0^8$$
$$= 3 \cdot 8^4 - 64 \cdot 8^3 + 384 \cdot 8^2 - \left(3 \cdot 0^4 - 64 \cdot 0^3 + 384 \cdot 0^2\right)$$
$$= 4096$$

1.2 Die Bestimmung der Ableitungsfunktion erfordert keine der höheren Ableitungsregeln. Mit Summen-, Faktor- und Potenzregel erhält man

$$f'(t) = 12 \cdot 3t^2 + 2 \cdot 192t + 768 = 36t^2 + 384t + 768.$$

An der Stelle der maximalen Eingansrate muss deren Ableitungsfunktion den Wert 0 besitzen, wodurch die Gleichung $f'(t) = 36t^2 + 384t + 768 = 0$ entsteht. Aufgrund des Operators „Bestimmen" darf diese Gleichung mit den erweiterten Funktionalitäten des Taschenrechners gelöst werden. Der Taschenrechner liefert die beiden Werte $t_1 = \frac{8}{3}$ und $t_2 = 8$. Dem Graphen im Material ist zu entnehmen, dass von diesen beiden Werten nur t_1 in Frage kommt, da um 17:00 Uhr der Einlass endet.

Um die Uhrzeit angeben zu können, müssen $\frac{8}{3}$ Stunden in Stunden und Minuten umgerechnet werden. Dies sind 2 Stunden und 40 Minuten (eine $\frac{2}{3}$ Stunde). Da der Park um 9:00 Uhr öffnet, ist die gesuchte Uhrzeit 11:40 Uhr.

Zuerst müssen die maximale Eingangsrate und die durchschnittliche Eingangsrate bestimmt werden, damit diese verglichen werden können. Die durchschnittliche Eingangsrate ergibt sich, wenn man die Gesamtzahl der Eintretenden durch den gesamten Zeitraum dividiert: $\frac{4096}{8} = 512$. Zur Bestimmung der maximalen Eingangsrate muss die Funktion f

am Zeitpunkt t_1 der maximalen Eingangsrate ausgewertet werden.

$$f\left(\frac{8}{3}\right) = 12 \cdot \left(\frac{8}{3}\right)^3 - 192 \cdot \left(\frac{8}{3}\right)^2 + 768 \cdot \frac{8}{3} = \frac{8192}{9} \approx 910{,}22$$

Nun muss das 1,75-fache $\left(1{,}75 = 1 + \dfrac{75}{100} = 1 + 75\%\right)$ der durchschnittlichen Eingangsrate mit der maximalen verglichen werden.

$$1{,}75 \cdot 512 = 896 < 910{,}22$$

Die Aussage ist wahr!

1.3 Die Einbestellung des zusätzlichen Mitarbeiters im Zeitraum von 10:00Uhr bis 14:00Uhr wäre nur dann nicht ausreichend, wenn die Eingangsrate von 10 Personen pro Minute außerhalb dieses Zeitraums überschritten würde. Damit zur Überprüfung die Funktion f verwendet werden kann, muss die Eingangsrate in Personen pro Stunde umgerechnet werden: $10\dfrac{\text{Personen}}{\text{Minute}} = 600\dfrac{\text{Personen}}{\text{Stunde}}$.

Zur Bestimmung der Zeitpunkte, an denen diese Rate zunächst über- und später wieder unterschritten wird, kann die Gleichung

$$f(t) = 12t^3 - 192t^2 + 768t = 600 \quad \Longleftrightarrow \quad 12t^3 - 192t^2 + 768t - 600 = 0$$

gelöst werden. Der Taschenrechner liefert die Lösungen $t_1 \approx 1{,}03$, $t_2 \approx 4{,}76$ und $t_3 \approx 10{,}21$, wovon nur t_1 und t_2 im betrachteten Zeitraum liegen. $t_1 \approx 1{,}03$ entspricht einem Zeitpunkt nach 10:00Uhr und $t_2 \approx 4{,}76$ einem Zeitpunkt vor 14:00Uhr. Da dem Graphen im Material zu entnehmen ist, dass die Eingangsrate nur zwischen diesen beiden Zeitpunkte größer ist als $600\dfrac{\text{Personen}}{\text{Stunde}}$, ist der Zeitraum für die Einbestellung ausreichend.

2.1 Dem Funktionsterm ist zu entnehmen, dass jeder Funktionswert von g_k mit dem Faktor k multipliziert wird. Geometrisch entspricht dies einer <u>Streckung</u> der Graphen von g_k in Richtung der y-Achse mit dem Faktor k. Da $k > 0$ gilt, findet in allen Fällen keine Spiegelung an der t-Achse statt.

Da die Schnittpunkte mit der t-Achse den y-Wert 0 besitzen, bewirkt eine Streckung in y-Richtung, egal mit welchem Faktor größer 0, an diesen Stellen nichts. k hat keinen Einfluss auf diese Schnittpunkte.

Für die Extrem- und Wendepunkte gilt dasselbe, was für alle Punkte mit einer y-Koordinate ungleich 0 gilt. Es findet eine Streckung in Richtung der y-Achse statt. Alle Extrem- und Wendepunkte liegen somit auf einer Parallelen zur y-Achse.

2.2 Der Funktionsterm besteht aus drei Faktoren. Nach dem Satz vom Nullprodukt muss mindestens einer der Faktoren 0 sein, damit in der entsprechenden Stelle eine Nullstelle vorliegt. Der Faktor k ist laut Aufgabenstellung größer als 0 und der Term e^t ist auch für alle t größer 0. Es verbleibt der Faktor $10t - t^2$. Bei diesem handelt es sich um einen ganzrationalen Term zweiten Grades, der in zwei Linearfaktoren $t \cdot (10 - t)$ zerlegt werden kann, d.h. es gibt nicht mehr als die zwei Werte 0 und 10 für t, für die der Term 0 wird, womit die Aussage aus der Aufgabenstellung belegt ist.

2.3 Die Ableitung von g_k lässt sich mittels der Produktregel berechnen. Als Faktoren bieten sich $k \cdot \left(10t - t^2\right)$ und e^t an, also

$$g_k(t) = \underbrace{k \cdot \left(10t - t^2\right)}_{u} \cdot \underbrace{e^t}_{v}$$

Als erste Ableitung ergibt sich

$$\begin{aligned}
g_k'(t) &= u'v + uv' \\
&= \underbrace{k \cdot (10 - 2t)}_{u'} \cdot \underbrace{e^t}_{v} + \underbrace{k \cdot \left(10t - t^2\right)}_{u} \cdot \underbrace{e^t}_{v'} \\
&= k \cdot \left(10 - 2t + 10t - t^2\right) \cdot e^t \\
&= k \cdot \left(10 + 8t - t^2\right) \cdot e^t
\end{aligned}$$

Zur Bestimmung der zweiten Ableitung verfährt man analog.

$$\begin{aligned}
g_k''(t) &= k \cdot (8 - 2t) \cdot e^t + k \cdot \left(10 + 8t - t^2\right) \cdot e^t \\
&= k \cdot \left(8 - 2t + 10 + 8t - t^2\right) \cdot e^t \\
&= k \cdot \left(18 + 6t - t^2\right) \cdot e^t \qquad\qquad \square
\end{aligned}$$

2.4 An einem Wendepunkt befindet sich der Graph einer Funktion weder in einer Links- noch in einer Rechtskurve; die zweite Ableitung der Funktion ist somit an der zugehörigen Stelle weder positiv noch negativ. Aus diesem Grund lautet die notwendige Bedingung für eine Wendestelle $g_k''(t) = 0$. Die zweite Ableitung ist aus dem vorigen Aufgabenteil 2.3 bekannt.

$$\begin{aligned}
g_k''(t) &= 0 \\
k \cdot \left(18 + 6t - t^2\right) \cdot e^t &= 0; \quad k > 0 \\
\left(18 + 6t - t^2\right) \cdot e^t &= 0; \quad e^t > 0 \\
18 + 6t - t^2 &= 0 \\
t^2 - 6t - 18 &= 0 \\
t_{1/2} &= 3 \pm \sqrt{3^2 + 18} \\
&= 3 \pm \sqrt{27}
\end{aligned}$$

Der Wert $t_2 = 3 - \sqrt{27} \approx -2{,}2$ ist negativ und liegt nicht im betrachteten Intervall $[0;10]$. Die gesuchte Wendestelle liegt bei $t_1 = 3 + \sqrt{27} \approx 8{,}2$, was durch den Graphen in Material 2 bestätigt wird.

Dem Graphen in Material 2 ist ebenfalls zu entnehmen, dass der Graph von g_k an der Wendestelle am stärksten ansteigt. Im Sachzusammenhang bedeutet dies, dass die Ausgangsrate (Bedeutung des Funktionswertes von g_k) ca. 8,2 Stunden nach Öffnung des Parks am schnellsten zunimmt. Dieser Zeitpunkt entspricht in etwa der Uhrzeit 17:12.

2.5 In der Aufgabe 2.3 konnte man beobachten, dass die Ableitungen von g_k alle von der Form $k \cdot \left(a \cdot t^2 + b \cdot t + c\right) \cdot e^t$ sind. Da sich durch Ableiten nichts an dieser Form ändert, muss auch G_k von dieser Form sein, da deren Ableitung g_k ist. Der Formansatz für die allgemeine Stammfunktionenschar lautet somit

$$G_k(t) = k \cdot \left(a \cdot t^2 + b \cdot t + c\right) \cdot e^t$$

Nun muss diese allgemeine Form abgeleitet werden und anschließend die Koeffizienten a, b und c so gewählt werden, dass die Ableitung genau mit g_k übereinstimmt. Für die Ableitung wird wie schon in der Teilaufgabe 2.3 die Produktregel verwendet.

$$\begin{aligned} G_k'(t) &= k \cdot (2a \cdot t + b) \cdot e^t + k \cdot \left(a \cdot t^2 + b \cdot t + c\right) \cdot e^t \\ &= k \cdot \left(2a \cdot t + b + a \cdot t^2 + b \cdot t + c\right) \cdot e^t \\ &= k \cdot \left(\underbrace{a}_{-1} \cdot t^2 + \underbrace{(2a+b)}_{10} \cdot t + \underbrace{b+c}_{0} \right) \cdot e^t \end{aligned}$$

Die Zahlenwerte unter den Klammern sind die Koeffizienten des ganzrationalen Terms von g_k, der durch die Ableitung der Stammfunktionenschar entstehen muss. Es lässt sich direkt erkennen, dass $a = -1$ sein muss. b und c ergeben sich schrittweise durch Einsetzen der bereits bekannten Parameter:

$$2a + b = 10 \implies 2 \cdot (-1) + b = 10 \implies b = 12$$

$$b + c = 0 \implies 12 + c = 0 \implies c = -12$$

Die Werte bestätigen das gegebene Kontrollergebnis $G_k(t) = k \cdot \left(-t^2 + 12t - 12\right) \cdot e^t$.

2.6 Die Funktion g beschreibt die Ausgangsrate. Der Wert des Integrals liefert somit, da das betrachtete Intervall den gesamten Zeitraum der Öffnung des Parks betrachtet, die Anzahl der Personen, die den Park an diesem Tag verlassen. Der Wert 4096 ist hierfür sinnvoll, da in Aufgabe 1.1 bestimmt wurde, dass an diesem Tag auch 4096 Besucher den Park betreten.

Zur Berechnung des Wertes von k muss die Stammfunktionenschar aus dem vorherigen

Aufgabenteil verwendet werden, da die Auswertung des Integrals $\int_0^{10} g_k \, dt$ auf die Differenz $G_k(10) - G_k(0)$ führt.

$$\int_0^{10} g_k \, dt = 4096$$

$$G_k(10) - G_k(0) = 4096$$

$$k \cdot \left(-10^2 + 12 \cdot 10 - 12\right) \cdot e^{10} - k \cdot \left(-0^2 + 12 \cdot 0 - 12\right) \cdot e^0 = 4096$$

$$k \cdot (-100 + 120 - 12) \cdot e^{10} - k \cdot (-12) \cdot 1 = 4096$$

$$k \cdot 8 \cdot e^{10} + k \cdot 12 = 4096$$

$$k \cdot \left(8 \cdot e^{10} + 12\right) = 4096$$

$$k = \frac{4096}{8 \cdot e^{10} + 12}$$

$$= \frac{8 \cdot 512}{8 \cdot (e^{10} + 1{,}5)}$$

$$= \frac{512}{e^{10} + 1{,}5} \qquad \square$$

2.7 Die geometrische Bedeutung des Terms $\int_u^{10} g \, dt$ ist der Inhalt der Fläche, die vom Graphen von g und der t-Achse im Intervall $[u; 10]$ eingeschlossen wird. Dem Graphen von g in Material 2 ist zu entnehmen, dass überhaupt erst nach dem Wert $t = 2$ ein erwähnenswerter Flächeninhalt entsteht, weshalb eine untere Grenze zwischen 0 und 1 für den Wert des Integrals fast keine Bedeutung hat. Der Wert bleibt in sehr guter Näherung 4096, wie er für den gesamten Zeitraum $[0; 10]$ in Aufgabe 2.6 angegeben wurde.

In anderen Worten: Der Flächeninhalt zwischen Graph und t-Achse im Intervall $[0; 1]$ ist vernachlässigbar klein im Hinblick auf den gesamten Flächeninhalt im Intervall $[0; 10]$.

Da g die Ausgangsrate beschreibt, bedeutet dies, dass die Anzahl der Personen, die in der ersten Stunde der Parköffnung diesen verlassen, vernachlässigbar klein ist zu der Anzahl aller Personen, die über den Tag hinweg den Park verlassen.

Kurz: Fast kein Besucher verlässt zwischen 9:00 Uhr und 10:00 Uhr den Park.

3.1 Die Funktion h beschreibt die Differenz zwischen Ein- und Ausgangsrate über die 10 Stunden, in denen der Freizeitpark geöffnet ist. Da ab 17:00 Uhr der Eingang geschlossen ist, gilt für die letzten beiden Stunden ($8 < t \leq 10$), dass nur die Ausgangsrate relevant ist. Solange die Funktion h positive Werte annimmt, betreten mehr Personen den Park, als ihn verlassen. Dies gilt für den Zeitraum von $t = 0$ bis zur nächsten Nullstelle. Am Ende dieses Intervalls müssen sich die meisten Besucher auf dem Gelände aufhalten, da anschließend die Ausgangsrate höher als die Eingangsrate ist. Der gesuchte Zeitpunkt ist somit die

2. Nullstelle von h, die sich in der Nähe von 6 befindet.

$$h(t) = 0$$
$$f(t) - g(t) = 0$$
$$12t^3 - 192t^2 + 768t - \left[\frac{512}{e^{10} + 1{,}5} \cdot \left(10t - t^2\right) \cdot e^t\right] = 0$$
$$t \approx 6{,}138$$

Die Gleichung in der vorletzten Zeile lässt sich nur mittels der allgemeinen SOLVE-Taste des WTR lösen, da es sich auf der linken Seite der Gleichung um eine Summe eines ganz-rationalen und eines Exponentialterms handelt. Als Startwert für das Näherungsverfahren bietet sich der Wert 6 an, da im Graphen zu erkennen ist, dass sich die Nullstelle in dessen Nähe befindet.

Da es sich bei der Funktion h um die Netto-Ein/Ausgangsrate an Personen handelt, liefert der Inhalt der Fläche zwischen dem Graphen von h und der t-Achse im Intervall $[0;6{,}138]$, also zwischen den ersten beiden Nullstellen, die gesuchte maximale Besucherzahl geome-trisch.

3.2 Die Funktion h beschreibt die Änderungsrate hinsichtlich der Personen, die sich auf dem Gelände des Freizeitparks befinden. Wie bereits in der vorherigen Teilaufgabe festgestellt, liefert deshalb der Flächeninhalt zwischen dem Graphen von h und der t-Achse die Anzahl der Personen, die sich momentan, d.h. zum Intervallende t, im Park aufhalten. Genau dies wird durch die Funktion H modelliert.

Die Zeile (II) summiert kontinuierlich (Integration) die Anzahl der im Park Anwesenden über die 10 geöffneten Stunden auf und teilt diese durch die Stundenanzahl. So ergibt sich über den Tag hinweg eine durchschnittliche Besucheranzahl von ca. 2068 Personen.

Insgesamt gibt es an diesem Tag 4096 verschiedene Besucher. Wenn sich 10 Stunden lang im Mittel jeweils 2068 Personen im Park aufhalten, muss jeder der 4096 Besucher im Mittel ca. 5 Stunden und 3 Minuten im Park verbleiben.

Abitur 2023 – Aufgabe B2 (WTR)

1.1 Aus der Aufgabenstellung lassen sich zwei Wertepaare entnehmen, die zur Funktion f_1 gehören müssen, nämlich $(0|50)$ und $(18|568)$. Zu diesen Wertepaaren gehören die folgenden beiden Auswertungen der Funktion f_1, durch die sich die gesuchten Parameter berechnen lassen:

$$f_1(0) = 50 \qquad \text{und} \qquad f_1(18) = 568$$

Die erste Auswertung liefert den Wert des Parameters a.

$$f_1(0) = a \cdot e^{k \cdot 0} = a \cdot 1 = 50 \implies a = 50$$

Durch Einsetzen von $a = 50$ ergibt sich als Zwischenergebnis für die zweite Auswertung die allgemeine Funktionsgleichung $f_1(t) = 50 \cdot e^{k \cdot t}$.

$$f_1(18) = 568$$
$$50 \cdot e^{k \cdot 18} = 568$$
$$e^{k \cdot 18} = \frac{568}{50}$$
$$k \cdot 18 = \ln\left(\frac{568}{50}\right)$$
$$k = \frac{1}{18} \cdot \ln\left(\frac{568}{50}\right) \approx 0{,}135$$

Die gegebene Funktion f_1 modelliert unbegrenztes exponentielles Wachstum. Die Populationsgröße würde somit auf lange Sicht jede beliebige obere Grenze überschreiten. Dies ist in der Realität natürlich nicht möglich.

1.2 Eine Steigung von $m = 76$ bedeutet für eine lineare Funktion allgemein, dass der Funktionswert um 76 größer wird, wenn die Variable t um 1 größer wird. Im vorliegenden Fall bedeutet dies, dass in den Jahren 18 bis 31 des Beobachtungszeitraums die Population der Elche pro Jahr um 76 Exemplare anwächst.

1.3.1 Bei der Grenzwertbestimmung einer komplexeren Funktion lohnt es sich, die verschiedenen Teilterme der Funktionsgleichung einzeln zu betrachten. Der Exponent $6{,}75 - 0{,}135 \cdot t$ des Exponentialterms geht für $t \to \infty$ gegen $-\infty$. Da sich der Graph der e-Funktion in diesem Fall der asymptotisch der x-Achse nähert, gilt: $\lim\limits_{t \to \infty} e^{6{,}75 - 0{,}135 \cdot t} = 0$. Da alle weiteren Terme der Funktionsgleichung konstant, d.h. nicht von t abhängig, sind, lässt sich nun der

Grenzwert bestimmen.

$$\lim_{t \to \infty} f_3(t) = \lim_{t \to \infty} \left(2200 - 50 \cdot e^{6,75-0,135 \cdot t} \right)$$
$$- 2200 - 50 \cdot \lim_{t \to \infty} \left(e^{6,75-0,135 \cdot t} \right)$$
$$= 2200 - 50 \cdot 0$$
$$= 2200$$

1.3.2 Bei der Wachstumsrate einer Population handelt es sich um die Änderungsrate der Populationsgröße. Die Änderungsrate eines Funktionswerts wird durch die Ableitung der entsprechenden Funktion bestimmt, weshalb in einem ersten Schritt die Ableitung f_3' bestimmt werden muss.

$$f_3'(t) = 0 - 50 \cdot (-0,135) \cdot e^{6,75-0,135 \cdot t} = 6,75 \cdot e^{6,75-0,135 \cdot t}$$

Der Term $e^{6,75-0,135 \cdot t}$ ist eine Verkettung mit dem inneren Term $6,75 - 0,135 \cdot t$, weshalb dessen Ableitung $-0,135$ als Faktor bei der Anwendung der Kettenregel entsteht.

Nun muss der Zeitpunkt t bestimmt werden, an dem die Wachstumsrate, also der Funktionswert der Ableitung, den Wert 10 unterschreitet. Dies führt auf den Ansatz $f_3'(t) = 10$.

$$f_3'(t) = 10$$
$$6,75 \cdot e^{6,75-0,135 \cdot t} = 10$$
$$e^{6,75-0,135 \cdot t} = \frac{40}{27}$$
$$6,75 - 0,135 \cdot t = \ln\left(\frac{40}{27}\right)$$
$$-0,135 \cdot t = \ln\left(\frac{40}{27}\right) - 6,75$$
$$t = \frac{-\ln\left(\dfrac{40}{27}\right) + 6,75}{0,315} \approx 47,1$$

Der gesuchte Zeitpunkt ist somit ca. 47,1 Jahre nach Untersuchungsbeginn.

1.3.3 Der Operator „Berechnen" erfordert bei der Auswertung eines Integralterms die Angabe einer Stammfunktion. Für die beiden Summanden der Funktion f_3 können die jeweiligen Stammfunktionen einzeln bestimmt werden. Für den ersten Summanden 2200 entsteht der Term $2200 \cdot t$. Für den zweiten Summanden $-50 \cdot e^{6,75-0,135 \cdot t}$ muss zur Bestimmung des Stammfunktionsterms das Verfahren der Linearen Substitution verwendet werden. Dieses führt auf $-50 \cdot \dfrac{1}{(-0{,}135)} \cdot e^{6{,}75-0{,}135\cdot t}$. Insgesamt ergibt sich als Stammfunktion

$$F_3(t) = 2200 \cdot t - 50 \cdot \frac{1}{(-0{,}135)} \cdot e^{6{,}75-0{,}135\cdot t} = 2200 \cdot t + \frac{50}{0{,}135} \cdot e^{6{,}75-0{,}135\cdot t}$$

Nun lässt sich der gegebene Term berechnen.

$$\frac{1}{18} \int_{32}^{50} f_3(t)\,\mathrm{d}t = \frac{1}{18}(F_3(50) - F_3(32))$$

$$= \frac{1}{18}\left(2200\cdot 50 + \frac{50}{0{,}135}\cdot e^{6{,}75-0{,}135\cdot 50} - \left(2200\cdot 32 + \frac{50}{0{,}135}\cdot e^{6{,}75-0{,}135\cdot 32}\right)\right)$$

$$\approx \frac{1}{18}\cdot 35\,763{,}38$$

$$\approx 1987$$

Das Integral summiert die Anzahl der Elche im Zeitraum von 32 bis 50 Jahre nach Untersuchungsbeginn auf. Da diese Zahl noch durch die Länge des Zeitraums (18 Jahre) dividiert wird, gibt der Wert 1987 die durchschnittliche Populationsgröße im entsprechenden Zeitraum an.

2.1 Da in der Aufgabe gefordert wird, dass die Produktregel für die Ableitung verwenden soll, müssen die beiden Faktoren für die Produktregel zugeordnet werden.

$$g'(t) = \underbrace{r \cdot g(t)}_{u} \cdot \underbrace{(2200 - g(t))}_{v}$$

Nun kann die zweite Ableitung gebildet werden.

$$g''(t) = u' \cdot v + u \cdot v'$$

$$= \underbrace{r \cdot g'(t)}_{u'} \cdot \underbrace{(2200 - g(t))}_{v} + \underbrace{r \cdot g(t)}_{u} \cdot \underbrace{(-g'(t))}_{v'}$$

$$= r \cdot g'(t) \cdot 2200 - r \cdot g'(t) \cdot g(t) - r \cdot g'(t) \cdot g(t)$$

$$= r \cdot g'(t) \cdot (2200 - g(t) - g(t))$$

$$= r \cdot g'(t) \cdot (2200 - 2 \cdot g(t)) \qquad\qquad \square$$

2.2 Die notwendige Bedingung für einen Wendepunkt lautet $g''(t_W) = 0$. Mit der Gleichung aus Aufgabe 2.1, die laut Aufgabenstellung verwendet werden soll, führt dies auf die Forderung

$$r \cdot g'(t_W) \cdot (2200 - 2 \cdot g(t_W)) = 0$$

Zu beachten ist hierbei, dass auch bei der Funktion g und deren Ableitung der entsprechende Wert t_W für t eingesetzt werden muss. $g(t_W)$ ist die Auswertung der Funktion an der Wendestelle t_W und somit gleich y_W bzw. 1100. Einsetzen des Wertes 1100 bestätigt die Aussage.

$$
\begin{aligned}
r \cdot g'(t_W) \cdot (2200 - 2 \cdot g(t_W)) &= r \cdot g'(t_W) \cdot (2200 - 2 \cdot 1100) \\
&= r \cdot g'(t_W) \cdot (2200 - 2200) \\
&= r \cdot g'(t_W) \cdot 0 \\
&= 0
\end{aligned}
$$

Zur Berechnung des Zeitpunktes t_W gibt es die Information $g(t_W) = 1100$, die bereits im ersten Teil der Aufgabe verwendet wurde. Dieser Ansatz führt auf die Rechnung

$$
\begin{aligned}
g(t_W) &= 1100 \\
\frac{2200}{1 + 43 \cdot e^{-0,04 \cdot \ln(43) \cdot t_W}} &= 1100 \\
\frac{1}{1 + 43 \cdot e^{-0,04 \cdot \ln(43) \cdot t_W}} &= \frac{1}{2} \\
1 + 43 \cdot e^{-0,04 \cdot \ln(43) \cdot t_W} &= 2 \\
43 \cdot e^{-0,04 \cdot \ln(43) \cdot t_W} &= 1 \\
e^{-0,04 \cdot \ln(43) \cdot t_W} &= \frac{1}{43} \\
-0,04 \cdot \ln(43) \cdot t_W &= \ln\left(\frac{1}{43}\right) \\
-0,04 \cdot \ln(43) \cdot t_W &= -\ln(43) \\
t_W &= \frac{-\ln(43)}{-0,04 \cdot \ln(43)} \\
t_W &= 25
\end{aligned}
$$

Hinweis: Der Term $\ln\left(\frac{1}{43}\right)$ lässt sich durch Potenz- und Logarithmengesetze, wie folgt, in $-\ln(43)$ umschreiben.

$$
\ln\left(\frac{1}{43}\right) = \ln\left(43^{-1}\right) = (-1) \cdot \ln(43) = -\ln(43)
$$

Bei der Wendestelle handelt es sich um Stelle mit der größten Änderungsrate, d.h. die steilste Stelle des Graphen in Material. Nach 25 Jahren besitzt die Population die größte Wachstumrate bzw. wächst die Population am schnellsten.

2.3 Es lohnt sich, die gegebene Bedingung umzuschreiben, um die Symmetrie leichter erkennen zu können.

$$g(25) - g(25 - u) = g(25 + u) - g(25) \iff -(g(25 - u) - g(25)) = g(25 + u) - g(25)$$

Die rechte Form der Äquivalenz lässt sich folgendermaßen formulieren: Geht man von $t = 25$ aus den gleichen Wert u nach links und nach rechts, unterscheiden sich die Differenzen der Funktionswerte im Vorzeichen. Ist der Wert rechts von 25 um den Wert d größer, ist er links davon um d kleiner.

Diese Eigenschaft entspricht einer Punktsymmetrie zum Wendepunkt $(25|g(25))$, welche auch dem Graphen in Material 3 zu entnehmen ist.

Hinweis: Die Überlegungen, die zur Beantwortung der Aufgabe führen, müssen aufgrund des Operators „Angeben" nicht notiert werden.

3.1 Es ist sinnvoll die geometrischen Operationen erst in die eine und dann in die andere Achsenrichtung zu betrachten. In Richtung der y-Achse finden zwei Veränderungen statt.

- Der Vorfaktor 10 vor dem Sinusterm führt zu einer Streckung mit dem Faktor 10 in Richtung der y-Achse, da jeder Funktionswert mit dem Faktor 10 multipliziert wird

- Der Summand $+23$ hinter dem Sinusterm führt zu einer Verschiebung um den Wert 23 in Richtung der y-Achse, da jeder Funktionswert um genau diesen Wert größer wird

Es ist wichtig, dass die beiden Operationen in dieser Reihenfolge ausgeführt werden. Würde zuerst verschoben, entstünde der Term $\sin(0{,}08\pi \cdot t) + 23$. Eine anschließende Streckung mit dem Faktor 10 ergäbe $10 \cdot (\sin(0{,}08\pi \cdot t) + 23) = 10 \cdot \sin(0{,}08\pi \cdot t) + 230$, was nicht zu dem Funktionsterm von w passt.

Die Operation in t-Richtung entsteht durch die Änderung des Funktionsarguments von t in $0{,}08\pi \cdot t$. Dies entspricht einer Streckung des Graphen in x-Richtung mit dem Faktor $\dfrac{1}{0{,}08\pi} = \dfrac{12{,}5}{\pi}$.

Mit Hilfe der Streckung in t-Richtung lässt sich direkt die Periodenlänge von w bestimmen. Die allgemeine Sinusfunktion besitzt eine Periodenlänge von 2π. Wird der Graph mit dem Faktor $\dfrac{12{,}5}{\pi}$ gestreckt, ergibt sich als neue Periodenlänge $\dfrac{12{,}5}{\pi} \cdot 2\pi = 25$.

Die maximale Anzahl an Wölfen entspricht der y-Koordinate der Hochpunkte von w. Diese werden immer dann angenommen, wenn dies schon für den Sinusterm gilt, da die restlichen Elemente des Terms Konstanten sind. Da der maximale Wert der allgemeinen Sinusfunktion 1 ist, ist die maximale Anzahl an Wölfen $10 \cdot 1 + 23 = 33$. Die Argumentationslinie verläuft für die minimale Anzahl analog mit dem minimalen Wert -1 der allgemeinen Sinusfunktion $s(t)$. Die minimale Anzahl der Wölfe ergibt sich zu $10 \cdot (-1) + 23 = 13$.

3.2 Bei den Bestimmungen der Ableitungen muss darauf geachtet werden, dass die Kettenregel benötigt wird, da sich der Term $0{,}08\pi \cdot t$ jeweils innnerhalb der Sinus- bzw. Kosinusfunktion befindet. Die Ableitung dieses inneren Terms beträgt $0{,}08\pi$. Mit dieser Vorüberlegung ergeben sich die Ableitungen

$$w'(t) = 10 \cdot 0{,}08\pi \cdot \cos(0{,}08 \cdot t) \quad \text{und} \quad w''(t) = -10 \cdot (0{,}08\pi)^2 \cdot \sin(0{,}08 \cdot t)$$

sowie

$$h'(t) = -500 \cdot 0{,}08\pi \cdot \sin(0{,}08 \cdot t).$$

Betrachtet man nun die Funktionsterme von w'' und h', stellt man fest, dass deren Sinusterme identisch sind und sich die Funktionsterme somit nur im Vorfaktor unterscheiden. Da die Vorfaktoren beide konstant sind, müssen die beiden Terme auch proportional zueinander sein.

Bei der Bestimmung des Proportionalitätsfaktors kann man sich aufgrund der obigen Überlegungen auf die Vorfaktoren beschränken. Es folgt:

$$w''(t) = c \cdot h'(t)$$
$$-10 \cdot (0{,}08\pi)^2 = c \cdot (-500) \cdot 0{,}08\pi$$
$$-10 \cdot 0{,}08\pi = c \cdot (-500)$$
$$\frac{-0{,}8\pi}{-500} = c$$

Als Proportionalitätsfaktor ergibt sich $c = \dfrac{0{,}8\pi}{500} = \dfrac{\pi}{625}$.

3.3 Bei den Funktionen h und w' handelt es sich jeweils um Kosinusfunktionen mit der Periodenlänge 25. Diese sind nur in x-Richtung gestreckt, aber nicht verschoben. Sie müssen deshalb ihre Extrema (Hoch- und Tiefpunkte) an denselben Stellen annehmen.

Im Sachzusammenhang: Zu den Zeitpunkten, an denen es die meisten Elche gibt (Hochpunkte von h), ist die Wachstumsrate der Wölfe am größten bzw. wächst die Wolfspopulation am stärksten.

Abitur 2023 – Aufgabe C1 (WTR)

1.1 Da es sich bei der Grundfläche um ein Rechteck handelt, müssen die Vektoren $\overrightarrow{AD}$ und $\overrightarrow{BC}$ identisch sein. Der Ortsvektor von D lässt sich durch die Rechnung $\overrightarrow{OA} + \overrightarrow{BC}$ bestimmen.

$$\overrightarrow{OD} = \overrightarrow{OA} + \overrightarrow{BC} = \begin{pmatrix} 50 \\ 0 \\ 0 \end{pmatrix} + \begin{pmatrix} -50 \\ 2{,}5 \\ 0 \end{pmatrix} = \begin{pmatrix} 0 \\ 2{,}5 \\ 0 \end{pmatrix}$$

Die Punkte E, G und H liegen jeweils 3 Einheiten in Richtung der z-Achse oberhalb der Punkte A, C und D. Die Angabe der folgenden Punkte löst diesen Aufgabenteil:

D(0|2,5|0),   E(50|0|3),   G(1|22,5|3),   H(0|2,5|3)

Punkt A lässt sich zur Skalierung der x-Achse heranziehen, da er auf dieser Achse am Wert 50 liegt. Dasselbe gilt für die y-Achse und Punkt D mit dem Wert 2,5. Für die Skalierung der z-Achse kann man nutzen, dass der Punkt I zwei Kästchen oberhalb der Mitte der Strecke $\overline{EF}$ liegt, was nach Aufgabentext einem Abstand von 5 m entsprechen muss.

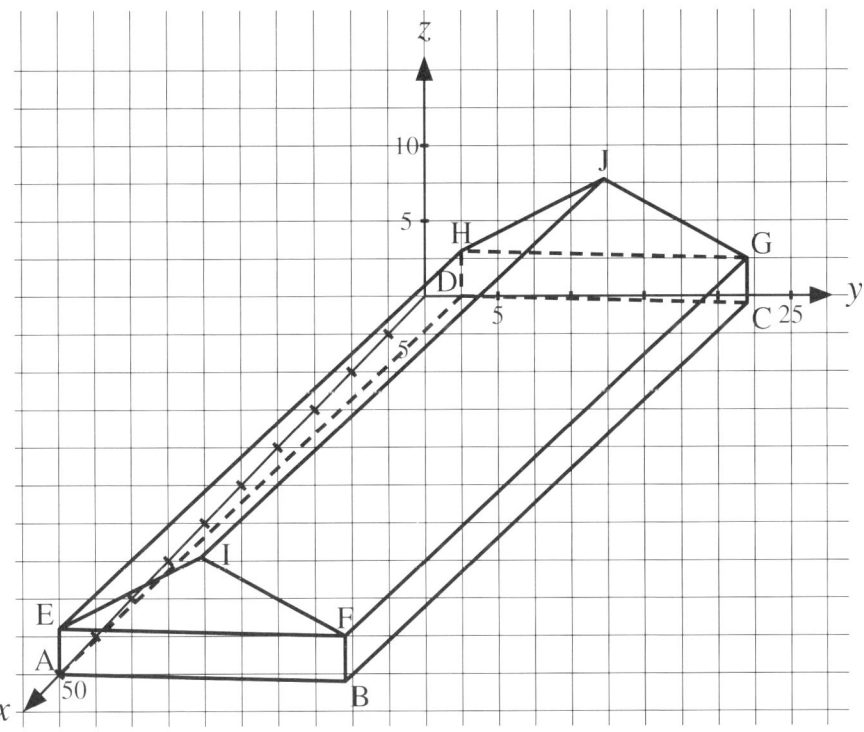

1.2 Das gesamte Volumen des Festzeltes ist die Summe der Volumina des Unterbau-Quaders und des Prisma-Dachs.

Das Volumen V_Q des Quaders ist der Produkt seiner drei Seitenlängen.

$$V_Q = \left|\overrightarrow{AD}\right| \cdot \left|\overrightarrow{AB}\right| \cdot \left|\overrightarrow{AE}\right|$$

$$= \left|\begin{pmatrix} -50 \\ 2{,}5 \\ 0 \end{pmatrix}\right| \cdot \left|\begin{pmatrix} 1 \\ 20 \\ 0 \end{pmatrix}\right| \cdot \left|\begin{pmatrix} 0 \\ 0 \\ 3 \end{pmatrix}\right|$$

$$= \sqrt{(-50)^2 + 2{,}5^2 + 0^2} \cdot \sqrt{1^2 + 20^2 + 0^2} \cdot \sqrt{0^2 + 0^2 + 3^2}$$

$$= \sqrt{2506{,}25} \cdot \sqrt{401} \cdot 3$$

$$= 3007{,}5$$

Das Volumen V_P des Prisma berechnet sich durch das Produkt des Inhalts der dreieckigen Grundfläche A_G und der Länge der Höhe $\overline{IJ}$.

$$V_P = A_G \cdot \left|\overrightarrow{IJ}\right|$$

$$= \frac{1}{2} \left|\overrightarrow{EF}\right| \cdot (8-3) \cdot \left|\overrightarrow{IJ}\right|$$

$$= \frac{1}{2} \left|\overrightarrow{AB}\right| \cdot 5 \cdot \left|\overrightarrow{AD}\right|$$

$$= \frac{5}{2} \cdot \sqrt{401} \cdot \sqrt{2506{,}5}$$

$$= 2506{,}25$$

Für das gesamte Volumen des Festzelts ergibt sich $3007{,}5\,\text{m}^3 + 2506{,}25\,\text{m}^3 = 5513{,}75\,\text{m}^3$.

1.3 Zur Angabe einer Parametergleichung benötigt man einen Stütz- und zwei Richtungsvektoren. Da die gesuchte Ebene das Rechteck ABFE enthalten soll bietet es sich an, den Ortsvektor einer der Punkte als Stützvektor zu wählen. Die Verbindungsvektoren der anliegenden Kanten sind dann sinnvolle Wahlen für die beiden Richtungsvektoren, da diese sicher nicht parallel sind.

$$K: \vec{x} = \overrightarrow{OA} + r \cdot \overrightarrow{AB} + s \cdot \overrightarrow{AE} = \begin{pmatrix} 50 \\ 0 \\ 0 \end{pmatrix} + r \cdot \begin{pmatrix} 1 \\ 20 \\ 0 \end{pmatrix} + s \cdot \begin{pmatrix} 0 \\ 0 \\ 3 \end{pmatrix}; \quad r,s \in \mathbb{R}$$

Zur Bestimmung der <u>Koordinatenform</u> benötigen wir einen Normalenvektor $\vec{n} = \begin{pmatrix} n_1 \\ n_2 \\ n_3 \end{pmatrix}$ der Ebene, da dessen Komponenten in der Koordinatenform $n_1 \cdot x + n_2 \cdot y + n_3 \cdot z = d$ als Koeffizienten auftauchen. Der Normalenvektor muss senkrecht auf beiden Richtungsvektoren der Ebene stehen, d.h. das jeweilige Skalarprodukt muss Null sein. Aus diesen Forderungen ergeben sich zwei Gleichungen.

$$\begin{pmatrix} 1 \\ 20 \\ 0 \end{pmatrix} \cdot \begin{pmatrix} n_1 \\ n_2 \\ n_3 \end{pmatrix} = n_1 + 20n_2 = 0 \tag{1}$$

$$\begin{pmatrix} 0 \\ 0 \\ 3 \end{pmatrix} \cdot \begin{pmatrix} n_1 \\ n_2 \\ n_3 \end{pmatrix} = 3n_3 = 0 \tag{2}$$

Aus Gleichung (2) folgt direkt $n_3 = 0$. n_1 und n_2 müssen nun noch so gewählt werden, dass auch Gleichung (1) erfüllt ist. Wählt man $n_1 = 20$, ergibt sich $20 + 20n_2 = 0$ und somit $n_2 = -1$.

Ein alternativer Weg zur Bestimmung von $\vec{n}$ ist der Lösung zur Aufgabe C1.2 aus dem Jahr 2022 zu entnehmen.

Durch den Normalenvektor ist die Ausrichtung der Ebene im Raum festgelegt. Um die exakte Lage im Raum zu fixieren und die vollständige Koordinatenform zu bestimmen, muss noch ein Punkt der Ebene in die bisher bestimmte Gleichung $20x - 1y = d$ eingesetzt werden. Hierfür bietet sich Punkt $A(50|0|0)$ an.

$$20 \cdot 50 - 1 \cdot 0 = 1000 \implies d = 1000$$

Die Koordinatenform der Ebene K lautet: $20x - y = 1000$

2.1 Ein Vergleich der Koordinatengleichung von K, nämlich $20x - y = 1000$, mit der Gleichung der Ebenenschar $20x - y = 2a$ zeigt, dass die beiden Gleichungen für die Wahl $a = 2$ identisch sind, womit K eine Ebene der Schar ist.

Alle Ebenen der Schar E_a besitzen denselben Normalenvektor $\vec{n} = \begin{pmatrix} 20 \\ -1 \\ 0 \end{pmatrix}$ und somit die gleiche Ausrichtung im Raum. Unterschiedliche Werte für a führen nur zu einer Verschiebung der Ebene in Richtung des Normalenvektors, weshalb alle Ebenen der Schar parallel zueinander sind.

2.2 Bei Aufgaben, in denen Rechnungen in Kästen erläutert werden sollen, lohnt es sich zuerst die dort auftauchenden Punkte bzw. Vektoren, Elementen der bisherigen Anwendung zuzuordnen. Im vorliegenden Fall stellt man fest, dass die Gerade g in (1) sich, wie folgt, ergibt: $\vec{x} = \overrightarrow{OA} + r \cdot \vec{n}$

Mit dieser Erkenntnis lässt sich in die Erläuterung einsteigen.

- In Zeile (1) wird eine Gerade erstellt, die den Punkt A enthält und in Richtung des Normalenvektors der Ebene ABFE verläuft. Der Punkt T soll auf dieser Geraden liegen. Betrachtet man nur den Bereich des Zeltes, muss der Punkt T zwischen den Punkten A und D liegen.

- In Zeile (2) wird die Forderung aufgestellt, dass der Verbindungsvektor von A nach T die Länge 20 hat. Der Abstand der Punkte A und T muss somit in der Realität 20 m betragen.

- Zeile (3) besagt, dass die Forderung aus (2) für die Punkte der Gerade erfüllt ist, die zu Parametern mit den ungefähren Werten $r_1 = 1$ und $r_2 = -1$ gehören. Einsetzen des Wertes r_2 führt zu dem Punkt T_2 auf der Geraden g, der zwischen A und D liegt. Da der Stützvektor der Geraden g der Ortsvektor des Punktes A ist, entspricht die Länge des Verbindungsvektors $\overrightarrow{AT}$ genau dem Vektor $r \cdot \begin{pmatrix} 20 \\ -1 \\ 0 \end{pmatrix} = \begin{pmatrix} 20r \\ -r \\ 0 \end{pmatrix}$.

Im Folgenden die durch Auslassungspunkte ausgezeichneten fehlenden Berechnungen:

$$\left| \overrightarrow{AT} \right| = 20$$

$$\left| \begin{pmatrix} 20r \\ -r \\ 0 \end{pmatrix} \right| = 20$$

$$\sqrt{(20r)^2 + (-r)^2} = 20$$

$$\sqrt{400r^2 + r^2} = 20$$

$$401r^2 = 400$$

$$r^2 = \frac{400}{401}$$

$$r_{1/2} \approx \pm 1$$

- In Zeile (4) wird der Punkt T in die Gleichung der Ebenenschar E_a eingesetzt, um den zugehörigen Wert von a zu bestimmen. Dieser hat den Wert 299,5. Da die Ebene der Trennwand parallel zur Ebene ABFE ist, ist auch sie eine Ebene der Ebenenschar E_a und zwar die Ebene $E_{299,5}$.

Die Trennwand befindet sich 20 m hinter der Vorderseite des Festzeltes, parallel zur Vorderseite. Sie teilt das Festzelt im Verhältnis 2 zu 3, wobei der hintere Teil der größere ist.

3.1 Bevor entschieden werden kann, ob der Schattenpunkt auf die rechte Zeltwand trifft, muss der Schnittpunkt der Schattengerade durch die Baumspitze S mit der Ebene L bestimmt werden.

Die Schattengerade: $\vec{x} = \overrightarrow{OS} + r \cdot \vec{v} = \begin{pmatrix} 26 \\ 29{,}25 \\ 14 \end{pmatrix} + r \cdot \begin{pmatrix} 0 \\ -2 \\ -3 \end{pmatrix}; \quad r \in \mathbb{R}$

Einsetzen der Schattengeraden in die Ebene L führt zu

$$(26 + 0r) + 20 \cdot (29{,}25 - 2r) = 451$$
$$26 + 585 - 40r = 451$$
$$-40r = -160$$
$$r = 4$$

Als Ortsvektor des Schattenpunktes S' ergibt sich $\overrightarrow{OS'} = \begin{pmatrix} 26 \\ 29{,}25 \\ 14 \end{pmatrix} + 4 \cdot \begin{pmatrix} 0 \\ -2 \\ -3 \end{pmatrix} = \begin{pmatrix} 26 \\ 21{,}25 \\ 2 \end{pmatrix}.$

Nun muss überprüft werden, ob der Schattenpunkt S'$(26|21{,}25|2)$ sich nicht nur auf der Ebene L, sondern auch im Bereich des Rechtecks BCGF befindet. Da das Rechteck in alle Raumrichtungen begrenzt ist, muss dies für jede Raumrichtung einzeln getestet werden.

- Die x-Koordinate 26 von S' befindet sich zwischen den x-Koordinaten 1 von C und 51 von B.

- Die y-Koordinate 21,25 von S' befindet sich zwischen den y-Koordinaten 20 von B und 22,5 von C.

- Die z-Koordinate 2 von S' befindet sich zwischen den z-Koordinaten 0 von B und 3 von F.

Zusammenfassend: Der Schatten der Kirmesbaumspitze trifft die rechte Zeltwand.

3.2 Da der Punkt Q ein Teil der rechten Zeltwand ist, muss der Punkt Q auch in der Ebene L liegen und deren Koordinatengleichung erfüllen. Durch Einsetzen von Q in die Gleichung lässt sich y bestimmen.

$$25 + 20y = 451 \implies 20y = 426 \implies y = 21{,}3$$

Bei der Bestimmung des Wertes z hilft eine schematische Skizze, in der der Punkt Q und die Kirmesbaumspitze S und der Winkel $57°$ auftauchen. In der folgenden Skizze beschreibt h die Höhendifferenz zwischen Strahler und Kirmesbaumspitze.

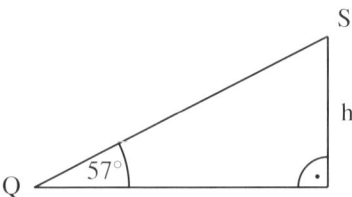

In diesem rechtwinkligen Dreieck gilt: $\sin(57°) = \dfrac{h}{\left|\overrightarrow{QS}\right|} \approx 0{,}839$

Diese Beziehung lässt sich nutzen, um h und im Anschluss die z-Koordinate von Q zu bestimmen.

$$\dfrac{h}{\left|\overrightarrow{QS}\right|} \approx 0{,}839$$

$$\dfrac{h}{\left|\begin{pmatrix} 1 \\ 7{,}95 \\ h \end{pmatrix}\right|} \approx 0{,}839$$

$$\dfrac{h}{\sqrt{1^2 + 7{,}95^2 + h^2}} \approx 0{,}839$$

$$\dfrac{h^2}{64{,}2025 + h^2} \approx 0{,}703$$

$$h^2 \approx 45{,}158 + 0{,}703h^2$$

$$0{,}297h^2 \approx 45{,}158$$

$$h^2 \approx 152{,}047$$

$$h \approx \pm 12{,}331$$

Die negative Lösung für h ist nicht sinnvoll, da die Baumspitze nicht unterhalb des Erdbodens liegt. Die z-Koordinate von Q ist somit um ca. 12,331 Einheiten kleiner als die der Kirmesbaumspitze und bei $z = 14 - 12{,}331 = 1{,}669$.

4.1 Um die Werte in der Tabelle leichter deuten zu können, sollte man sich zuerst klarmachen, dass sich jeweils die Spalten der Tabelle zu 100% ergänzen. Die zu deutenden 40% beziehen sich somit auf den Anteil der Karten der Kategorie V des Sponsors C. Also: 40% der verlosten Karten des Sponsors C gehören der Kategorie V an.

Die Aufgabenstellung gibt einen Hinweis darauf, wie die Variablen für das lineare Gleichungssystem zu wählen sind. Es soll nämlich „die Anzahl der von den drei Sponsoren jeweils verlosten Freikarten" bestimmt werden. Die Variablen sollten also diesen Anzahlen entsprechen.

a: Anzahl der verlosten Freikarten von Sponsor A

b: Anzahl der verlosten Freikarten von Sponsor B

c: Anzahl der verlosten Freikarten von Sponsor C

Mit diesen Festlegungen ergibt sich für die Gesamtanzahl der Karten in jeder Kategorie jeweils eine Gleichung des Systems.

Anzahl der Karten in Kategorie V: $0{,}3a + 0{,}2b + 0{,}4c = 40$

Anzahl der Karten in Kategorie N: $0{,}7a + 0{,}8b + 0{,}6c = 100$

Es handelt sich um ein unterbestimmtes Gleichungssystem (2 Gleichungen, 3 Unbekannte), weshalb die Punkte der gesuchten Lösungsmenge von einer der Variablen abhängig sind. Betrachtet man das Kontrollergebnis bietet es sich an, die Variable c zu fixieren.

$$\left| \begin{array}{l} \dfrac{3}{10}a + \dfrac{2}{10}b + \dfrac{4}{10}c = 40 \\[2mm] \dfrac{7}{10}a + \dfrac{8}{10}b + \dfrac{6}{10}c = 100 \end{array} \right| \implies \left| \begin{array}{l} \dfrac{21}{10}a + \dfrac{14}{10}b + \dfrac{28}{10}c = 280 \\[2mm] \dfrac{21}{10}a + \dfrac{24}{10}b + \dfrac{18}{10}c = 300 \end{array} \right|$$

Subtrahieren der beiden rechten Gleichungen führt auf

$$-b + c = -20 \implies b = 20 + c$$

Um noch a in Abhängigkeit von c angeben zu können, muss man b in einer Gleichung des Systems durch $20 + c$ ersetzen und nach a auflösen.

$$\frac{3}{10}a + \frac{2}{10}b + \frac{4}{10}c = 40$$
$$\frac{3}{10}a + \frac{2}{10}(20 + c) + \frac{4}{10}c = 40$$
$$\frac{3}{10}a + 4 + \frac{2}{10}c + \frac{4}{10}c = 40$$
$$\frac{3}{10}a + \frac{6}{10}c = 36$$
$$a + 2c = 120$$
$$a = 120 - 2c$$

Das Kontrollergebnis $\mathbb{L} = \{(120 - 2c \,|\, 20 + c \,|\, c) \,|\, c \in \mathbb{R}\}$ ist bestätigt.

4.2 Als erste Einschränkung muss beachtet werden, dass jede Koordinate in der Lösung $(120 - 2c \,|\, 20 + c \,|\, c)$ eine natürliche Zahl sein, da es sich um Anzahlen von Karten handelt. Zweitens muss jede Koordinate größergleich 20 sein, da jeder Sponsor mindestens so viele Karten verlost. Ein einzelner Sponsor kann somit auch nicht mehr als $100 = 140 - 2 \cdot 20$ Karten verlosen, womit jede Koordinate auch kleinergleich 100 sein muss. Die drei Koordinaten können nun einzeln betrachet werden.

a: $120 - 2c \geq 20 \implies c < 50$ und $120 - 2c \leq 100 \implies c \geq 10$

b: $20 + c \geq 20 \implies c \geq 0$ und $20 + c \leq 100 \implies c \leq 80$

c: $c \geq 20$ und $c \leq 100$

Insgesamt ergibt sich als Einschränkung für c: $20 \leq c \leq 50$; $c \in \mathbb{N}$.

Für diese Lösung gibt es die vollen Bewertungseinheiten für diese Teilaufgabe. Tatsächlich kann man aber die Lösungen noch weiter einschränken, da man davon ausgehen sollte, dass auch die Anteile der verlosten Freikarten jedes Sponsors ganzzahlig sind. Damit muss auch der Wert von $0{,}4c$ natürlich sein, weshalb c ein Vielfaches von 5 sein muss. c kann also nur die Werte $20, 25, 30, 35, 40, 45$ und 50 annehmen.

4.3   Für die Beurteilung der Aussage I sollte man sich vergegenwärtigen, dass mit mindestens zwei Gleichungen immer ein logischer Widerspruch erzeugt werden kann. Dies ist unabhängig von der Anzahl der Variablen. Die Aussage ist somit falsch. Ein mögliches Gegenbeispiel ist

$$\left| \begin{array}{l} a + b + c = 40 \\ a + b + c = 100 \end{array} \right|$$

Aussage II ist hingegen richtig. Auch wenn es mehr Gleichungen als Variablen gibt, können trotzdem alle Gleichungen bspw. dieselbe Information modellieren. Gibt es dann mehr als 1 Variable, kann es auch Lösungsmengen mit unendlich vielen Lösungen geben. Ein Beispiel hierfür ist

$$\left| \begin{array}{l} a + b + c = 40 \\ 2a + 2b + 2c = 80 \\ 3a + 3b + 3c = 120 \\ 4a + 4b + 4c = 160 \end{array} \right|$$

Abitur 2023 – Aufgabe C2.1 (WTR/CAS)

1.1 Zu Beginn der Aufgabe lohnt es sich, alle Wahrscheinlichkeiten, die bezüglich der Ereignisse im Text gegeben sind, herauszuschreiben. Diese sind:

$$P(K) = 0{,}15 \qquad P_K(J) = 0{,}9 \qquad P_{\overline{K}}(J) = 0{,}7$$

Mit diesen Wahrscheinlichkeiten sind auch die jeweiligen Gegenwahrscheinlichkeiten eindeutig festgelegt, da sich beide zu 1 addieren.

$$P(\overline{K}) = 0{,}85 \qquad P_K(\overline{J}) = 0{,}1 \qquad P_{\overline{K}}(\overline{J}) = 0{,}3$$

Betrachtet man sich die gefundenen Wahrscheinlichkeiten, stellt man fest, dass man alle Werte für ein ausgefülltes Baumdiagramm mit dem Ereignis K in der ersten Stufe zur Verfügung hat.

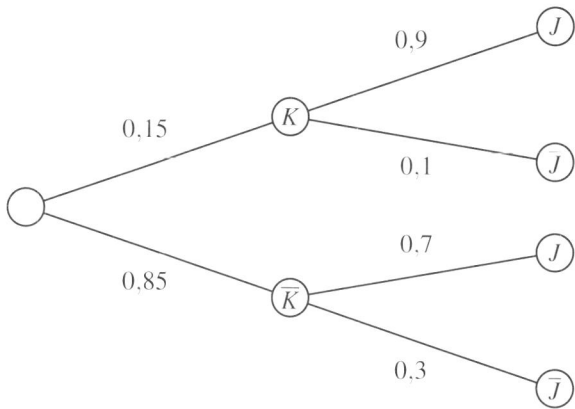

Der Anteil aller Personen, die das Joghurtdressing gewählt haben, ist die Summe der Wahrscheinlichkeiten der Pfade, in denen in der zweiten Stufe das Ereignis J auftritt.

$$P(J) = P(K) \cdot P_K(J) + P(\overline{K}) \cdot P_{\overline{K}}(J) = 0{,}15 \cdot 0{,}9 + 0{,}85 \cdot 0{,}7 = 0{,}73 = 73\%$$

Der behauptete Wert ist rechnerisch gezeigt.

1.2 Bei der gesuchten Wahrscheinlichkeit handelt es sich um eine bedingte Wahrscheinlichkeit. Es werden nur die Personen betrachtet, die das Joghurtdressing gewählt haben. Nur unter diesen wird der Anteil der Kinder gesucht.

Gesuchte Wahrscheinlichkeit (formal): $P_J(K)$

Zur Lösung der Aufgabe bietet sich der Satz von Bayes an.

$$P_J(K) = \frac{P(K) \cdot P_K(J)}{P(J)} = \frac{0{,}15 \cdot 0{,}9}{0{,}73} \approx 0{,}1849 = 18{,}49\%$$

Die Wahrscheinlichkeiten im Zähler lassen sich dem Baumdiagramm und die Wahrscheinlichkeit im Nenner der Rechnung aus der vorigen Teilaufgabe entnehmen.

1.3 Alle gefragten Wahrscheinlichkeiten finden sich im Baumdiagramm in Teilaufgabe 1.1 wieder oder wurden dort berechnet, so dass es aufgrund des Operators „Angeben" genügt, diese (evtl. erneut) zu notieren.

$$P_K(J) = 0{,}9 \qquad P_{\overline{K}}(J) = 0{,}7 \qquad P(J) = 0{,}73$$

Unter den Besuchern des Restaurants befinden sich nur Kinder oder Erwachsene. In diesen beiden Gruppen ist der Anteil der Personen, die das Joghurtdressing wählen unterschiedlich ($P_K(J) \neq P_{\overline{K}}(J)$). Das bedeutet auch, dass sich der Anteil unter allen Personen, die das Joghurtdressing wählen, zwischen den beiden Anteilen der einzelnen Gruppen befinden muss. Er kann nicht so groß sein wie der Anteil der Kinder. Genau das sagt die Ungleichung $P_K(J) \neq P(J)$, die gefolgert werden soll.

2.1 Bei dieser Aufgabe handelt es sich um eine klassische Aufgabe aus dem Bereich der Binomialverteilung. Den beiden Ereignissen liegt eine Bernoullikette zu Grunde, da

- es im Einzelversuch nur zwei Ausgänge gibt. Eine Person kennt das Produkt oder nicht.
- die Grundgesamtheit (alle Personen eines Landes) groß genug ist, um von einer nahezu gleichbleibenden Wahrscheinlichkeit ausgehen zu können.

Mit der Zufallsgröße

X: Anzahl der Personen, die das Olivenölprodukt kennen

sind alle Voraussetzungen für eine Binomialverteilung gegeben. Die gefragten Wahrscheinlichkeiten können mit den Menüs für die einfache und die kumulierte Binomialverteilung des Taschenrechners bestimmt werden. Im Fall von E_1 kann auch die Bernoulliformel verwendet werden.

$$P(E_1) = P(X = 10) = B(40; 0{,}35; 10) \approx 0{,}0571 = 5{,}71\%$$

oder

$$P(E_1) = P(X = 10) = \binom{40}{10} \cdot 0{,}35^{10} \cdot 0{,}65^{30} \approx 0{,}0571 = 5{,}71\%$$

$$P(E_2) = P(29 \leq X \leq 37)$$
$$= P(X \leq 37) - P(X \leq 28)$$
$$= F(100;0{,}35;37) - F(100;0{,}35;28)$$
$$\approx 0{,}7024 - 0{,}0848$$
$$= 0{,}6176 = 61{,}76\%$$

2.2.1 Um die Vermutung, dass der Bekanntheitsgrad gestiegen ist, zu bestätigen, wird die gegenteilige Hypothese ($p \leq 0{,}35$) als Nullhypothese H_0 gewählt. Wird dann diese Nullhypothese mit einer gegebenen Sicherheit widerlegt, bestätigt sich im Umkehrschluss die vermutete Hypothese ($p > 0{,}35$). Bei dem angesetzten Hypothesentest handelt es sich somit um einen rechtsseitigen Test, da der Verwerfungsbereich von H_0 auf der rechten Seite der Verteilung liegt.

Ein Signifikanzniveau von 5% besagt, dass die Nullhypothese nur mit einer Fehlerwahrscheinlichkeit von 0,05 fälschlicherweise verworfen werden soll. Nur mit dieser Wahrscheinlichkeit darf man im Verwerfungsbereich der Nullhypothese landen, obwohl diese richtig ist. Mit der Zufallsgröße aus Aufgabenteil 2.1 führt dies formal auf die Forderung

$$P(X \geq k) \leq 0{,}05$$
$$1 - P(X \leq k-1) \leq 0{,}05$$
$$-P(X \leq k-1) \leq -0{,}95$$
$$P(X \leq k-1) \geq 0{,}95$$
$$F(200;0{,}35;k-1) \geq 0{,}95$$

Durch Testen von Werten mit dem Taschenrechner (WTR) findet man

frv.tv/c1

$$\left.\begin{array}{l} F(200;0{,}35;80) \approx 0{,}9391 < 0{,}95 \\ F(200;0{,}35;81) \approx 0{,}9547 > 0{,}95 \end{array}\right\} \Longrightarrow k - 1 = 81 \longrightarrow k-82$$

Der ermittelte kritische Wert k ist der erste Wert im Verwerfungsbereich der Nullhypothese, womit sich die folgende Entscheidungsregel formulieren lässt.

Wenn in der Stichprobe 82 oder mehr Personen angeben, dass Produkt zu kennen, wird die Nullhypothese verworfen und daraus folgend angenommen, dass der Bekanntheitsgrad auf über 35% gestiegen ist.

2.2.2 Da der Bekanntheitsgrad gestiegen ist, lässt sich der Fehler 2. Art begehen. Man kann nur dann fälschlicherweise davon ausgehen, dass die Nullhypothese korrekt ist, wenn sie es tatsächlich nicht ist. Hierfür muss die Stichprobe im Annahmebereich $[0;81]$ von H_0 aus der vorigen Teilaufgabe landen. Die Wahrscheinlichkeit für die Bernoullikette, die die

Umfrage darstellt, liegt aber nun bei 0,45. Mit diesen Informationen lässt sich die gesuchte Wahrscheinlichkeit mit dem WTR bestimmen.

$$P(\text{Fehler 2. Art}) = P(X \leq 81) = F(200; 0,45; 81) \approx 0,1132 = 11,32\%$$

2.2.3 Den Fehler 1. Art kann man nur begehen, wenn die Nullhypothese richtig ist, da man sie fälschlicherweise verwirft. Somit kommen von den vier möglichen Fällen nur noch die Fälle A und C in Frage, da in den zugehörigen Abschnitten H_0 wahr ist. Da man aber H_0 in diesem Fall verwirft, findet sich die zugehörige Wahrscheinlichkeit im rechten der beiden Graphen wieder und Buchstabe C gehört zu Fall I. Da sich auch Fall II auf den α-Fehler bezieht, muss hierzu der Buchstabe A gehören. Dies ist stimmig, da man den Fehler 1. Art genau dann nicht macht, wenn man die richtige Nullhypothese annimmt.

Den Fehler 2. Art begeht man, wenn man die Nullhypothese fälschlicherweise annimmt. Dies geschieht bei B. Es gehört somit der Buchstabe B zu III, womit für IV nur noch D verbleibt.

In Kurzform die Angabe des Ergebnisses:

I: C;   II: A;   III: B;   IV: D

3.1.1 Die Zahl 12 im Exponenten weist auf einen 12-stufigen Zufallsversuch hin. In jedem dieser Versuche gibt es eine Wahrscheinlichkeit von 0,985 für einen günstigen Ausgang. Dies ist aber genau die Gegenwahrscheinlichkeit zu der Wahrscheinlichkeit dafür, dass in einer Flasche weniger als 600 ml sind. Mit diesen Überlegungen zum Ansatz der Rechnung lässt sich auch die geforderte Fragestellung formulieren:

Berechnen Sie die Wahrscheinlichkeit dafür, dass jede Flasche eines Kartons die Mindestmenge von 600 ml enthält.

frv.tv/rx

3.1.2 Die Belieferung des Supermarktes kann als Bernoullikette aufgefasst werden, da jede Flasche dieselbe Wahrscheinlichkeit besitzt, mindestens 600 ml zu beinhalten. Mit der Zufallsgröße

Y: Anzahl der Flaschen mit mindestens 600 ml

ergibt sich eine Binomialverteilung, womit für den Erwartungswert die Formel $n \cdot p$ verwendet werden kann. Es muss die Ungleichung $n \cdot 0,985 > 780$ gelöst werden, wobei n die unbekannte Anzahl an insgesamt gelieferten Flaschen beschreibt.

$$n \cdot 0,985 > 780 \implies n > \frac{780}{0,985} \approx 791,88 \implies n = 792$$

Es werden mindestens 792 Flaschen geliefert.

3.1.3 In einem ersten Schritt sollte man sich überlegen, welchem absoluten Wert an Kartons der relative Wert „mehr als 3%" entspricht. 3% von 150 ist 4,5. Es muss deshalb die Wahrscheinlichkeit bestimmt werden, dass mindestens 5 Kartons (mehr als 4,5) fehlerhaft sind.

Für diese Rechnung fehlt aber noch die Wahrscheinlichkeit dafür, dass ein Karton überhaupt fehlerhaft ist. Aus dem einführenden Text weiß man, dass dies der Fall ist, wenn mehr als eine Flasche im Karton weniger als 600 ml Öl enthält. Alternativ: Weniger als 11 Flaschen enthalten mindestens 600 ml Öl. Mit der Zufallsgröße Y aus der Teilaufgabe 3.1.2 ergibt sich hierfür die folgende Wahrscheinlichkeit:

$$P(Y \leq 10) = F(12; 0{,}985; 10) \approx 0{,}0134$$

Ein Karton hat eine Chance von ca. 1,34% fehlerhaft zu sein.

Jetzt hat man alle Informationen, die nötig sind, um zu bestimmen, wie wahrscheinlich es ist, dass mindestens 5 Kartons fehlerhaft sind. Auch in dieser Aufgabe handelt es sich wieder um eine Binomialverteilung mit den Parametern $n = 150$ (150 Kartons) und $p = 0{,}0134$ (Chance für einen fehlerhaften Karton). Die Zufallsgröße lautet

Z: Anzahl der fehlerhaften Kartons

$$\begin{aligned} P(Z \geq 5) &= 1 - P(Z \leq 4) \\ &= 1 - F(150; 0{,}0134; 4) \\ &\approx 1 - 0{,}9477 \\ &= 0{,}0523 \end{aligned}$$

Mit einer Chance von ca. 5,23% sind mehr als 3% der gelieferten Kartons fehlerhaft.

3.2.1 Laut einführendem Text ist die Zufallsgröße

X: Füllmenge in ml

normalverteilt mit den Parametern $\mu = 600{,}5$ ml und $\sigma = 0{,}23$ ml. Durch diese Parameter ist die Verteilung vollständig festgelegt und unter Verwendung des entsprechenden Menüs des Taschenrechners können die Wahrscheinlichkeiten $P(A)$ und $P(B)$ bestimmt werden. Im Falle von $P(A)$ muss eine im Kontext sinnvolle obere Grenze für die Eingabe in den Taschenrechner gewählt werden.

frv.tv/cn

$$P(A) = P(X > 601) = P(601 < X < 700) \approx 0{,}0149$$

$$P(B) = P(600 \leq X \leq 601) \approx 0{,}9703$$

3.2.2 Betrachtet man die Abbildungen der Dichtefunktion im Material 2, stellt man fest, dass bereits für den $x = 599{,}5$ der Funktionswert kaum noch von 0 zu unterscheiden ist. Die negativen reellen Zahlen befinden sich noch viel weiter links des Erwartungswerts 600,5, weshalb sie faktisch den Wert 0 liefern und somit vernachlässigbar sind.

3.2.3 Vorschlag 1 bedeutet, dass der Erwartungswert μ der Verteilung größer werden soll, wobei sich an der Form der Verteilung selbst nichts ändern soll. Die Genauigkeit der Abfüllung bleibt gleich. Für die Skizze in Abb. 1 muss somit der gegebene Graph seine Form erhalten und nach rechts verschoben werden; verdeutlicht durch den gestrichelten Graphen.

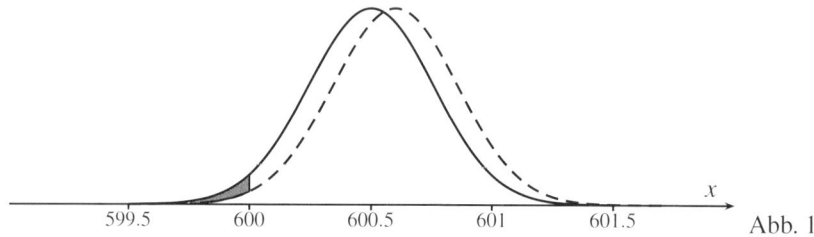

Abb. 1

In Vorschlag 2 wird hingegen der Erwartungswert beibehalten, dafür soll die Verteilung weniger um diesen Erwartungswert streuen. Die Stelle des Maximums des Graphen bleibt erhalten, aber die Flanken fallen steiler ab. Dies hat noch zur Folge, dass das Maximum einen höheren Funktionswert annehmen muss, da die gesamte Fläche unter dem Graphen einer Dichtefunktion den Inhalt 1 besitzen muss. Der neue Graph ist wiederum gestrichelt gezeichnet.

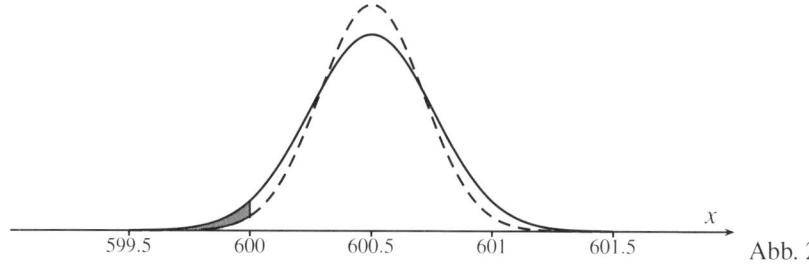

Abb. 2

Um entscheiden zu können, ob das Unternehmen sein Ziel erreicht, muss man sich über-legen, woran man an den Graphen erkennen kann, wie wahrscheinlich es ist, dass eine Flasche weniger als 600 ml enthält. Bei der vorliegenden Dichtefunktion einer Normal-verteilung findet sich diese Wahrscheinlichkeit als Flächeninhalt zwischem dem Graphen und der x-Achse im Intervall $[-\infty; 600]$ wieder. Im ursprünglichen Graph ist diese Fläche jeweils größer als in den veränderten, da er jeweils oberhalb der beiden verläuft. In den Skizzen ist in beiden Fällen die Fläche grau unterlegt, um die der ursprüngliche Graph im relevanten Bereich größer ist.

Beide Vorschläge eignen sich dafür, dass das Unternehmen sein Ziel erreicht.

3.3 Das Auswählen der Flaschen kann als n-stufiger Zufallsversuch aufgefasst werden. In jeder Stufe können n Motive gewählt werden, weshalb es insgesamt n^n Ergebnisse für diesen Zufallsversuch gibt. In dem zugehörigen Baumdiagramm gibt es korrespondierend n^n Pfade von der Wurzel bis zur Tiefe n.

Für die Aufgabe ist ein Pfad nur dann ein Erfolg, wenn auf diesem Pfad nur verschiedene Motive gewählt werden. Hierfür gibt es $n \cdot (n-1) \cdot \ldots \cdot 1 = n!$ Möglichkeiten, da in der ersten Stufe n Motive wählbar sind, in der zweiten nur noch $n-1$ und in jeder weiteren Stufe immer ein Motiv weniger.

Mit der grundlegenden Definition, dass sich eine Wahrscheinlichkeit als Quotient von der Anzahl der günstigen zur Anzahl aller möglichen Fälle berechnet, ergibt sich für diesen Zufallsversuch $p = \dfrac{n!}{n^n}$. Mit zunehmendem Wert für n wird diese Wahrscheinlichkeit kleiner. Durch Ausprobieren muss die Grenze bestimmt werden, an der p unter $1\% = 0{,}01$ fällt.

$$\frac{6!}{6^6} \approx 0{,}0154 \qquad \text{und} \qquad \frac{7!}{7^7} \approx 0{,}0061$$

Für $n = 7$ unterschreitet die Wahrscheinlichkeit, nur verschiedene Motive zu erhalten, erstmals den Wert 1%.

Abitur 2023 – Aufgabe C2.2 (WTR/CAS)

1.1 Betrachtet man die vorgegebenen Ereignisse bietet sich

X: Anzahl der Sommertage

als Wahl für die Zufallsvariable an. Diese Zufallsvariable ist binomialverteilt, da

- es nur zwei Ausgänge gibt. Entweder ein Hochzeitstag ist ein Sommertag oder nicht.

- aufgrund der langjährigen Wetteraufzeichnungen davon ausgegangen werden kann, dass die Wahrscheinlichkeit für einen Sommertag in jedem Jahr am 1. Juli gleich ist.

Mit der Wahl der Zufallsvariablen ergibt sich $P(A) = P(X = 6)$, wobei für die Parameter der Verteilung $p = 0,7$ und $n = 10$ gilt. Durch Anwendung der Bernoulliformel erhält man das Ergebnis:

$$P(X = 6) = B(10; 0,7; 6) = \binom{10}{6} \cdot 0,7^6 \cdot 0,3^4 \approx 0,2001 = 20,01\%$$

Natürlich kann das Ergebnis auch durch den wissenschaftlichen Taschenrechner (Menü: Dichtefunktion der Binomialverteilung) ermittelt werden.

frv.tv/ci

Für das Ereignis B benötigt man das Menü kumulierte Binomialverteilung, da es sich, wie folgt, umschreiben lässt:

$$P(B) = P(X > 10) = 1 - P(X \leq 10)$$

frv.tv/ck

Die Parameter der Verteilung sind in diesem Fall $p = 0,7$ und $n = 20$. Der WTR liefert

$$1 - P(X \leq 10) = 1 - F(20; 0,7; 10) \approx 1 - 0,0480 = 0,9529 = 95,20\%$$

Aus der Beschreibung des Ereignisses C wird deutlich, dass zuerst der Erwartungswert μ und die Standardabweichung σ einer Binomialverteilung mit den Parametern $p = 0,7$ und $n = 20$ berechnet werden müssen. Die benötigten Formeln können auch der Formelsammlung entnommen werden.

$$\mu = n \cdot p = 20 \cdot 0,7 = 14$$

$$\sigma = \sqrt{n \cdot p \cdot (1 - p)} = \sqrt{20 \cdot 0,7 \cdot 0,3} \approx 2,05$$

Nach dieser Vorarbeit kann die gesuchte Wahrscheinlichkeit bestimmt werden.

$$P(C) = P(X < \mu - \sigma) + P(X > \mu + \sigma)$$
$$= P(X < 14 - 2{,}05) + P(X > 14 + 2{,}05)$$
$$= P(X < 11{,}95) + P(X > 16{,}05)$$
$$= P(X \leq 11) + P(X \geq 17)$$
$$= F(20; 0{,}7; 11) + 1 - F(20; 0{,}7; 16)$$
$$\approx 0{,}1133 + 1 - 0{,}8929$$
$$= 0{,}2044 = 22{,}04\%$$

Bei der Bestimmung der konkreten Werte für die kumulierte Binomialverteilung muss beachtet werden, dass die ganzzahligen Werte nicht durch eine mathematische Rundung entstehen, sondern bspw. bei $X > 16{,}05$ die nächstgrößere ganze Zahl 17 verwendet werden muss.

1.2 Durch die Aufgabenstellung wird festgelegt, dass die Zufallsgröße Y <u>normalverteilt</u> ist. Durch die Angabe des Erwartungswerts $26{,}3°C$ und der Standardabweichung $2{,}5°C$ ist die Verteilung vollständig festgelegt. Somit kann direkt das entsprechende Menü des Taschenrechners eingesetzt werden. Der WTR liefert die folgenden Ergebnisse:

frv.tv/ry

$$P(D) = P(26{,}3 - 1 \leq Y \leq 26{,}3 + 1) = P(25{,}3 \leq Y \leq 27{,}3) \approx 0{,}3108 = 31{,}08\%$$

$$P(E) = P(Y \geq 30) \approx P(30 \leq Y \leq 50) \approx 0{,}0694 = 6{,}94\%$$

$$P(F) = P(Y < 24{,}3) \approx P(0 \leq Y < 24{,}3) \approx 0{,}2119 = 21{,}19\%$$

Bei der Anwendung des entsprechenden Taschenrechnermenüs muss jeweils eine obere und untere Grenze angegeben werden. Sind diese nicht wie bei Ereignis D explizit gegeben, müssen sie im Sachzusammenhang sinnvoll gewählt werden.

frv.tv/cn

Hinweis: Wenn man die einzelnen Wahrscheinlichkeiten mit Hilfe einer Tabelle zur Normalverteilung bestimmen möchte, muss man die einzelnen Argumente zunächst über den Zusammenhang $\frac{X - \mu}{\sigma}$ normieren. Beispielhaft soll hier $P(E)$ mittels Tabelle bestimmt werden:

$$P(E) = P(30 \leq X \leq 50) = \Phi\left(\frac{50 - 26{,}3}{2{,}5}\right) - \Phi\left(\frac{30 - 26{,}3}{2{,}5}\right)$$
$$= \Phi(9{,}48) - \Phi(1{,}48) \approx 1 - 0{,}9306 = 0{,}0694 = 6{,}94\%$$

Beachten Sie, dass Sie in der Tabelle immer Werte für positive Argumente ablesen. Sollen Sie den Wert der Normalverteilung für einen negativen Wert bestimmen, verwenden Sie den Zusammenhang $1 -$ abgelesener Wert.

2.1 Das zu erstellende Baumdiagramm muss aus zwei Stufen bestehen; eine Stufe für das Ereignis W und eine für das Ereignis Z. Da im einführenden Text die totale Wahrscheinlichkeit dafür angegeben ist, dass eine Person weiblich ist, muss als erste Stufe das Ereignis W verwendet werden. Für die Beschriftung des Baumdiagramms werden die totalen Wahrscheinlichkeiten $P(W)$ und $P(\overline{W})$ sowie die bedingten Wahrscheinlichkeiten $P_W(Z), P_W(\overline{Z}), P_{\overline{W}}(Z)$ und $P_{\overline{W}}(\overline{Z})$ benötigt. Alle diese Wahrscheinlichkeiten sind entweder dem Text zu entnehmen oder eine Gegenwahrscheinlichkeit der im Text gegebenen.

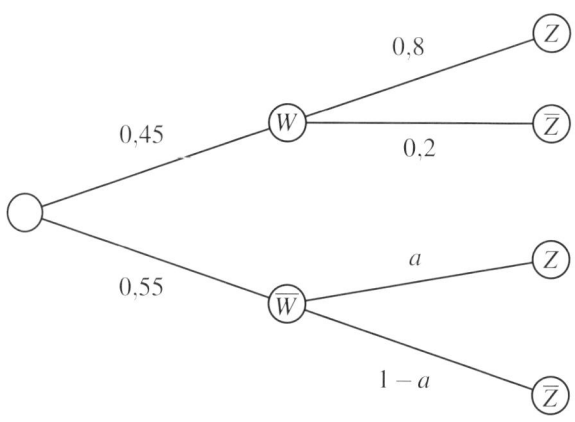

Die totale Wahrscheinlichkeit $P(Z)$ ergibt sich als Summe der beiden Pfadwahrscheinlichkeiten $P(W \cap Z)$ und $P(\overline{W} \cap Z)$ und soll den Wert 0,778 besitzen.

$$P(Z) = 0{,}45 \cdot 0{,}8 + 0{,}55 \cdot a = 0{,}778$$

Diese Gleichung kann nach a aufgelöst werden.

$$0{,}45 \cdot 0{,}8 + 0{,}55 \cdot a = 0{,}778$$
$$0{,}36 + 0{,}55 \cdot a = 0{,}778$$
$$0{,}55 \cdot a = 0{,}418$$
$$a = 0{,}76$$

2.2 Der Anteil der weiblichen Personen, die mit ihrer Urlaubsreise zufrieden waren, ist

$$P(W \cap Z) = 0{,}45 \cdot 0{,}8 = 0{,}36;$$

die der nicht weiblichen

$$P(\overline{W} \cap Z) = 0{,}55 \cdot a = 0{,}55 \cdot 0{,}7 = 0{,}385.$$

Ein Vergleich der beiden Werte ($0,36 < 0,385$) zeigt, dass die im Text aufgestellte Behauptung für den Wert $a = 0,7$ korrekt ist.

2.3 Damit die Merkmale W und Z stochastisch unabhängig sind, muss die Wahrscheinlichkeit, dass eine nicht weibliche Person mit ihrem Urlaub zufrieden ($P_{\overline{W}}(Z)$) ist, denselben Wert besitzen wie für eine weibliche ($P_W(Z)$). In diesem Fall ist nämlich die Zufriedenheit unabhängig vom Geschlecht und somit für alle Personen gleich groß. Die Wahrscheinlichkeit $P_W(Z) = 0.8$ ist im Text gegeben und die Wahrscheinlichkeit $P_{\overline{W}}(Z)$ entspricht der Unbekannten a. Für eine Gleichheit der beiden Werte muss somit $a = 0.8$ sein.

2.4 Wenn der Wert für a größer wird, bedeutet das, dass mehr nicht weibliche Personen mit ihrer Reise zufrieden sind. Entsprechend sinkt der Anteil der nicht weiblichen unzufriedenen Personen. Der Anteil der unzufriedenen weiblichen Personen bleibt hingegen immer konstant bei dem Wert 0,8. Sind immer weniger nicht weibliche Personen mit ihrem Urlaub unzufrieden, müssen sich unter den Unzufriedenen prozentual immer mehr weibliche Personen befinden.

Besonders deutlich wird dies, wenn man den Extremfall betrachtet, dass es keine unzufriedene Person unter den nicht weiblichen gibt. Dies entspricht dem größtmöglichen Wert für a, nämlich 1. Zeitgleich führt dies auch zu dem größtmöglichen Wert 1 für die Wahrscheinlichkeit, dass eine unzufriedene Person weiblich ist; es gibt nämlich nur weibliche Personen unter den unzufriedenen.

3.1 Die Summe der Wahrscheinlichkeiten aller Ergebnisse eines Zufallsversuchs muss 1 ergeben. Mit der Zufallsgröße

X: Anzahl der Strandkörbe

folgt hieraus:

$$P(X = 1) + P(X = 2) + P(X = 3) + P(X = 4) + P(X = 5) = \sum_{i=1}^{5} P(X = i) = 1$$

Diese Gleichung muss man nun nach $P(X = 1)$, der Wahrscheinlichkeit, dass nur 1 Strandkorb angezeigt wird, auflösen.

$$\begin{aligned}
P(X = 1) &= 1 - \sum_{i=2}^{5} P(X = i) \\
&= 1 - (P(X = 2) + P(X = 3) + P(X = 4) + P(X = 5)) \\
&= 1 - \left(8 \cdot 10^{-4} + 5 \cdot 10^{-5} + 2 \cdot 10^{-5} + 3 \cdot 10^{-6}\right) \\
&= 0,999127
\end{aligned}$$

Der Wert 0,999127 weicht nur um 0,000873 von 1 ab, und dies ist weniger als ein Tausendstel.

Für den zweiten Teil der Aufgabe wird eine weitere Zufallsgröße, der Gewinn des Spielers, benötigt, da dessen Erwartungswert 43,5 Cent für die Lösung der Aufgabe benötigt wird. Mit der Bezeichnung

Z: Gewinn des des Spielers

ergibt sich nach der allgemeinen Formel für den Erwartungswert

$$E(Z) = \sum_{i=1}^{5} z_i \cdot P(Z = z_i)$$
$$= z_1 \cdot 0{,}999127 + 200 \cdot 8 \cdot 10^{-4} + 500 \cdot 5 \cdot 10^{-5} + 100 \cdot 2 \cdot 10^{-5} + 10000 \cdot 3 \cdot 10^{-6}$$
$$= z_1 \cdot 0{,}999127 + 0{,}235$$
$$= 0{,}435$$

Die Unbekannte z_1 in der Gleichung ist der mittlere Wert der Sachpreise, die die Spieler mit nur einem Strandkorb erhalten. Somit ist es also auch der erwartete Gewinn der Spieler mit einem Strandkorb, womit das Auflösen nach z_1 die Aufgabe löst.

$$z_1 \cdot 0{,}999127 + 0{,}235 = 0{,}435$$
$$z_1 \cdot 0{,}999127 = 0{,}2$$
$$z_1 \approx 0{,}2002$$

Der gesuchte Erwartungswert beträgt ca. 20 Cent.

3.2 Für diese Aufgabe muss eine weitere Zufallsgröße betrachtet werden.

Y: Anzahl der Personen mit 2 Strandkörben

Diese Zufallsgröße Y ist binomialverteilt, denn eine Person hat zwei Strandkörbe oder nicht. Bei der großen Anzahl an Spielern ist außerdem davon auszugehen, dass alle Spieler die gleiche Chance haben, zwei Strandkörbe zu bekommen. Der für die Aufgabe benötigte Erwartungswert μ liegt somit bei

$$\mu = E(Y) = n \cdot p = 80\,000 \cdot 8 \cdot 10^{-4} = 64$$

Die 80%-Umgebung muss durch Probieren ermittelt werden. Da für die gegebenen Binomialverteilung die LaPlace-Bedingung $\sigma = \sqrt{n \cdot p \cdot (1-p)} > 3$ erfüllt ist, kann die Normalverteilung als Näherung genutzt werden. Die 80%-Umgebung ist deshalb in der Nähe von $\mu \pm 1{,}3\sigma \approx \mu \pm 10$ zu erwarten.

Probieren unter Verwendung der kumulierten Binomialverteilung in dieser Größenordnung führt auf:

$$P(64 - 9 \leq X \leq 64 + 9) = P(55 \leq X \leq 73)$$
$$= F(80\,000; 8 \cdot 10^{-4}; 73) - F(80\,000; 8 \cdot 10^{-4}; 54)$$
$$\approx 0{,}8811 - 0{,}1155$$
$$= 0{,}7656 < 0{,}8$$

$$P(64 - 10 \leq X \leq 64 + 10) = P(54 \leq X \leq 74)$$
$$= F(80\,000; 8 \cdot 10^{-4}; 74) - F(80\,000; 8 \cdot 10^{-4}; 53)$$
$$\approx 0{,}9031 - 0{,}0917$$
$$= 0{,}8114 > 0{,}8$$

Der Wert von 80% wird erstmals für $c = 10$ überschritten.

3.3.1 In der Aufgabenstellung ist bereits die Nullhypothese für den zu entwickelnden Test vorgegeben. Sie lautet „p beträgt mindestens 2%", womit es sich um einen linksseitigen Test handelt, da der Ablehnungsbereich auf der linken Seite der Verteilung liegt.

Formal: $H_0 \colon p \geq 0{,}02$

Für die dem Test zu Grunde liegende Binomialverteilung lautet die Zufallsgröße

X: Anzahl der Personen, die nach der Teilnahme am Gewinnspiel eine Reise buchen

Dass der Test ein Signifikanzniveau von 5% besitzen soll, bedeutet, dass die Wahrscheinlichkeit des Fehlers 1. Art diesen Wert nicht überschreiten darf. Die Chance im Ablehnungsbereich des Testes zu landen, obwohl die Nullhypothese korrekt ist, soll dementsprechend kleinergleich 0,05 sein.

Formal. $P(X \leq k) = F(1000, 0{,}02, k) \leq 0{,}05$

Die Parameter $n = 1000$ und $p = 0{,}02$ der kumulierten Binomialverteilung sind bekannt. Gesucht ist der kritische Wert k, der den Ablehnungsbereich so festlegt, dass das Signifikanzniveau erreicht wird. Unter Verwendung des Menüs zur kumulierten Binomialverteilung kann die Grenze zwischen Ablehnungs- und Annahmebereich bestimmt werden. Zur Verdeutlichung der Grenze müssen beide Werte an den Rändern der Bereiche angegeben werden.

$$\left. \begin{aligned} F(1000; 0{,}02; 12) &\approx 0{,}038 < 0{,}05 \\ F(1000; 0{,}02; 13) &\approx 0{,}064 > 0{,}05 \end{aligned} \right\} \implies k = 12$$

Der Ablehnungsbereich der Nullhypothese ist das Intervall $[0; 12]$.

Aus dem Ablehnungsbereich lässt sich direkt die folgende Entscheidungsregel entnehmen.

Wenn in der Stichprobe höchstens 12 Personen angeben eine Reise zu buchen, wird davon ausgegangen, dass die Nullhypothese falsch ist und der Anteil der Personen, die eine Reise buchen, unter 2% liegt.

3.3.2 Der Fehler 2. Art wird begangen, falls man die Nullhypothese annimmt, obwohl sie falsch ist. In der Aufgabenstellung wird als tatsächliche Wahrscheinlichkeit $p = 1,4\%$, also ein Wert kleiner 2% angegeben. Landet man trotz dieser Wahrscheinlichkeit beim Test im Annahmebereich der Nullhypothese, begeht man den Fehler 2. Art. Den Annahmebereich $[13; 1000]$ kann man der Lösung der vorigen Teilaufgabe entnehmen.

Gesucht ist entsprechend die Wahrscheinlichkeit $P(X \geq 13)$ mit derselben Bedeutung für X wie in Teilaufgabe 3.3.1. Zur Bestimmung wird wiederum die kumulierte Binomialverteilung, diesmal mit den Parametern $n = 1000$ und $p = 0,14$ genutzt.

$$\begin{aligned} P(X \geq 13) &= 1 - P(X \leq 12) \\ &= 1 - F(1000; 0,014; 12) \\ &\approx 1 - 0,3571 \\ &= 0,6429 \end{aligned}$$

Der Fehler 2. Art beträgt ca. 64,29%.

3.3.3 Zur Begründung sollen der Fehler 2. Art sowie die Abbildung zu Rate gezogen werden. Der Fehler 2. Art bedeutet im vorliegenden Sachzusammenhang, dass das Unternehmen fälschlicherweise glaubt, die Verlängerung des Gewinnspiels würde sich lohnen. Damit dies geschieht, muss der Test im Annahmebereich der Nullhypothese landen. Die Abbildung zeigt, dass die Chance im Ablehnungsbereich zu landen, für n_2 größer ist als für n_1, womit sie umgekehrt für den Annahmebereich kleiner ist. Hieraus kann man schließen, dass größere Stichprobenumfänge die Chance verringern, fälschlicherweise das Gewinnspiel fortzuführen. Somit könnte das Unternehmen durch einen größeren Stichprobenumfang mögliche Verluste verhindern.

Andererseits wird im einführenden Text erwähnt, dass größere Stichprobenumfänge zu höheren Kosten bei der Durchführung des Tests führen, was für einen kleineren Stichprobenumfang sprechen würde. Es gibt somit zwei sich entgegenstehende Effekte, die die Entscheidung des Unternehmens beeinflussen.

Im Sinne der Aufgabenstellung „unter welcher Bedingung lohnt sich der größere Stichprobenumfang" wäre somit eine sinnvolle Antwort:

Ein höherer Stichprobenumfang lohnt sich für das Unternehmen, wenn die Mehrkosten für die Durchführung des umfangreicheren Tests klein sind im Vergleich zur Einsparung durch das Verhindern einer sinnlosen Weiterführung der Aktion.

Stichwortverzeichnis